TRANZLATY

La Langue est pour tout le Monde

भाषा सभी के लिए है

L'appel de la forêt

जंगल की आवाज़

Jack London
जैक लंदन

Français / हिंदी

Dans le primitif
आदिम में

Buck ne lisait pas les journaux.

बक अखबार नहीं पढ़ता था।

S'il avait lu les journaux, il aurait su que des problèmes se préparaient.

अगर उसने समाचार पत्र पढ़े होते तो उसे पता चल जाता कि मुसीबत आने वाली है।

Il y avait des problèmes non seulement pour lui-même, mais pour tous les chiens de la marée.

यह केवल उसके लिए ही नहीं, बल्कि हर समुद्री कुत्ते के लिए परेशानी थी।

Tout chien musclé et aux poils longs et chauds allait avoir des ennuis.

हर मजबूत मांसपेशियों वाला और गर्म, लंबे बालों वाला कुत्ता परेशानी में पड़ने वाला था।

De Puget Bay à San Diego, aucun chien ne pouvait échapper à ce qui allait arriver.

पुगेट बे से सैन डिएगो तक कोई भी कुत्ता आने वाली मुसीबत से बच नहीं सकता था।

Des hommes, tâtonnant dans l'obscurité de l'Arctique, avaient trouvé un métal jaune.

आर्कटिक के अंधेरे में टटोलते हुए लोगों को एक पीली धातु मिली थी।

Les compagnies de navigation et de transport étaient à la recherche de cette découverte.

स्टीमशिप और परिवहन कम्पनियां इस खोज की तलाश में थीं।

Des milliers d'hommes se précipitaient vers le Nord.

हजारों लोग उत्तरी क्षेत्र की ओर भाग रहे थे।

Ces hommes voulaient des chiens, et les chiens qu'ils voulaient étaient des chiens lourds.

इन लोगों को कुत्ते चाहिए थे और जो कुत्ते वे चाहते थे वे भारी कुत्ते थे।

Chiens dotés de muscles puissants pour travailler.

मजबूत मांसपेशियों वाले कुत्ते जिनसे परिश्रम किया जा सके।

Chiens avec des manteaux de fourrure pour les protéger du gel.

ठंड से बचाने के लिए रोयेंदार कोट पहने कुत्ते।

Buck vivait dans une grande maison dans la vallée ensoleillée de Santa Clara.

बक, धूप से भरी सांता क्लारा घाटी में एक बड़े घर में रहता था।

La maison du juge Miller s'appelait ainsi.

जज मिलर का स्थान, उनके घर को बुलाया गया।

Sa maison se trouvait en retrait de la route, à moitié cachée parmi les arbres.

उसका घर सड़क से पीछे, पेड़ों के बीच छिपा हुआ था।

On pouvait apercevoir la large véranda qui courait autour de la maison.

घर के चारों ओर फैले चौड़े बरामदे की झलक देखी जा सकती थी।

On accédait à la maison par des allées gravillonnées.

घर तक पहुंचने के लिए बजरी से बने रास्ते थे।

Les sentiers serpentaient à travers de vastes pelouses.

रास्ते चौड़े-चौड़े लॉन के बीच से होकर गुजरते थे।

Au-dessus de nos têtes se trouvaient les branches entrelacées de grands peupliers.

ऊपर ऊंचे चिनार के पेड़ों की आपस में जुड़ी हुई शाखाएं थीं।

À l'arrière de la maison, les choses étaient encore plus spacieuses.

घर के पीछे की ओर चीजें और भी अधिक विशाल थीं।

Il y avait de grandes écuries, où une douzaine de palefreniers discutaient

वहाँ बड़े अस्तबल थे, जहाँ एक दर्जन दूल्हे बातें कर रहे थे

Il y avait des rangées de maisons de serviteurs recouvertes de vigne

वहाँ बेल-बूटे से सजे नौकरों की झोपड़ियाँ कतारों में थीं

Et il y avait une gamme infinie et ordonnée de toilettes extérieures

और वहाँ बाहरी घरों की एक अंतहीन और व्यवस्थित श्रृंखला थी

Longues tonnelles de vigne, pâturages verts, vergers et parcelles de baies.

लम्बे अंगूर के बगीचे, हरे-भरे चरागाह, बगीचे और बेरी के खेत।

Ensuite, il y avait l'usine de pompage du puits artésien.

फिर वहां आर्टिसियन कुँए के लिए पम्पिंग प्लांट भी था।

Et il y avait le grand réservoir en ciment rempli d'eau.

और वहां पानी से भरा बड़ा सीमेंट का टैंक था।

C'est ici que les garçons du juge Miller ont fait leur plongeon matinal.

यहां जज मिलर के लड़कों ने सुबह की सैर की।

Et ils se sont rafraîchis là-bas aussi dans l'après-midi chaud.

और वे वहां गर्म दोपहर में भी ठंडक पाते थे।

Et sur ce grand domaine, Buck était celui qui régnait sur tout.

और इस विशाल क्षेत्र पर, बक ही शासन करता था।

Buck est né sur cette terre et y a vécu toutes ses quatre années.

बक का जन्म इसी भूमि पर हुआ था और उन्होंने अपने पूरे चार वर्ष यहीं बिताए।

Il y avait bien d'autres chiens, mais ils n'avaient pas vraiment d'importance.

वहाँ अन्य कुत्ते भी थे, लेकिन उनका कोई विशेष महत्व नहीं था।

D'autres chiens étaient attendus dans un endroit aussi vaste que celui-ci.

इस विशाल स्थान पर अन्य कुत्तों की भी अपेक्षा की जा सकती थी।

Ces chiens allaient et venaient, ou vivaient à l'intérieur des chenils très fréquentés.

ये कुत्ते आते-जाते रहते थे या व्यस्त कुत्तों के बाड़ों में रहते थे।

Certains chiens vivaient cachés dans la maison, comme Toots et Ysabel.

कुछ कुत्ते घर में छिपे रहते थे, जैसे टूट्स और यिसाबेल।

Toots était un carlin japonais, Ysabel un chien nu mexicain.

टूट्स एक जापानी पग नस्ल का कुत्ता था, जबकि यिसाबेल एक मैक्सिकन बाल रहित कुत्ता था।

Ces étranges créatures sortaient rarement de la maison.

ये विचित्र प्राणी शायद ही कभी घर से बाहर निकलते हों।

Ils n'ont pas touché le sol, ni respiré l'air libre à l'extérieur.

उन्होंने न तो ज़मीन को छुआ और न ही बाहर की खुली हवा को सूँघा।

Il y avait aussi les fox-terriers, au moins une vingtaine.

वहाँ फॉक्स टेरियर भी थे, जिनकी संख्या कम से कम बीस थी।

Ces terriers aboyaient férocement sur Toots et Ysabel à l'intérieur.

ये टेरियर कुत्ते घर के अंदर टूट्स और यिसाबेल पर भयंकर रूप से भौंकते थे।

Toots et Ysabel sont restés derrière les fenêtres, à l'abri du danger.

टूट्स और यिसाबेल खिड़कियों के पीछे सुरक्षित रहे।

Ils étaient gardés par des domestiques munies de balais et de serpillères.

उनकी सुरक्षा झाड़ू और पोछा लेकर घरेलू नौकरानियां करती थीं।

Mais Buck n'était pas un chien de maison, et il n'était pas non plus un chien de chenil.

लेकिन बक कोई घरेलू कुता नहीं था, और न ही वह कोई केनेल कुता था।

L'ensemble de la propriété appartenait à Buck comme son royaume légitime.

सम्पूर्ण सम्पत्ति बक की थी तथा उस पर उसका वास्तविक अधिकार था।

Buck nageait dans le réservoir ou partait à la chasse avec les fils du juge.

बक टैंक में तैरता था या जज के बेटों के साथ शिकार करने जाता था।

Il marchait avec Mollie et Alice tôt ou tard le soir.

वह सुबह-सुबह या देर शाम मोली और ऐलिस के साथ टहलता था।

Lors des nuits froides, il s'allongeait devant le feu de la bibliothèque avec le juge.

ठण्डी रातों में वह जज के साथ लाइब्रेरी की आग के सामने लेटता था।

Buck a promené les petits-fils du juge sur son dos robuste.

बक ने जज के पोतों को अपनी मजबूत पीठ पर बिठाकर घुमाया।

Il roula dans l'herbe avec les garçons, les surveillant de près.

वह लड़कों के साथ घास में लोटता रहा और उनकी कड़ी निगरानी करता रहा।

Ils s'aventurèrent jusqu'à la fontaine et même au-delà des champs de baies.

वे फव्वारे तक गए और यहां तक कि बेरी के खेतों के पास से भी गुजरे।

Parmi les fox terriers, Buck marchait toujours avec une fierté royale.

फॉक्स टेरियर कुत्तों के बीच, बक हमेशा शाही गर्व के साथ चलता था।

Il ignora Toots et Ysabel, les traitant comme s'ils étaient de l'air.

उसने टूट्स और यिसाबेल को नजरअंदाज कर दिया, उनके साथ ऐसा व्यवहार किया जैसे वे हवा हों।

Buck régnait sur toutes les créatures vivantes sur les terres du juge Miller.

बक जज मिलर की भूमि पर सभी जीवित प्राणियों पर शासन करता था।

Il régnait sur les animaux, les insectes, les oiseaux et même les humains.

उसने पशुओं, कीड़ों, पक्षियों और यहां तक कि मनुष्यों पर भी शासन किया।

Le père de Buck, Elmo, était un énorme et fidèle Saint-Bernard.

बक के पिता एल्मो एक विशाल और वफादार सेंट बर्नार्ड थे।

Elmo n'a jamais quitté le juge et l'a servi fidèlement.

एल्मो ने कभी भी जज का साथ नहीं छोड़ा और उनकी ईमानदारी से सेवा की।

Buck semblait prêt à suivre le noble exemple de son père.

बक अपने पिता के महान उदाहरण का अनुसरण करने के लिए तैयार लग रहा था।

Buck n'était pas aussi gros, pesant cent quarante livres.

बक इतना बड़ा नहीं था, उसका वजन एक सौ चालीस पाउंड था।

Sa mère, Shep, était un excellent chien de berger écossais.

उनकी माँ, शेप, एक अच्छी स्कॉटिश शेफर्ड कुतिया थी।

Mais même avec ce poids, Buck marchait avec une présence royale.

लेकिन उस वजन पर भी, बक राजसी उपस्थिति के साथ चलता था।

Cela venait de la bonne nourriture et du respect qu'il recevait toujours.

यह सब अच्छे भोजन और हमेशा प्राप्त सम्मान के कारण संभव हुआ।

Pendant quatre ans, Buck a vécu comme un noble gâté.

चार साल तक बक एक बिगड़ैल रईस की तरह रहा था।

Il était fier de lui, et même légèrement égoïste.

उसे अपने आप पर गर्व था और वह थोड़ा अहंकारी भी था।

Ce genre de fierté était courant chez les seigneurs des régions reculées.

दूरदराज के गांवों के सरदारों में इस तरह का गर्व आम बात थी।

Mais Buck s'est sauvé de devenir un chien de maison choyé.

लेकिन बक ने खुद को लाड़-प्यार में पाला गया घरेलू कुत्ता बनने से बचा लिया।

Il est resté mince et fort grâce à la chasse et à l'exercice.

शिकार और व्यायाम के माध्यम से वह दुबला और मजबूत बना रहा।

Il aimait profondément l'eau, comme les gens qui se baignent dans les lacs froids.

वह पानी से बहुत प्रेम करता था, जैसे लोग ठण्डी झीलों में स्नान करते हैं।

Cet amour pour l'eau a gardé Buck fort et en très bonne santé.

पानी के प्रति इस प्रेम ने बक को मजबूत और बहुत स्वस्थ रखा।

C'était le chien que Buck était devenu à l'automne 1897.

यह वह कुता था जो बक 1897 की शरद ऋतु में बन गया था।

Lorsque la découverte du Klondike a attiré des hommes vers le Nord gelé.

जब क्लोंडाइक हमले ने लोगों को बर्फीले उतर की ओर खींच लिया।

Des gens du monde entier se sont précipités vers ce pays froid.

दुनिया भर से लोग इस ठण्डी भूमि की ओर दौड़ पड़े।

Buck, cependant, ne lisait pas les journaux et ne comprenait pas les nouvelles.

हालाँकि, बक न तो अखबार पढ़ते थे और न ही समाचार समझते थे।

Il ne savait pas que Manuel était un homme désagréable à fréquenter.

वह नहीं जानता था कि मैनुअल एक बुरा आदमी था।

Manuel, qui aidait au jardin, avait un problème grave.

बगीचे में मदद करने वाले मैनुअल के सामने एक गंभीर समस्या थी।

Manuel était accro aux jeux de loterie chinois.

मैनुअल को चीनी लॉटरी में जुआ खेलने की लत थी।

Il croyait également fermement en un système fixe pour gagner.

वह जीत के लिए एक निश्चित प्रणाली में भी दृढ़ता से विश्वास करते थे।

Cette croyance rendait son échec certain et inévitable.

इस विश्वास ने उनकी असफलता को निश्चित और अपरिहार्य बना दिया।

Jouer un système exige de l'argent, ce qui manquait à Manuel.

किसी सिस्टम को चलाने के लिए धन की आवश्यकता होती है, जो मैनुअल के पास नहीं था।

Son salaire suffisait à peine à subvenir aux besoins de sa femme et de ses nombreux enfants.

उनके वेतन से उनकी पत्नी और कई बच्चों का गुजारा मुश्किल से हो पाता था।

La nuit où Manuel a trahi Buck, les choses étaient normales.

जिस रात मैनुअल ने बक को धोखा दिया, उस रात सब कुछ सामान्य था।

Le juge était présent à une réunion de l'Association des producteurs de raisins secs.

न्यायाधीश किशमिश उत्पादक संघ की बैठक में थे।

Les fils du juge étaient alors occupés à former un club d'athlétisme.

उस समय जज के बेटे एक एथलेटिक क्लब बनाने में व्यस्त थे।

Personne n'a vu Manuel et Buck sortir par le verger.

किसी ने भी मैनुअल और बक को बाग से जाते हुए नहीं देखा।

Buck pensait que cette promenade n'était qu'une simple promenade nocturne.

बक ने सोचा कि यह सैर एक साधारण रात्रिकालीन सैर मात्र थी।

Ils n'ont rencontré qu'un seul homme à la station du drapeau, à College Park.

कॉलेज पार्क स्थित फ्लैग स्टेशन पर उनकी मुलाकात केवल एक व्यक्ति से हुई।

Cet homme a parlé à Manuel et ils ont échangé de l'argent.

उस आदमी ने मैनुअल से बात की और उन्होंने पैसों का लेन-देन किया।

« Emballez les marchandises avant de les livrer », a-t-il suggéré.

उन्होंने सुझाव दिया, "माल पहुंचाने से पहले उसे लपेट लें।"

La voix de l'homme était rauque et impatiente lorsqu'il parlait.

बोलते समय उस आदमी की आवाज़ कर्कश और अधीर थी।

Manuel a soigneusement attaché une corde épaisse autour du cou de Buck.

मैनुअल ने सावधानीपूर्वक बक की गर्दन के चारों ओर एक मोटी रस्सी बाँधी।

« Tournez la corde et vous l'étoufferez abondamment »

"रस्सी को मोड़ो, और तुम उसका खूब गला घोंटोगे"

L'étranger émit un grognement, montrant qu'il comprenait bien.

अजनबी ने घुरघुराहट से यह दर्शाया कि वह अच्छी तरह समझ गया है।

Buck a accepté la corde avec calme et dignité tranquille ce jour-là.

उस दिन बक ने शांति और गरिमा के साथ रस्सी स्वीकार कर ली।

C'était un acte inhabituel, mais Buck faisait confiance aux hommes qu'il connaissait.

यह एक असामान्य कार्य था, लेकिन बक को उन लोगों पर भरोसा था जिन्हें वह जानता था।

Il croyait que leur sagesse allait bien au-delà de sa propre pensée.

उनका मानना था कि उनकी बुद्धिमता उनकी सोच से कहीं आगे थी।

Mais ensuite la corde fut remise entre les mains de l'étranger.

लेकिन फिर रस्सी अजनबी के हाथ में सौंप दी गई।

Buck émit un grognement sourd qui avertissait avec une menace silencieuse.

बक ने धीमी आवाज में गुर्राहट की, जो शांत धमकी के साथ चेतावनी थी।

Il était fier et autoritaire, et voulait montrer son mécontentement.

वह घमंडी और दबंग था, और अपनी नाराजगी जाहिर करना चाहता था।

Buck pensait que son avertissement serait compris comme un ordre.

बक का मानना था कि उसकी चेतावनी को आदेश समझा जाएगा।

À sa grande surprise, la corde se resserra rapidement autour de son cou épais.

उसे यह देख कर आश्चर्य हुआ कि रस्सी उसकी मोटी गर्दन के चारों ओर तेजी से कस गई।

Son air fut coupé et il commença à se battre dans une rage soudaine.

उसकी सांस रुक गई और वह अचानक गुस्से में लड़ने लगा।

Il s'est jeté sur l'homme, qui a rapidement rencontré Buck en plein vol.

वह उस आदमी की ओर झपटा, जो तुरन्त ही हवा में बक से जा मिला।

L'homme attrapa Buck par la gorge et le fit habilement tourner dans les airs.

उस आदमी ने बक का गला पकड़ लिया और उसे कुशलता से हवा में घुमा दिया।

Buck a été violemment projeté au sol, atterrissant à plat sur le dos.

बक को जोर से नीचे फेंका गया और वह पीठ के बल गिरा।

La corde l'étranglait alors cruellement tandis qu'il donnait des coups de pied sauvages.

रस्सी ने अब उसका गला बेरहमी से दबा दिया और वह बेतहाशा लातें मारने लगा।

Sa langue tomba, sa poitrine se souleva, mais il ne reprit pas son souffle.

उसकी जीभ बाहर गिर गई, छाती फूल गई, परन्तु सांस नहीं आई।

Il n'avait jamais été traité avec une telle violence de sa vie.

उनके जीवन में कभी भी उनके साथ इतनी हिंसा नहीं की गयी थी।

Il n'avait jamais été rempli d'une fureur aussi profonde auparavant.

वह पहले कभी इतने गहरे क्रोध से भरा नहीं था।

Mais le pouvoir de Buck s'est estompé et ses yeux sont devenus vitreux.

लेकिन बक की शक्ति फीकी पड़ गई और उसकी आंखें काँच जैसी हो गईं।

Il s'est évanoui juste au moment où un train s'arrêtait à proximité.

जैसे ही एक रेलगाड़ी पास में रुकी, वह बेहोश हो गया।

Les deux hommes le jetèrent alors rapidement dans le fourgon à bagages.

फिर दोनों व्यक्तियों ने उसे तेजी से सामान ढोने वाली गाड़ी में फेंक दिया।

La chose suivante que Buck ressentit fut une douleur dans sa langue enflée.

अगली बात जो बक ने महसूस की वह थी उसकी सूजी हुई जीभ में दर्द।

Il se déplaçait dans un chariot tremblant, à peine conscient.

वह हिलती हुई गाड़ी में आगे बढ़ रहा था, उसे केवल हल्का सा होश था।

Le cri aigu d'un sifflet de train indiqua à Buck où il se trouvait.

रेलगाड़ी की सीटी की तेज आवाज ने बक को उसका स्थान बता दिया।

Il avait souvent roulé avec le juge et connaissait ce sentiment.

वह कई बार जज के साथ सफर कर चुका था और उस भावना को जानता था।

C'était le choc unique de voyager à nouveau dans un fourgon à bagages.

यह एक बार फिर सामान ढोने वाली गाड़ी में यात्रा करने का अनोखा अनुभव था।

Buck ouvrit les yeux et son regard brûla de rage.

बक ने अपनी आँखें खोलीं और उसकी निगाहें क्रोध से जल उठीं।

C'était la colère d'un roi fier déchu de son trône.

यह एक घमंडी राजा का क्रोध था जिसे उसके सिंहासन से उतार दिया गया था।

Un homme a tenté de l'attraper, mais Buck a frappé en premier.

एक आदमी उसे पकड़ने के लिए आगे बढ़ा, लेकिन बक ने पहले हमला कर दिया।

Il enfonça ses dents dans la main de l'homme et la serra fermement.

उसने उस आदमी के हाथ में अपने दांत गड़ा दिए और उसे कसकर पकड़ लिया।

Il ne l'a pas lâché jusqu'à ce qu'il s'évanouisse une deuxième fois.

उसने तब तक नहीं छोड़ा जब तक कि वह दूसरी बार बेहोश नहीं हो गया।

« Ouais, il a des crises », murmura l'homme au bagagiste.

"हाँ, उसे दौरे पड़ते हैं," आदमी ने सामान वाले से कहा।

Le bagagiste avait entendu la lutte et s'était approché.

सामान उठाने वाले ने संघर्ष की आवाज सुनी और पास आ गया।

« Je l'emmène à Frisco pour le patron », a expliqué l'homme.

"मैं उसे बॉस के लिए 'फ्रिस्को' ले जा रहा हूँ," आदमी ने समझाया।

« Il y a un excellent vétérinaire qui dit pouvoir les guérir. »

"वहाँ एक अच्छा कुत्ता-डॉक्टर है जो कहता है कि वह उन्हें ठीक कर सकता है।"

Plus tard dans la soirée, l'homme a donné son propre récit complet.

बाद में उस रात उस आदमी ने अपना पूरा ब्यौरा बताया।

Il parlait depuis un hangar derrière un saloon sur les quais.

उन्होंने यह बात डॉक पर स्थित एक सैलून के पीछे बने शेड से कही।

« Tout ce qu'on m'a donné, c'était cinquante dollars », se plaignit-il au vendeur du saloon.

"मुझे केवल पचास डॉलर दिए गए थे," उसने सैलून वाले से शिकायत की।

« Je ne le referais pas, même pour mille dollars en espèces. »

"मैं ऐसा दोबारा नहीं करूंगा, एक हजार रुपये की नकदी के लिए भी नहीं।"

Sa main droite était étroitement enveloppée dans un tissu ensanglanté.

उसका दाहिना हाथ खून से सने कपड़े में कसकर बंधा हुआ था।

Son pantalon était déchiré du genou au pied.

उसकी पतलून का पैर घुटने से लेकर पैर तक फटा हुआ था।

« Combien a été payé l'autre idiot ? » demanda le vendeur du saloon.

"दूसरे मग को कितने पैसे मिले?" सैलून वाले ने पूछा।

« Cent », répondit l'homme, « il n'accepterait pas un centime de moins. »

"सौ," आदमी ने जवाब दिया, "वह एक सेंट भी कम नहीं लेगा।"

« Cela fait cent cinquante », dit le vendeur du saloon.

"इसका मूल्य डेढ़ सौ आता है," सैलून वाले ने कहा।

« Et il vaut tout ça, sinon je ne suis pas meilleur qu'un imbécile. »

"और वह इस सब के लायक है, अन्यथा मैं एक मूर्ख से बेहतर कुछ नहीं हूँ।"

L'homme ouvrit les emballages pour examiner sa main.

उस आदमी ने अपना हाथ जांचने के लिए कागज की पट्टियाँ खोलीं।

La main était gravement déchirée et couverte de sang séché.

हाथ बुरी तरह से फट गया था और उस पर सूखा खून लगा हुआ था।

« Si je n'ai pas l' hydrophobie… » commença-t-il à dire.

"अगर मुझे हाइड्रोफोबिया नहीं हुआ तो..." उसने कहना शुरू किया।

« Ce sera parce que tu es né pour être pendu », dit-il en riant.

"ऐसा इसलिए होगा क्योंकि तुम लटकने के लिए ही पैदा हुए हो," एक हंसी आई।

« Viens m'aider avant de partir », lui a-t-on demandé.

उनसे कहा गया, "जाने से पहले मेरी मदद करो।"

Buck était dans un état second à cause de la douleur dans sa langue et sa gorge.

बक अपनी जीभ और गले में दर्द से स्तब्ध था।

Il était à moitié étranglé et pouvait à peine se tenir debout.

उसका गला आधा दबा हुआ था और वह मुश्किल से सीधा खड़ा हो पा रहा था।

Pourtant, Buck essayait de faire face aux hommes qui l'avaient blessé ainsi.

फिर भी, बक ने उन लोगों का सामना करने की कोशिश की जिन्होंने उसे चोट पहुंचाई थी।

Mais ils le jetèrent à terre et l'étranglèrent une fois de plus.

लेकिन उन्होंने उसे नीचे गिरा दिया और एक बार फिर उसका गला घोंट दिया।

Ce n'est qu'à ce moment-là qu'ils ont pu scier son lourd collier de laiton.

तभी वे उसके भारी पीतल के कॉलर को काट कर अलग कर सके।

Ils ont retiré la corde et l'ont poussé dans une caisse.

उन्होंने रस्सी हटा दी और उसे एक टोकरे में डाल दिया।

La caisse était petite et avait la forme d'une cage en fer brut.

टोकरा छोटा था और उसका आकार किसी खुरदरे लोहे के पिंजरे जैसा था।

Buck resta allongé là toute la nuit, rempli de colère et d'orgueil blessé.

बक क्रोध और आहत अभिमान से भरा हुआ पूरी रात वहीं पड़ा रहा।

Il ne pouvait pas commencer à comprendre ce qui lui arrivait.

वह समझ ही नहीं पा रहा था कि उसके साथ क्या हो रहा है।

Pourquoi ces hommes étranges le gardaient-ils dans cette petite caisse ?

ये अजीब आदमी उसे इस छोटे से बक्से में क्यों रख रहे थे?

Que voulaient-ils de lui et pourquoi cette cruelle captivité ?

वे उससे क्या चाहते थे और उसे यह क्रूर कैद क्यों दी गयी?

Il ressentait une pression sombre, un sentiment de catastrophe qui se rapprochait.

उसे एक अंधकारमय दबाव महसूस हुआ; एक विपत्ति का एहसास जो उसके करीब आ रहा था।

C'était une peur vague, mais elle pesait lourdement sur son esprit.

यह एक अस्पष्ट भय था, लेकिन यह उसके मन पर गहरा असर कर रहा था।

Il a sursauté à plusieurs reprises lorsque la porte du hangar a claqué.

कई बार शेड का दरवाजा खटखटाने पर वह उछल पड़ा।

Il s'attendait à ce que le juge ou les garçons apparaissent et le sauvent.

उसे उम्मीद थी कि जज या लड़के आकर उसे बचा लेंगे।

Mais à chaque fois, seul le gros visage du tenancier de bar apparaissait à l'intérieur.

लेकिन हर बार केवल सैलून-कीपर का मोटा चेहरा ही अंदर झांकता था।

Le visage de l'homme était éclairé par la faible lueur d'une bougie de suif.

आदमी का चेहरा मोमबत्तियों की मंद रोशनी से रोशन था।

À chaque fois, l'aboiement joyeux de Buck se transformait en un grognement bas et colérique.

हर बार, बक की खुशी भरी भौंक एक धीमी, क्रोधित गुर्राहट में बदल जाती थी।

Le tenancier du saloon l'a laissé seul pour la nuit dans la caisse

सैलून-कीपर ने उसे रात भर पिंजरे में अकेला छोड़ दिया

Mais quand il se réveilla le matin, d'autres hommes arrivèrent.

लेकिन जब वह सुबह उठा तो और भी लोग आ रहे थे।

Quatre hommes sont venus et ont ramassé la caisse avec précaution, sans un mot.

चार आदमी आये और बिना कुछ कहे, सावधानी से टोकरा उठा लिया।

Buck comprit immédiatement dans quelle situation il se trouvait.

बक को तुरन्त पता चल गया कि वह किस स्थिति में है।

Ils étaient d'autres bourreaux qu'il devait combattre et craindre.

वे और भी अधिक कष्टदायक थे जिनसे उसे लड़ना और डरना पड़ा।

Ces hommes avaient l'air méchants, en haillons et très mal soignés.

ये लोग दुष्ट, फटेहाल और बहुत बुरी तरह से तैयार दिख रहे थे।

Buck grogna et se jeta férocement sur eux à travers les barreaux.

बक गुर्राया और सलाखों के बीच से उन पर भयंकर रूप से झपटा।

Ils se sont contentés de rire et de le frapper avec de longs bâtons en bois.

वे बस हंसते रहे और उस पर लंबी लकड़ी की छड़ियों से प्रहार करते रहे।

Buck a mordu les bâtons, puis s'est rendu compte que c'était ce qu'ils aimaient.

बक ने लाठी को चबाया, फिर उसे एहसास हुआ कि उन्हें यही पसंद है।

Il s'allongea donc tranquillement, maussade et brûlant d'une rage silencieuse.

इसलिए वह चुपचाप लेट गया, उदास और शांत क्रोध से जलता हुआ।

Ils ont soulevé la caisse dans un chariot et sont partis avec lui.

उन्होंने टोकरा एक गाड़ी में डाला और उसे लेकर चले गए।

La caisse, avec Buck enfermé à l'intérieur, changeait souvent de mains.

बक को अंदर बंद कर देने वाला यह टोकरा अक्सर हाथों में बदलता रहता था।

Les employés du bureau express ont pris les choses en main et l'ont traité brièvement.

एक्सप्रेस कार्यालय के क्लर्कों ने कार्यभार संभाला और कुछ देर तक उसे संभाला।

Puis un autre chariot transporta Buck à travers la ville bruyante.

फिर एक अन्य गाड़ी बक को शोरगुल वाले शहर से होकर ले गई।

Un camion l'a emmené avec des cartons et des colis sur un ferry.

एक ट्रक उसे बक्सों और पार्सलों के साथ एक नौका पर ले गया।

Après la traversée, le camion l'a déchargé dans un dépôt ferroviaire.

सड़क पार करने के बाद ट्रक ने उसे एक रेल डिपो पर उतार दिया।

Finalement, Buck fut placé dans une voiture express en attente.

अंततः बक को प्रतीक्षारत एक्सप्रेस बोगी में बिठाया गया।

Pendant deux jours et deux nuits, les trains ont emporté la voiture express.

दो दिन और दो रात तक रेलगाड़ियाँ एक्सप्रेस डिब्बे को खींचती रहीं।

Buck n'a ni mangé ni bu pendant tout le douloureux voyage.

पूरी कष्टसाध्य यात्रा के दौरान बक ने न तो कुछ खाया और न ही कुछ पिया।

Lorsque les messagers express ont essayé de l'approcher, il a grogné.

जब एक्सप्रेस संदेशवाहक उसके पास आने की कोशिश करने लगे तो वह गुर्राने लगा।

Ils ont réagi en se moquant de lui et en le taquinant cruellement.

उन्होंने उसका मजाक उड़ाया और उसे क्रूरतापूर्वक चिढ़ाया।

Buck se jeta sur les barreaux, écumant et tremblant

बक ने खुद को सलाखों पर फेंक दिया, झाग उगल रहा था और कांप रहा था

ils ont ri bruyamment et l'ont raillé comme des brutes de cour d'école.

वे जोर-जोर से हंसे और स्कूल के गुंडों की तरह उसका मजाक उड़ाया।

Ils aboyaient comme de faux chiens et battaient des bras.

वे नकली कुत्तों की तरह भौंकने लगे और अपनी भुजाएं फड़फड़ाने लगे।

Ils ont même chanté comme des coqs juste pour le contrarier davantage.

वे उसे और अधिक परेशान करने के लिए मुर्गों की तरह बांग भी देने लगे।

C'était un comportement stupide, et Buck savait que c'était ridicule.

यह मूर्खतापूर्ण व्यवहार था और बक जानता था कि यह हास्यास्पद है।

Mais cela n'a fait qu'approfondir son sentiment d'indignation et de honte.

लेकिन इससे उनका आक्रोश और शर्म और बढ़ गई।

Il n'a pas été trop dérangé par la faim pendant le voyage.

यात्रा के दौरान उन्हें भूख की ज्यादा चिंता नहीं हुई।

Mais la soif provoquait une douleur aiguë et une souffrance insupportable.

लेकिन प्यास के कारण तीव्र दर्द और असहनीय पीड़ा हुई।

Sa gorge sèche et enflammée et sa langue brûlaient de chaleur.

उसका सूखा, सूजा हुआ गला और जीभ गर्मी से जलने लगे।

Cette douleur alimentait la fièvre qui montait dans son corps fier.

इस दर्द ने उसके गर्वित शरीर के भीतर बढ़ते बुखार को और बढ़ा दिया।

Buck était reconnaissant pour une seule chose au cours de ce procès.

इस परीक्षण के दौरान बक एक बात के लिए आभारी था।

La corde avait été retirée de son cou épais.

उसकी मोटी गर्दन से रस्सी हटा दी गई थी।

La corde avait donné à ces hommes un avantage injuste et cruel.

रस्सी ने उन लोगों को अनुचित और क्रूर लाभ दिया था।

Maintenant, la corde avait disparu et Buck jura qu'elle ne reviendrait jamais.

अब रस्सी गायब हो चुकी थी, और बक ने कसम खाई कि वह कभी वापस नहीं आएगी।

Il a décidé qu'aucune corde ne passerait plus jamais autour de son cou.

उसने निश्चय किया कि अब कभी भी उसकी गर्दन में रस्सी नहीं पड़ेगी।

Pendant deux longs jours et deux longues nuits, il souffrit sans nourriture.

दो दिन और दो रात तक वह बिना भोजन के कष्ट झेलता रहा।

Et pendant ces heures, il a développé une énorme rage en lui.

और उन घंटों में, उसके अंदर बहुत अधिक क्रोध पैदा हो गया।

Ses yeux sont devenus injectés de sang et sauvages à cause d'une colère constante.

लगातार क्रोध से उसकी आंखें लाल और उग्र हो गयीं।

Il n'était plus Buck, mais un démon aux mâchoires claquantes.

वह अब बक नहीं था, बल्कि एक तीखे जबड़े वाला राक्षस था।

Même le juge n'aurait pas reconnu cette créature folle.

यहां तक कि जज भी इस पागल प्राणी को नहीं जानते होंगे।

Les messagers express ont soupiré de soulagement lorsqu'ils ont atteint Seattle

एक्सप्रेस संदेशवाहकों ने सिएटल पहुंचने पर राहत की सांस ली

Quatre hommes ont soulevé la caisse et l'ont amenée dans une cour arrière.

चार लोगों ने टोकरा उठाया और उसे पिछवाड़े में ले आये।

La cour était petite, entourée de murs hauts et solides.

आँगन छोटा था, जो ऊँची और ठोस दीवारों से घिरा हुआ था।

Un grand homme sortit, vêtu d'un pull rouge affaissé.

एक बड़ा आदमी लाल रंग की ढीली स्वेटर शर्ट पहने बाहर निकला।

Il a signé le carnet de livraison d'une écriture épaisse et audacieuse.

उन्होंने डिलीवरी बुक पर मोटे और मोटे हाथ से हस्ताक्षर किये।

Buck sentit immédiatement que cet homme était son prochain bourreau.

बक को तुरन्त ही यह आभास हो गया कि यह आदमी ही उसका अगला उत्पीड़क है।

Il se jeta violemment sur les barreaux, les yeux rouges de fureur.

वह हिंसक ढंग से सलाखों पर झपटा, उसकी आंखें क्रोध से लाल थीं।

L'homme sourit simplement sombrement et alla chercher une hachette.

वह आदमी बस मंद-मंद मुस्कुराया और कुल्हाड़ी लाने चला गया।

Il portait également une massue dans sa main droite épaisse et forte.

वह अपने मोटे और मजबूत दाहिने हाथ में एक डंडा भी लाया था।

« Tu vas le sortir maintenant ? » demanda le chauffeur, inquiet.

"अब आप उसे बाहर ले जाओगे?" ड्राइवर ने चिंतित होकर पूछा।

« Bien sûr », dit l'homme en enfonçant la hachette dans la caisse comme levier.

"ज़रूर," आदमी ने कहा और कुल्हाड़ी को लीवर की तरह टोकरे में ठूंस दिया।

Les quatre hommes se dispersèrent instantanément et sautèrent sur le mur de la cour.

चारों व्यक्ति तुरन्त तितर-बितर हो गए और कूदकर आँगन की दीवार पर चढ़ गए।

Depuis leurs endroits sûrs, ils attendaient d'assister au spectacle.

वे ऊपर अपने सुरक्षित स्थानों से इस तमाशे को देखने के लिए इंतजार कर रहे थे।

Buck se jeta sur le bois éclaté, le mordant et le secouant violemment.

बक ने टूटी हुई लकड़ी पर झपट्टा मारा, उसे जोर से काटने और हिलाने लगा।

Chaque fois que la hachette touchait la cage, Buck était là pour l'attaquer.

हर बार जब कुल्हाड़ी पिंजरे से टकराती, तो बक उस पर हमला करने के लिए वहां मौजूद होता।

Il grogna et claqua des dents avec une rage folle, impatient d'être libéré.

वह जंगली क्रोध से गुर्राया और चिल्लाया, वह आज़ाद होने के लिए उत्सुक था।

L'homme dehors était calme et stable, concentré sur sa tâche.

बाहर खड़ा आदमी शांत और स्थिर था तथा अपने काम पर ध्यान लगाए हुए था।

« Bon, alors, espèce de diable aux yeux rouges », dit-il lorsque le trou fut grand.

"ठीक है, तुम लाल आंखों वाले शैतान," उसने कहा जब छेद बड़ा था।

Il laissa tomber la hachette et prit le gourdin dans sa main droite.

उसने कुल्हाड़ी गिरा दी और डंडा अपने दाहिने हाथ में ले लिया।

Buck ressemblait vraiment à un diable ; les yeux injectés de sang et flamboyants.

बक सचमुच शैतान जैसा दिख रहा था; उसकी आंखें लाल और धधक रही थीं।

Son pelage se hérissait, de la mousse s'échappait de sa bouche, ses yeux brillaient.

उसका कोट कड़ा हो गया, उसके मुंह से झाग निकल रहा था, आंखें चमक रही थीं।

Il rassembla ses muscles et se jeta directement sur le pull rouge.

उसने अपनी मांसपेशियां सिकोड़ीं और सीधे लाल स्वेटर की ओर झपटा।

Cent quarante livres de fureur s'abattèrent sur l'homme calme.

एक सौ चालीस पाउंड का क्रोध शांत आदमी पर टूट पड़ा।

Juste avant que ses mâchoires ne se referment, un coup terrible le frappa.

इससे पहले कि उसके जबड़े बंद होते, एक भयानक प्रहार ने उसे घायल कर दिया।

Ses dents claquèrent l'une contre l'autre, rien d'autre que l'air

उसके दांत हवा के अलावा किसी और चीज पर नहीं टकराए

une secousse de douleur résonna dans son corps

दर्द की एक लहर उसके शरीर में गूंज उठी

Il a fait un saut périlleux en plein vol et s'est écrasé sur le dos et sur le côté.

वह हवा में उछलकर पीठ और बाजू के बल नीचे गिर पड़ा।

Il n'avait jamais ressenti auparavant le coup d'un gourdin et ne pouvait pas le saisir.

उसने पहले कभी डंडे की मार महसूस नहीं की थी और वह उसे पकड़ नहीं पाया था।

Avec un grognement strident, mi-aboiement, mi-cri, il bondit à nouveau.

एक तीखी गुर्राहट, कुछ भौंकने और कुछ चीख के साथ, वह फिर से उछला।

Un autre coup brutal le frappa et le projeta au sol.

एक और क्रूर प्रहार ने उसे घायल कर दिया और वह जमीन पर गिर पड़ा।

Cette fois, Buck comprit : c'était la lourde massue de l'homme.

इस बार बक को समझ आ गया - यह उस आदमी का भारी डंडा था।

Mais la rage l'aveuglait, et il n'avait aucune idée de retraite.

लेकिन क्रोध ने उसे अंधा कर दिया था, और पीछे हटने का उसे कोई विचार नहीं सूझा।

Douze fois il s'est lancé et douze fois il est tombé.

बारह बार उसने स्वयं को आगे बढ़ाया, और बारह बार वह नीचे गिरा।

Le gourdin en bois le frappait à chaque fois avec une force impitoyable et écrasante.

लकड़ी का डंडा हर बार उसे निर्दयी, कुचलने वाली ताकत से कुचल देता था।

Après un coup violent, il se releva en titubant, étourdi et lent.

एक भयंकर प्रहार के बाद वह लड़खड़ाते हुए, स्तब्ध और धीमा होकर अपने पैरों पर खड़ा हुआ।

Du sang coulait de sa bouche, de son nez et même de ses oreilles.

उसके मुंह, नाक और यहां तक कि कान से भी खून बह रहा था।

Son pelage autrefois magnifique était maculé de mousse sanglante.

उसका कभी सुन्दर कोट खूनी झाग से सना हुआ था।

Alors l'homme s'est avancé et a donné un coup violent au nez.

तभी वह आदमी आगे बढ़ा और उसकी नाक पर एक जोरदार वार किया।

L'agonie était plus vive que tout ce que Buck avait jamais ressenti.

यह पीड़ा बक ने कभी महसूस की हुई किसी भी पीड़ा से अधिक तीव्र थी।

Avec un rugissement plus bête que chien, il bondit à nouveau pour attaquer.

कुत्ते से अधिक जानवर जैसी दहाड़ के साथ, वह फिर से हमला करने के लिए उछला।

Mais l'homme attrapa sa mâchoire inférieure et la tourna vers l'arrière.

लेकिन उस आदमी ने उसका निचला जबड़ा पकड़ लिया और उसे पीछे की ओर मोड़ दिया।

Buck fit un saut périlleux et s'écrasa à nouveau violemment.

बक सिर के बल पलटा और फिर से जोर से नीचे गिरा।

Une dernière fois, Buck se précipita sur lui, maintenant à peine capable de se tenir debout.

एक आखिरी बार, बक ने उस पर हमला किया, अब वह मुश्किल से खड़ा हो पा रहा था।

L'homme a frappé avec un timing expert, délivrant le coup final.

उस आदमी ने विशेषज्ञ समय पर अंतिम प्रहार किया।

Buck s'est effondré, inconscient et immobile.

बक बेहोश होकर गिर पड़ा और उसकी हालत स्थिर थी।

« Il n'est pas mauvais pour dresser les chiens, c'est ce que je dis », a crié un homme.

एक आदमी चिल्लाया, "मैं तो यही कहता हूं कि वह कुत्तों को भगाने में माहिर है।"

« Druther peut briser la volonté d'un chien n'importe quel jour de la semaine. »

"ड्रूथर सप्ताह के किसी भी दिन शिकारी कुत्ते की इच्छाशक्ति को तोड़ सकता है।"

« Et deux fois un dimanche ! » a ajouté le chauffeur.

"और रविवार को दो बार!" ड्राइवर ने कहा।

Il monta dans le chariot et fit claquer les rênes pour partir.

वह गाड़ी में चढ़ गया और निकलने के लिए लगाम कस ली।

Buck a lentement repris le contrôle de sa conscience

बक ने धीरे-धीरे अपनी चेतना पर नियंत्रण पा लिया

mais son corps était encore trop faible et brisé pour bouger.

लेकिन उसका शरीर अभी भी इतना कमजोर और टूटा हुआ था कि वह हिल नहीं सकता था।

Il resta allongé là où il était tombé, regardant l'homme au pull rouge.

वह जहां गिरा था, वहीं पड़ा रहा और लाल स्वेटर वाले आदमी को देखता रहा।

« Il répond au nom de Buck », dit l'homme en lisant à haute voix.

"उसका नाम बक है," उस आदमी ने ऊंची आवाज में पढ़ते हुए कहा।

Il a cité la note envoyée avec la caisse de Buck et les détails.

उन्होंने बक के टोकरे के साथ भेजे गए नोट और विवरण का हवाला दिया।

« Eh bien, Buck, mon garçon », continua l'homme d'un ton amical,

"ठीक है, बक, मेरे लड़के," आदमी ने दोस्ताना लहजे में कहा,

« Nous avons eu notre petite dispute, et maintenant c'est fini entre nous. »

"हमारे बीच छोटी सी लड़ाई हुई थी और अब यह हमारे बीच ख़त्म हो गई है।"

« Tu as appris à connaître ta place, et j'ai appris à connaître la mienne », a-t-il ajouté.

उन्होंने कहा, "आपने अपनी जगह सीख ली है और मैंने अपनी जगह सीख ली है।"

« Sois sage, tout ira bien et la vie sera agréable. »

"अच्छे बनो, तो सब ठीक हो जाएगा और जीवन सुखद हो जाएगा।"

« Mais sois méchant, et je te botterai les fesses, compris ? »

"लेकिन अगर तुम बुरे बनोगे, तो मैं तुम्हें बुरी तरह पीटूंगा, समझे?"

Tandis qu'il parlait, il tendit la main et tapota la tête douloureuse de Buck.

बोलते समय उसने अपना हाथ आगे बढ़ाया और बक के दुखते सिर पर थपथपाया।

Les cheveux de Buck se dressèrent au contact de l'homme, mais il ne résista pas.

उस आदमी के स्पर्श से बक के रोंगटे खड़े हो गए, लेकिन उसने प्रतिरोध नहीं किया।

L'homme lui apporta de l'eau, que Buck but à grandes gorgées.

वह आदमी उसके लिए पानी लाया, जिसे बक ने बड़े घूंटों से पी लिया।

Puis vint la viande crue, que Buck dévora morceau par morceau.

फिर कच्चा मांस आया, जिसे बक ने टुकड़े-टुकड़े करके खा लिया।

Il savait qu'il était battu, mais il savait aussi qu'il n'était pas brisé.

वह जानता था कि उसे पीटा गया है, लेकिन वह यह भी जानता था कि वह टूटा नहीं है।

Il n'avait aucune chance contre un homme armé d'une matraque.

डंडे से लैस एक आदमी के सामने उसके पास कोई मौका नहीं था।

Il avait appris la vérité et il n'a jamais oublié cette leçon.

उसने सच्चाई सीख ली थी और वह उस सबक को कभी नहीं भूला।

Cette arme était le début de la loi dans le nouveau monde de Buck.

वह हथियार बक की नई दुनिया में कानून की शुरुआत थी।

C'était le début d'un ordre dur et primitif qu'il ne pouvait nier.

यह एक कठोर, आदिम व्यवस्था की शुरुआत थी जिसे वह नकार नहीं सकते थे।

Il accepta la vérité ; ses instincts sauvages étaient désormais éveillés.

उसने सत्य स्वीकार कर लिया; उसकी जंगली प्रवृत्तियाँ अब जाग चुकी थीं।

Le monde était devenu plus dur, mais Buck l'a affronté avec courage.

दुनिया कठोर होती जा रही थी, लेकिन बक ने उसका बहादुरी से सामना किया।

Il a affronté la vie avec une prudence, une ruse et une force tranquille nouvelles.

उन्होंने जीवन का सामना नई सावधानी, चतुराई और शांत शक्ति के साथ किया।

D'autres chiens sont arrivés, attachés dans des cordes ou des caisses comme Buck l'avait été.

और भी कुत्ते आ गए, जो बक की तरह रस्सियों या बक्सों में बंधे हुए थे।

Certains chiens sont venus calmement, d'autres ont fait rage et se sont battus comme des bêtes sauvages.

कुछ कुत्ते शांतिपूर्वक आये, जबकि अन्य उग्र होकर जंगली जानवरों की तरह लड़ने लगे।

Ils furent tous soumis au règne de l'homme au pull rouge.

उन सभी को लाल स्वेटर वाले आदमी के शासन के अधीन लाया गया।

À chaque fois, Buck regardait et voyait la même leçon se dérouler.

हर बार बक ने देखा कि उसे वही सबक मिल रहा है।

L'homme avec la massue était la loi, un maître à obéir.

डंडा लिये हुए आदमी कानून था; एक मालिक जिसका पालन किया जाना था।

Il n'avait pas besoin d'être aimé, mais il fallait qu'on lui obéisse.

उसे पसंद किये जाने की आवश्यकता नहीं थी, बल्कि उसकी आज्ञा का पालन किया जाना आवश्यक था।

Buck ne s'est jamais montré flatteur ni n'a remué la queue comme le faisaient les chiens plus faibles.

बक कभी भी कमज़ोर कुत्तों की तरह चापलूसी या हरकत नहीं करता था।

Il a vu des chiens qui avaient été battus et qui continuaient à lécher la main de l'homme.

उसने देखा कि कुत्ते पीटे जाने के बावजूद भी उस आदमी का हाथ चाट रहे थे।

Il a vu un chien qui refusait d'obéir ou de se soumettre du tout.

उसने एक कुत्ते को देखा जो न तो आज्ञा मानता था और न ही किसी के अधीन होता था।

Ce chien s'est battu jusqu'à ce qu'il soit tué dans la bataille pour le contrôle.

वह कुता नियंत्रण की लड़ाई में तब तक लड़ता रहा जब तक कि वह मारा नहीं गया।

Des étrangers venaient parfois voir l'homme au pull rouge.

कभी-कभी अजनबी लोग लाल स्वेटर वाले उस आदमी को देखने आते थे।

Ils parlaient sur un ton étrange, suppliant, marchandant et riant.

वे अजीब स्वर में बोल रहे थे, विनती कर रहे थे, मोल-तोल कर रहे थे और हंस रहे थे।

Lors de l'échange d'argent, ils partaient avec un ou plusieurs chiens.

जब पैसे का लेन-देन हो जाता था, तो वे एक या अधिक कुत्तों के साथ चले जाते थे।

Buck se demandait où étaient passés ces chiens, car aucun n'était jamais revenu.

बक को आश्चर्य हुआ कि ये कुत्ते कहां चले गए, क्योंकि कोई भी कभी वापस नहीं आया।

la peur de l'inconnu envahissait Buck chaque fois qu'un homme étrange venait

हर बार जब कोई अनजान आदमी सामने आता तो बक के मन में अज्ञात भय भर जाता

il était content à chaque fois qu'un autre chien était pris, plutôt que lui-même.

वह हर बार खुश होता था जब कोई दूसरा कुत्ता ले जाया जाता था, न कि खुद को।

Mais finalement, le tour de Buck arriva avec l'arrivée d'un homme étrange.

लेकिन अंततः एक अजीब आदमी के आगमन के साथ बक की बारी आई।

Il était petit, nerveux, parlait un anglais approximatif et jurait.

वह छोटा, दुबला-पतला था और टूटी-फूटी अंग्रेजी बोलता था तथा गालियां देता था।

« Sacré-Dam ! » hurla-t-il en posant les yeux sur le corps de Buck.

"पवित्र!" वह चिल्लाया जब उसने बक के शरीर पर नजर डाली।

« C'est un sacré chien tyrannique ! Hein ? Combien ? » demanda-t-il à voix haute.

"यह तो बहुत ही बदमाश कुत्ता है! है न? कितना?" उसने ऊंची आवाज में पूछा।

« Trois cents, et c'est un cadeau à ce prix-là. »

"तीन सौ, और वह उस कीमत पर एक उपहार है,"

« Puisque c'est de l'argent du gouvernement, tu ne devrais pas te plaindre, Perrault. »

"चूंकि यह सरकारी पैसा है, इसलिए आपको शिकायत नहीं करनी चाहिए, पेरौल्ट।"

Perrault sourit à l'idée de l'accord qu'il venait de conclure avec cet homme.

पेरौल्ट ने उस आदमी के साथ जो सौदा किया था, उसे देखकर मुस्कराया।

Le prix des chiens a grimpé en flèche en raison de la demande soudaine.

अचानक मांग बढ़ने के कारण कुत्तों की कीमत आसमान छू रही थी।

Trois cents dollars, ce n'était pas injuste pour une si belle bête.

इतने अच्छे जानवर के लिए तीन सौ डॉलर अनुचित नहीं था।

Le gouvernement canadien ne perdrait rien dans cet accord

इस सौदे में कनाडा सरकार को कुछ भी नुकसान नहीं होगा

Leurs dépêches officielles ne seraient pas non plus retardées en transit.

न ही उनके आधिकारिक प्रेषण में देरी होगी।

Perrault connaissait bien les chiens et pouvait voir que Buck était quelque chose de rare.

पेरौल्ट कुत्तों को अच्छी तरह से जानते थे, और जानते थे कि बक एक दुर्लभ प्राणी है।

« Un sur dix dix mille », pensa-t-il en étudiant la silhouette de Buck.

बक की काया का अध्ययन करते हुए उसने सोचा, "दस हजार में से एक।"

Buck a vu l'argent changer de mains, mais n'a montré aucune surprise.

बक ने पैसे को हाथों में बदलते देखा, लेकिन कोई आश्चर्य नहीं जताया।

Bientôt, lui et Curly, un gentil Terre-Neuve, furent emmenés.

जल्द ही उसे और घुँघराले नामक एक सौम्य न्यूफाउंडलैंड को वहां से ले जाया गया।

Ils suivirent le petit homme depuis la cour du pull rouge.

वे लाल स्वेटर वाले के आँगन से उस छोटे आदमी का पीछा करने लगे।

Ce fut la dernière fois que Buck vit l'homme avec la massue en bois.

वह आखिरी बार था जब बक ने लकड़ी के डंडे के साथ उस आदमी को देखा था।

Depuis le pont du Narval, il regardait Seattle disparaître au loin.

नारव्हेल के डेक से उसने सिएटल को दूर तक लुप्त होते देखा।

C'était aussi la dernière fois qu'il voyait le chaud Southland.

यह आखिरी बार था जब उन्होंने गर्म साउथलेंड को देखा था।

Perrault les emmena sous le pont et les laissa à François.

पेरौल्ट उन्हें डेक के नीचे ले गया और फ़्राँस्वा के पास छोड़ दिया।

François était un géant au visage noir, aux mains rugueuses et calleuses.

फ़्राँस्वा एक काले चेहरे वाला विशालकाय व्यक्ति था जिसके हाथ खुरदरे और कठोर थे।

Il était brun et basané; un métis franco-canadien.

वह सांवला और काला था; एक अर्ध-नस्ल फ्रांसीसी-कनाडाई।

Pour Buck, ces hommes étaient d'un genre qu'il n'avait jamais vu auparavant.

बक के लिए ये लोग ऐसे थे जिन्हें उसने पहले कभी नहीं देखा था।

Il allait connaître beaucoup d'autres hommes de ce genre dans les jours qui suivirent.

आने वाले दिनों में उसे ऐसे कई लोगों से परिचय होगा।

Il ne s'est pas attaché à eux, mais il a appris à les respecter.

वह उनसे प्रेम तो नहीं करने लगा, परन्तु उनका आदर करने लगा।

Ils étaient justes et sages, et ne se laissaient pas facilement tromper par un chien.

वे निष्पक्ष और बुद्धिमान थे, और किसी भी कुत्ते द्वारा आसानी से मूर्ख नहीं बनाये जा सकते थे।

Ils jugeaient les chiens avec calme et ne les punissaient que lorsqu'ils le méritaient.

वे कुत्तों का शांतिपूर्वक मूल्यांकन करते थे, तथा केवल तभी दण्ड देते थे जब वह दण्ड योग्य होता था।

Sur le pont inférieur du Narwhal, Buck et Curly ont rencontré deux chiens.

नरव्हेल के निचले डेक पर बक और घुँघराले की मुलाकात दो कुत्तों से हुई।

L'un d'eux était un grand chien blanc venu du lointain et glacial Spitzberg.

उनमें से एक बड़ा सफेद कुत्ता था जो दूर स्थित बर्फीले स्पित्स्बर्गेन से आया था।

Il avait autrefois navigué avec un baleinier et rejoint un groupe d'enquête.

वह एक बार एक व्हेलर के साथ यात्रा कर चुके थे और एक सर्वेक्षण समूह में शामिल हो गए थे।

Il était amical d'une manière sournoise, sournoise et rusée.

वह धूर्त, छलपूर्ण और चालाक ढंग से मित्रतापूर्ण व्यवहार करता था।

Lors de leur premier repas, il a volé un morceau de viande dans la poêle de Buck.

अपने पहले भोजन के समय, उसने बक के पैन से मांस का एक टुकड़ा चुरा लिया।

Buck sauta pour le punir, mais le fouet de François frappa en premier.

बक उसे दण्ड देने के लिए कूदा, लेकिन फ्रांकोइस का चाबुक पहले ही लग गया।

Le voleur blanc hurla et Buck récupéra l'os volé.

सफेद चोर चिल्लाया और बक ने चुराई हुई हड्डी वापस ले ली।

Cette équité impressionna Buck, et François gagna son respect.

इस निष्पक्षता ने बक को प्रभावित किया और फ्रांकोइस ने उनका सम्मान अर्जित किया।

L'autre chien ne lui a pas adressé de salut et n'en a pas voulu en retour.

दूसरे कुत्ते ने कोई अभिवादन नहीं किया, तथा बदले में कुछ भी नहीं चाहा।

Il ne volait pas de nourriture et ne reniflait pas les nouveaux arrivants avec intérêt.

वह न तो भोजन चुराता था, न ही नए आने वालों पर दिलचस्पी से नज़र डालता था।

Ce chien était sinistre et calme, sombre et lent.

यह कुत्ता गंभीर और शांत, उदास और धीमी गति से चलने वाला था।

Il a averti Curly de rester à l'écart en la regardant simplement.

उसने घुँघराले को घूरकर दूर रहने की चेतावनी दी।

Son message était clair : laissez-moi tranquille ou il y aura des problèmes.

उनका संदेश स्पष्ट था; मुझे अकेला छोड़ दो, नहीं तो मुसीबत हो जायेगी।

Il s'appelait Dave et il remarquait à peine son environnement.

उसका नाम डेव था और वह अपने आस-पास की चीज़ों पर ध्यान ही नहीं देता था।

Il dormait souvent, mangeait tranquillement et bâillait de temps en temps.

वह अक्सर सोता था, चुपचाप खाता था, और कभी-कभी जम्हाई लेता था।

Le navire ronronnait constamment avec le battement de l'hélice en dessous.

जहाज नीचे धड़कते प्रोपेलर के साथ लगातार गुनगुना रहा था।

Les jours passèrent sans grand changement, mais le temps devint plus froid.

दिन तो थोड़े परिवर्तन के साथ बीत गए, लेकिन मौसम ठंडा हो गया।

Buck pouvait le sentir dans ses os et remarqua que les autres le faisaient aussi.

बक इसे अपनी हड्डियों में महसूस कर सकता था, और उसने देखा कि अन्य लोग भी इसे महसूस कर रहे थे।

Puis un matin, l'hélice s'est arrêtée et tout est redevenu calme.

फिर एक सुबह, प्रोपेलर बंद हो गया और सब कुछ शांत हो गया।

Une énergie parcourut le vaisseau ; quelque chose avait changé.

जहाज में एक ऊर्जा का संचार हुआ; कुछ बदल गया था।

François est descendu, les a attachés en laisse et les a remontés.

फ़्रॉंस्वा नीचे आया, उन्हें पट्टे पर बाँधा और ऊपर ले आया।

Buck sortit et trouva le sol doux, blanc et froid.

बक ने बाहर कदम रखा और पाया कि ज़मीन नरम, सफ़ेद और ठंडी थी।

Il sursauta en arrière, alarmé, et renifla, totalement confus.

वह घबराकर पीछे हट गया और पूरी तरह से असमंजस में पड़कर खर्राटे लेने लगा।

Une étrange substance blanche tombait du ciel gris.

भूरे आकाश से अजीब सफेद चीज गिर रही थी।

Il se secoua, mais les flocons blancs continuaient à atterrir sur lui.

उसने अपने आप को हिलाया, लेकिन सफेद परतें उस पर गिरती रहीं।

Il renifla soigneusement la substance blanche et lécha quelques morceaux glacés.

उसने उस सफ़ेद चीज़ को ध्यान से सूँघा और कुछ बर्फ़ीले टुकड़े चाटे।

La poudre brûla comme du feu, puis disparut de sa langue.

पाउडर आग की तरह जलने लगा, फिर उसकी जीभ से गायब हो गया।

Buck essaya à nouveau, intrigué par l'étrange froideur qui disparaissait.

बक ने पुनः प्रयास किया, वह उस अजीब सी लुप्त होती ठंडक से हैरान था।

Les hommes autour de lui rirent et Buck se sentit gêné.

उसके आस-पास खड़े लोग हंसने लगे और बक को शर्मिंदगी महसूस हुई।

Il ne savait pas pourquoi, mais il avait honte de sa réaction.

उसे पता नहीं था कि ऐसा क्यों हुआ, लेकिन उसे अपनी प्रतिक्रिया पर शर्म आ रही थी।

C'était sa première expérience avec la neige, et cela le dérouta.

बर्फ के साथ यह उसका पहला अनुभव था और इससे वह उलझन में पड़ गया।

La loi du gourdin et des crocs
क्लब और फैंग का नियम

Le premier jour de Buck sur la plage de Dyea ressemblait à un terrible cauchemar.

डाईया समुद्र तट पर बक का पहला दिन एक भयानक दुःस्वप्न जैसा लगा।

Chaque heure apportait de nouveaux chocs et des changements inattendus pour Buck.

प्रत्येक घंटा बक के लिए नये झटके और अप्रत्याशित परिवर्तन लेकर आया।

Il avait été arraché à la civilisation et jeté dans un chaos sauvage.

उसे सभ्यता से खींचकर जंगली अराजकता में फेंक दिया गया था।

Ce n'était pas une vie ensoleillée et paresseuse, faite d'ennui et de repos.

यह कोई धूप-भरी, ऊबाऊ और आराम वाली आलसी जिंदगी नहीं थी।

Il n'y avait pas de paix, pas de repos, et pas un instant sans danger.

वहाँ न शांति थी, न विश्राम, और न ही कोई क्षण खतरे से मुक्त था।

La confusion régnait sur tout et le danger était toujours proche.

हर जगह भ्रम की स्थिति थी और खतरा हमेशा करीब था।

Buck devait rester vigilant car ces hommes et ces chiens étaient différents.

बक को सतर्क रहना पड़ा क्योंकि ये आदमी और कुत्ते अलग-अलग थे।

Ils n'étaient pas originaires des villes ; ils étaient sauvages et sans pitié.

वे नगरों से नहीं थे; वे जंगली और निर्दयी थे।

Ces hommes et ces chiens ne connaissaient que la loi du gourdin et des crocs.

ये लोग और कुत्ते केवल डंडे और नुकीले दांतों का कानून ही जानते थे।

Buck n'avait jamais vu de chiens se battre comme ces huskies sauvages.

बक ने कभी भी इन क्रूर हस्की कुत्तों की तरह लड़ते नहीं देखा था।

Sa première expérience lui a appris une leçon qu'il n'oublierait jamais.

उनके पहले अनुभव ने उन्हें एक ऐसा सबक सिखाया जिसे वे कभी नहीं भूलेंगे।

Il a eu de la chance que ce ne soit pas lui, sinon il serait mort aussi.

वह भाग्यशाली था कि वह नहीं था, अन्यथा वह भी मर जाता।

Curly était celui qui souffrait tandis que Buck regardait et apprenait.

घुँघराले को कष्ट सहना पड़ा, जबकि बक देखता रहा और सीखता रहा।

Ils avaient installé leur campement près d'un magasin construit en rondins.

उन्होंने लकड़ियों से बने एक स्टोर के पास शिविर बनाया था।

Curly a essayé d'être amical avec un grand husky ressemblant à un loup.

घुँघराले ने एक बड़े, भेड़िये जैसे हस्की कुत्ते के साथ मित्रतापूर्ण व्यवहार करने की कोशिश की।

Le husky était plus petit que Curly, mais avait l'air sauvage et méchant.

हस्की घुँघराले से छोटा था, लेकिन जंगली और क्रूर लग रहा था।

Sans prévenir, il a sauté et lui a ouvert le visage.

बिना किसी चेतावनी के, वह कूदा और उसके चेहरे पर वार कर दिया।

Ses dents lui coupèrent l'œil jusqu'à sa mâchoire en un seul mouvement.

उसके दांतों ने एक ही झटके में उसकी आंख से लेकर जबड़े तक काट दिया।

C'est ainsi que les loups se battaient : ils frappaient vite et sautaient loin.

भेड़िये इसी तरह लड़ते थे - तेजी से हमला करते और दूर कूद जाते।

Mais il y avait plus à apprendre que de cette seule attaque.

लेकिन उस एक हमले से सीखने के लिए और भी बहुत कुछ था।

Des dizaines de huskies se sont précipités et ont formé un cercle silencieux.

दर्जनों हस्की पक्षी दौड़कर आए और एक खामोश घेरा बना लिया।

Ils regardaient attentivement et se léchaient les lèvres avec faim.

उन्होंने ध्यान से देखा और भूख से अपने होंठ चाटने लगे।

Buck ne comprenait pas leur silence ni leurs regards avides.

बक को उनकी चुप्पी या उनकी उत्सुक आँखें समझ में नहीं आईं।

Curly s'est précipité pour attaquer le husky une deuxième fois.

घुँघराले दूसरी बार हस्की पर हमला करने के लिए दौड़ा।

Il a utilisé sa poitrine pour la renverser avec un mouvement puissant.

उसने अपनी छाती का इस्तेमाल करके उसे जोर से गिरा दिया।

Elle est tombée sur le côté et n'a pas pu se relever.

वह एक ओर गिर पड़ी और फिर उठ न सकी।

C'est ce que les autres attendaient depuis le début.

यह वही था जिसका अन्य लोग लंबे समय से इंतजार कर रहे थे।

Les huskies ont sauté sur elle, hurlant et grognant avec frénésie.

कर्कश पक्षी उस पर कूद पड़े, और उन्माद में चिल्लाने और गुर्राने लगे।

Elle a crié alors qu'ils l'enterraient sous un tas de chiens.

जब उसे कुत्तों के ढेर के नीचे दफनाया गया तो वह चीखने लगी।

L'attaque fut si rapide que Buck resta figé sur place sous le choc.

हमला इतना तेज था कि बक सदमे से वहीं जम गया।

Il vit Spitz tirer la langue d'une manière qui ressemblait à un rire.

उसने देखा कि स्पिट्ज़ अपनी जीभ इस तरह बाहर निकाल रहा था जैसे वह हंस रहा हो।

François a attrapé une hache et a couru droit vers le groupe de chiens.

फ़्राँस्वा ने एक कुल्हाड़ी पकड़ी और सीधे कुत्तों के समूह में भाग गया।

Trois autres hommes ont utilisé des gourdins pour aider à repousser les huskies.

तीन अन्य लोगों ने हस्की को भगाने के लिए डंडों का प्रयोग किया।

En seulement deux minutes, le combat était terminé et les chiens avaient disparu.

मात्र दो मिनट में ही लड़ाई ख़त्म हो गई और कुत्ते चले गए।

Curly gisait morte dans la neige rouge et piétinée, son corps déchiré.

घुँघराले लाल, कुचली हुई बर्फ में मृत पड़ी थी, उसका शरीर टुकड़े-टुकड़े हो गया था।

Un homme à la peau sombre se tenait au-dessus d'elle, maudissant la scène brutale.

एक काले रंग का आदमी उसके ऊपर खड़ा होकर उस क्रूर दृश्य को कोस रहा था।

Le souvenir est resté avec Buck et a hanté ses rêves la nuit.

यह स्मृति बक के साथ बनी रही और रात में उसके सपनों में आती रही।

C'était comme ça ici : pas d'équité, pas de seconde chance.

यहीं तो तरीका था; न कोई निष्पक्षता, न कोई दूसरा मौका।

Une fois qu'un chien tombait, les autres le tuaient sans pitié.

एक बार कोई कुत्ता गिर जाता तो बाकी कुत्ते उसे बिना किसी दया के मार देते।

Buck décida alors qu'il ne se permettrait jamais de tomber.

बक ने तब निर्णय लिया कि वह स्वयं को कभी गिरने नहीं देगा।

Spitz tira à nouveau la langue et rit du sang.

स्पिट्ज़ ने फिर से अपनी जीभ बाहर निकाली और खून को देखकर हँसा।

À partir de ce moment-là, Buck détesta Spitz de tout son cœur.

उस क्षण से, बक स्पिट्ज से पूरे दिल से नफरत करने लगा।

Avant que Buck ne puisse se remettre de la mort de Curly, quelque chose de nouveau s'est produit.

इससे पहले कि बक घुँघराले की मौत से उबर पाता, कुछ नया घटित हुआ।

François s'est approché et a attaché quelque chose autour du corps de Buck.

फ़ाँस्वा आया और उसने बक के शरीर के चारों ओर कुछ बाँध दिया।

C'était un harnais comme ceux utilisés sur les chevaux du ranch.

यह एक प्रकार का पट्टा था, जैसा कि फार्म में घोड़ों पर लगाया जाता है।

Comme Buck avait vu les chevaux travailler, il devait maintenant travailler aussi.

चूँकि बक ने घोड़ों को काम करते देखा था, इसलिए अब उसे भी काम करना पड़ा।

Il a dû tirer François sur un traîneau dans la forêt voisine.

उसे फ्रांकोइस को स्लेज पर खींचकर पास के जंगल में ले जाना पड़ा।

Il a ensuite dû ramener une lourde charge de bois de chauffage.

फिर उसे भारी मात्रा में लकड़ियाँ खींचकर ले जाना पड़ा।

Buck était fier, donc cela lui faisait mal d'être traité comme un animal de travail.

बक घमंडी था, इसलिए उसे यह देखकर दुख होता था कि उसके साथ एक कामकाजी जानवर जैसा व्यवहार किया जा रहा है।

Mais il était sage et n'a pas essayé de lutter contre la nouvelle situation.

लेकिन वह बुद्धिमान था और उसने नई परिस्थिति से लड़ने की कोशिश नहीं की।

Il a accepté sa nouvelle vie et a donné le meilleur de lui-même dans chaque tâche.

उन्होंने अपना नया जीवन स्वीकार किया और हर कार्य में अपना सर्वश्रेष्ठ दिया।

Tout ce qui concernait ce travail lui était étrange et inconnu.

काम से जुड़ी हर चीज़ उसके लिए अजीब और अपरिचित थी।

François était strict et exigeait l'obéissance sans délai.

फ़ाँस्वा सख्त थे और बिना देरी के आज्ञाकारिता की मांग करते थे।

Son fouet garantissait que chaque ordre soit exécuté immédiatement.

उनके चाबुक से यह सुनिश्चित होता था कि प्रत्येक आदेश का तुरंत पालन किया जाए।

Dave était le conducteur du traîneau, le chien le plus proche du traîneau derrière Buck.

डेव व्हीलर था, बक के पीछे स्लेज के सबसे निकट वाला कुत्ता।

Dave mordait Buck sur les pattes arrière s'il faisait une erreur.

यदि बक कोई गलती करता तो डेव उसके पिछले पैरों पर काट लेता था।

Spitz était le chien de tête, compétent et expérimenté dans ce rôle.

स्पिट्ज़ प्रमुख कुत्ता था, जो इस भूमिका में कुशल और अनुभवी था।

Spitz ne pouvait pas atteindre Buck facilement, mais il le corrigea quand même.

स्पिट्ज़ आसानी से बक तक नहीं पहुंच सका, लेकिन फिर भी उसने उसे सुधार दिया।

Il grognait durement ou tirait le traîneau d'une manière qui enseignait à Buck.

वह कठोरता से गुर्राता था या स्लेज को ऐसे खींचता था जो बक को सिखाया गया था।

Grâce à cette formation, Buck a appris plus vite que ce qu'ils avaient imaginé.

इस प्रशिक्षण के तहत, बक ने किसी की भी अपेक्षा से अधिक तेजी से सीखा।

Il a travaillé dur et a appris de François et des autres chiens.

उन्होंने कड़ी मेहनत की और फ्रांकोइस तथा अन्य कुत्तों से सीखा।

À leur retour, Buck connaissait déjà les commandes clés.

जब वे वापस लौटे, बक को पहले से ही प्रमुख आदेश पता थे।

Il a appris à s'arrêter au son « ho » de François.

उन्होंने फ़्राँस्वा से "हो" की ध्वनि पर रुकना सीखा।

Il a appris quand il a dû tirer le traîneau et courir.

उन्होंने यह सीख लिया कि कब उन्हें स्लेज खींचकर भागना है।

Il a appris à tourner largement dans les virages du sentier sans difficulté.

उन्होंने बिना किसी परेशानी के रास्ते में मोड़ पर चौड़ा मोड़ लेना सीख लिया।

Il a également appris à éviter Dave lorsque le traîneau descendait rapidement.

उन्होंने यह भी सीख लिया कि जब स्लेज तेजी से नीचे की ओर जाए तो डेव से बचना चाहिए।

« Ce sont de très bons chiens », dit fièrement François à Perrault.

"वे बहुत अच्छे कुत्ते हैं," फ़्राँस्वा ने गर्व से पेरौल्ट से कहा।

« Ce Buck tire comme un dingue, je lui apprends vite fait. »

"वह बक बहुत तेज़ खींचतान करता है - मैं उसे बहुत जल्दी सिखा देता हूँ।"

Plus tard dans la journée, Perrault est revenu avec deux autres chiens husky.

उस दिन बाद में, पेरॉल्ट दो और कर्कश कुत्तों के साथ वापस आया।

Ils s'appelaient Billee et Joe, et ils étaient frères.

उनके नाम बिली और जो थे और वे भाई थे।

Ils venaient de la même mère, mais ne se ressemblaient pas du tout.

वे एक ही मां से थे, लेकिन बिल्कुल एक जैसे नहीं थे।

Billee était de nature douce et très amicale avec tout le monde.

बिली बहुत ही मधुर स्वभाव की थी और सभी के साथ बहुत ही मित्रवत व्यवहार करती थी।

Joe était tout le contraire : calme, en colère et toujours en train de grogner.

जो इसके विपरीत था - शांत, क्रोधित और हमेशा गुर्राता हुआ।

Buck les a accueillis de manière amicale et s'est montré calme avec eux deux.

बक ने उनका मित्रतापूर्ण तरीके से स्वागत किया और दोनों के साथ शांत व्यवहार किया।

Dave ne leur prêta aucune attention et resta silencieux comme d'habitude.

डेव ने उन पर कोई ध्यान नहीं दिया और हमेशा की तरह चुप रहा।

Spitz a attaqué d'abord Billee, puis Joe, pour montrer sa domination.

स्पिट्ज़ ने अपना प्रभुत्व दिखाने के लिए पहले बिली पर और फिर जो पर हमला किया।

Billee remua la queue et essaya d'être amical avec Spitz.

बिली ने अपनी पूँछ हिलाई और स्पिट्ज़ के साथ मित्रतापूर्ण व्यवहार करने की कोशिश की।

Lorsque cela n'a pas fonctionné, il a essayé de s'enfuir à la place.

जब वह सफल नहीं हुआ तो उसने भागने की कोशिश की।

Il a pleuré tristement lorsque Spitz l'a mordu fort sur le côté.

जब स्पिट्ज़ ने उसे जोर से काटा तो वह दुखी होकर रोने लगा।

Mais Joe était très différent et refusait d'être intimidé.

लेकिन जो बहुत अलग था और उसने धमकाए जाने से इनकार कर दिया।

Chaque fois que Spitz s'approchait, Joe se retournait pour lui faire face rapidement.

जब भी स्पिट्ज़ पास आता, जो तेजी से घूमकर उसका सामना करता।

Sa fourrure se hérissa, ses lèvres se retroussèrent et ses dents claquèrent sauvagement.

उसका फर खड़ा हो गया, उसके होठ मुड़ गए, और उसके दांत बेतहाशा चटकने लगे।

Les yeux de Joe brillaient de peur et de rage, défiant Spitz de frapper.

जो की आंखें भय और क्रोध से चमक उठीं और उसने स्पिट्ज को हमला करने के लिए ललकारा।

Spitz abandonna le combat et se détourna, humilié et en colère.

स्पिट्ज़ ने लड़ाई छोड़ दी और अपमानित और क्रोधित होकर वापस चला गया।

Il a déversé sa frustration sur le pauvre Billee et l'a chassé.

उसने बेचारे बिली पर अपनी भड़ास निकाली और उसे भगा दिया।

Ce soir-là, Perrault ajouta un chien de plus à l'équipe.

उस शाम, पेरौल्ट ने टीम में एक और कुत्ता शामिल कर लिया।

Ce chien était vieux, maigre et couvert de cicatrices de guerre.

यह कुत्ता बूढ़ा, दुबला-पतला और युद्ध के जख्मों से भरा हुआ था।

L'un de ses yeux manquait, mais l'autre brillait de puissance.

उसकी एक आँख गायब थी, लेकिन दूसरी आँख में शक्ति चमक रही थी।

Le nom du nouveau chien était Solleks, ce qui signifiait « celui qui est en colère ».

नए कुत्ते का नाम सोलेक्स था, जिसका अर्थ था गुस्सैल।

Comme Dave, Solleks ne demandait rien aux autres et ne donnait rien en retour.

डेव की तरह सोलेक्स ने भी दूसरों से कुछ नहीं मांगा और बदले में कुछ नहीं दिया।

Lorsque Solleks entra lentement dans le camp, même Spitz resta à l'écart.

जब सोलेक्स धीरे-धीरे शिविर में चला गया, तो स्पिट्ज़ भी दूर ही रहा।

Il avait une étrange habitude que Buck a eu la malchance de découvrir.

उसकी एक अजीब आदत थी जिसका पता बक को दुर्भाग्यवश चल गया।

Solleks détestait qu'on l'approche du côté où il était aveugle.

सोलेक्स को उस तरफ से संपर्क किया जाना नापसंद था जहां वह अंधा था।

Buck ne le savait pas et a fait cette erreur par accident.

बक को यह बात पता नहीं थी और उसने गलती से यह गलती कर दी।

Solleks se retourna et frappa l'épaule de Buck profondément et rapidement.

सोलेक्स ने घूमकर बक के कंधे पर गहरा और तेज वार किया।

À partir de ce moment, Buck ne s'est plus jamais approché du côté aveugle de Solleks.

उस क्षण के बाद से, बक कभी भी सोलेक्स के अंधे पक्ष के पास नहीं आया।

Ils n'ont plus jamais eu de problèmes pendant le reste de leur temps ensemble.

उनके साथ रहने के शेष समय में उन्हें फिर कभी कोई परेशानी नहीं हुई।

Solleks voulait seulement être laissé seul, comme le calme Dave.

सोलेक्स भी शांत डेव की तरह अकेला रहना चाहता था।

Mais Buck apprendra plus tard qu'ils avaient chacun un autre objectif secret.

लेकिन बाद में बक को पता चला कि उन दोनों का एक और गुप्त लक्ष्य था।

Cette nuit-là, Buck a dû faire face à un nouveau défi troublant : comment dormir.

उस रात बक को एक नई और परेशान करने वाली चुनौती का सामना करना पड़ा - कैसे सोये।

La tente brillait chaleureusement à la lumière des bougies dans le champ enneigé.

बर्फीले मैदान में मोमबत्ती की रोशनी से तम्बू गर्म होकर चमक रहा था।

Buck entra, pensant qu'il pourrait se reposer là comme avant.

बक अंदर चला गया, यह सोचते हुए कि वह पहले की तरह वहां आराम कर सकेगा।

Mais Perrault et François lui criaient dessus et lui jetaient des casseroles.

लेकिन पेरौल्ट और फ्राँस्वा उस पर चिल्लाये और पैन फेंके।

Choqué et confus, Buck s'est enfui dans le froid glacial.

हैरान और भ्रमित होकर बक बर्फीली ठंड में बाहर भाग गया।

Un vent glacial piquait son épaule blessée et lui gelait les pattes.

एक कड़क हवा ने उसके घायल कंधे को डंक मारा और उसके पंजे जम गये।

Il s'est allongé dans la neige et a essayé de dormir à la belle étoile.

वह बर्फ में लेट गया और खुले में सोने की कोशिश करने लगा।

Mais le froid l'obligea bientôt à se relever, tremblant terriblement.

लेकिन ठंड के कारण उन्हें जल्द ही उठना पड़ा, वे बुरी तरह कांप रहे थे।

Il erra dans le camp, essayant de trouver un endroit plus chaud.

वह शिविर में घूमता रहा और गर्म स्थान ढूंढने की कोशिश करता रहा।

Mais chaque coin était aussi froid que le précédent.

लेकिन हर कोना पहले की तरह ही ठंडा था।

Parfois, des chiens sauvages sautaient sur lui dans l'obscurité.

कभी-कभी अंधेरे में से जंगली कुत्ते उस पर झपट पड़ते।

Buck hérissa sa fourrure, montra ses dents et grogna en signe d'avertissement.

बक ने अपने रोएं खड़े कर लिए, दांत दिखाए और चेतावनी देते हुए गुर्राया।

Il apprenait vite et les autres chiens reculaient rapidement.

वह तेजी से सीख रहा था, और अन्य कुत्ते तुरंत पीछे हट गये।

Il n'avait toujours pas d'endroit où dormir et ne savait pas quoi faire.

फिर भी, उसके पास सोने के लिए कोई जगह नहीं थी और उसे यह भी नहीं पता था कि क्या करे।

Finalement, une pensée lui vint : aller voir ses coéquipiers.

अंततः उसके मन में एक विचार आया - अपने साथियों की जांच करनी चाहिए।

Il est retourné dans leur région et a été surpris de les trouver partis.

वह उनके क्षेत्र में वापस आया और उन्हें गायब देखकर आश्चर्यचकित हुआ।

Il chercha à nouveau dans le camp, mais ne parvint toujours pas à les trouver.

उसने फिर शिविर की तलाश की, लेकिन फिर भी उन्हें नहीं ढूंढ सका।

Il savait qu'ils ne pouvaient pas être dans la tente, sinon il le serait aussi.

वह जानता था कि वे तम्बू में नहीं हो सकते, अन्यथा वह भी वहाँ होता।

Alors, où étaient passés tous les chiens dans ce camp gelé ?

तो फिर इस बर्फीले शिविर में सारे कुत्ते कहां चले गए?

Buck, froid et misérable, tournait lentement autour de la tente.

बक, ठण्ड और दुःख से व्याकुल, धीरे-धीरे तम्बू के चारों ओर चक्कर लगाने लगा।

Soudain, ses pattes avant s'enfoncèrent dans la neige molle et le surprit.

अचानक, उसके अगले पैर नरम बर्फ में धंस गए और वह चौंक गया।

Quelque chose se tortilla sous ses pieds et il sursauta en arrière, effrayé.

उसके पैरों के नीचे कुछ सरसराया और वह डर के मारे पीछे हट गया।

Il grogna et grogna, ne sachant pas ce qui se cachait sous la neige.

वह गुर्राया और गुर्राया, उसे नहीं मालूम था कि बर्फ के नीचे क्या छिपा है।

Puis il entendit un petit aboiement amical qui apaisa sa peur.

तभी उसने एक दोस्ताना हल्की सी भौंकने की आवाज सुनी जिससे उसका डर कम हो गया।

Il renifla l'air et s'approcha pour voir ce qui était caché.

उसने हवा सूँघी और यह देखने के लिए पास आया कि क्या छिपा हुआ है।

Sous la neige, recroquevillée en boule chaude, se trouvait la petite Billee.

बर्फ के नीचे, एक गर्म गेंद की तरह मुड़ी हुई, छोटी सी बिली थी।

Billee remua la queue et lécha le visage de Buck pour le saluer.

बिली ने अपनी पूँछ हिलाई और बक का चेहरा चाटकर उसका स्वागत किया।

Buck a vu comment Billee avait fabriqué un endroit pour dormir dans la neige.

बक ने देखा कि बिली ने बर्फ में सोने की जगह बना ली थी।

Il avait creusé et utilisé sa propre chaleur pour rester au chaud.

उसने नीचे खुदाई की और गर्म रहने के लिए अपनी ही गर्मी का इस्तेमाल किया।

Buck avait appris une autre leçon : c'est ainsi que les chiens dormaient.

बक ने एक और सबक सीखा था - कुत्ते ऐसे सोते हैं।

Il a choisi un endroit et a commencé à creuser son propre trou dans la neige.

उसने एक स्थान चुना और बर्फ में अपना गड्ढा खोदना शुरू कर दिया।

Au début, il bougeait trop et gaspillait de l'énergie.

पहले तो वह बहुत ज्यादा घूमता था और अपनी ऊर्जा बर्बाद करता था।

Mais bientôt son corps réchauffa l'espace et il se sentit en sécurité.

लेकिन जल्द ही उसके शरीर ने जगह को गर्म कर दिया, और वह सुरक्षित महसूस करने लगा।

Il se recroquevilla étroitement et, peu de temps après, il s'endormit profondément.

वह कसकर लिपट गया और कुछ ही देर में गहरी नींद में सो गया।

La journée avait été longue et dure, et Buck était épuisé.

दिन काफी लम्बा और कठिन था और बक थक चुका था।

Il dormait profondément et confortablement, même si ses rêves étaient fous.

वह गहरी और आरामदायक नींद सो गया, यद्यपि उसके सपने विचित्र थे।

Il grognait et aboyait dans son sommeil, se tordant pendant qu'il rêvait.

वह नींद में गुर्राता और भौंकता था, सपने में करवटें बदलता रहता था।

Buck ne s'est réveillé que lorsque le camp était déjà en train de prendre vie.

बक तब तक नहीं जागा जब तक शिविर में जान नहीं आ गई।

Au début, il ne savait pas où il était ni ce qui s'était passé.

पहले तो उसे पता ही नहीं चला कि वह कहां है और क्या हुआ है।

La neige était tombée pendant la nuit et avait complètement enseveli son corps.

रात भर हुई बर्फबारी ने उसके शरीर को पूरी तरह से दफन कर दिया था।

La neige se pressait autour de lui, serrée de tous côtés.

बर्फ उसके चारों ओर, चारों ओर से दबाव डाल रही थी।

Soudain, une vague de peur traversa tout le corps de Buck.

अचानक बक के पूरे शरीर में भय की लहर दौड़ गयी।

C'était la peur d'être piégé, une peur venue d'instincts profonds.

यह फँस जाने का भय था, गहरी अन्तर्ज्ञान से उत्पन्न भय था।

Bien qu'il n'ait jamais vu de piège, la peur vivait en lui.

हालाँकि उसने कभी जाल नहीं देखा था, फिर भी डर उसके अंदर रहता था।

C'était un chien apprivoisé, mais maintenant ses vieux instincts sauvages se réveillaient.

वह एक पालतू कुत्ता था, लेकिन अब उसकी पुरानी जंगली प्रवृत्तियाँ जाग रही थीं।

Les muscles de Buck se tendirent et sa fourrure se dressa sur tout son dos.

बक की मांसपेशियां तनावग्रस्त हो गईं और उसकी पीठ पर बाल खड़े हो गए।

Il grogna férocement et bondit droit dans la neige.

वह जोर से गुर्राया और बर्फ में सीधा ऊपर उछला।

La neige volait dans toutes les directions alors qu'il faisait irruption dans la lumière du jour.

जैसे ही वह दिन के उजाले में आया, बर्फ हर दिशा में उड़ने लगी।

Avant même d'atterrir, Buck vit le camp s'étendre devant lui.

उतरने से पहले ही बक ने अपने सामने फैला हुआ शिविर देखा।

Il se souvenait de tout ce qui s'était passé la veille, d'un seul coup.

उसे एकाएक पिछले दिन की सारी बातें याद आ गईं।

Il se souvenait d'avoir flâné avec Manuel et d'avoir fini à cet endroit.

उसे याद आया कि वह मैनुअल के साथ घूम रहा था और इसी स्थान पर पहुंचा था।

Il se souvenait avoir creusé le trou et s'être endormi dans le froid.

उसे याद आया कि कैसे उसने गड्ढा खोदा था और ठंड में सो गया था।

Maintenant, il était réveillé et le monde sauvage qui l'entourait était clair.

अब वह जाग चुका था और उसके चारों ओर की जंगली दुनिया साफ़ दिखाई दे रही थी।

Un cri de François salua l'apparition soudaine de Buck.

बक के अचानक प्रकट होने पर फ़्राँस्वा ने चिल्लाकर उसका स्वागत किया।

« Qu'est-ce que j'ai dit ? » cria le conducteur du chien à Perrault.

"मैंने क्या कहा?" कुत्ते-चालक ने पेरौल्ट से ऊंची आवाज में पूछा।

« Ce Buck apprend vraiment très vite », a ajouté François.

"वह बक निश्चित रूप से बहुत जल्दी सीखता है," फ्रांकोइस ने कहा।

Perrault hocha gravement la tête, visiblement satisfait du résultat.

पेरौल्ट ने गंभीरता से सिर हिलाया, वह परिणाम से स्पष्टतः प्रसन्न थे।

En tant que courrier pour le gouvernement canadien, il transportait des dépêches.

कनाडा सरकार के लिए कूरियर के रूप में वह संदेश ले जाते थे।

Il était impatient de trouver les meilleurs chiens pour son importante mission.

वह अपने महत्वपूर्ण मिशन के लिए सर्वोत्तम कुत्तों को खोजने के लिए उत्सुक थे।

Il se sentait particulièrement heureux maintenant que Buck faisait partie de l'équipe.

अब उन्हें विशेष रूप से खुशी महसूस हुई कि बक टीम का हिस्सा था।

Trois autres huskies ont été ajoutés à l'équipe en une heure.

एक घंटे के भीतर टीम में तीन और हस्की शामिल कर लिए गए।

Cela porte le nombre total de chiens dans l'équipe à neuf.

इससे टीम में कुत्तों की कुल संख्या नौ हो गई।

En quinze minutes, tous les chiens étaient dans leurs harnais.

पंद्रह मिनट के भीतर सभी कुत्ते अपने-अपने बंधनों में थे।

L'équipe de traîneaux remontait le sentier en direction du canyon de Dyea.

स्लेज टीम डाइया कैनन की ओर जाने वाले रास्ते पर आगे बढ़ रही थी।

Buck était heureux de partir, même si le travail à venir était difficile.

बक को जाने में खुशी महसूस हुई, भले ही आगे का काम कठिन था।

Il s'est rendu compte qu'il ne détestait pas particulièrement le travail ou le froid.

उसने पाया कि उसे श्रम या ठण्ड से कोई विशेष घृणा नहीं थी।

Il a été surpris par l'empressement qui a rempli toute l'équipe.

वह पूरी टीम में व्याप्त उत्सुकता देखकर आश्चर्यचकित थे।

Encore plus surprenant fut le changement qui s'était produit chez Dave et Solleks.

इससे भी अधिक आश्चर्यजनक बात यह थी कि डेव और सोलेक्स में परिवर्तन आ गया था।

Ces deux chiens étaient complètement différents lorsqu'ils étaient attelés.

जब इन दोनों कुत्तों को बांधा गया तो वे पूरी तरह से अलग थे।

Leur passivité et leur manque d'intérêt avaient complètement disparu.

उनकी निष्क्रियता और चिंता की कमी पूरी तरह से गायब हो गई थी।

Ils étaient alertes et actifs, et désireux de bien faire leur travail.

वे सतर्क और सक्रिय थे तथा अपना काम अच्छी तरह से करने के लिए उत्सुक थे।

Ils s'irritaient violemment à tout ce qui pouvait provoquer un retard ou une confusion.

वे किसी भी ऐसी बात पर बुरी तरह चिढ़ जाते थे जिससे देरी या भ्रम पैदा होता था।

Le travail acharné sur les rênes était le centre de tout leur être.

लगाम पर किया गया कठोर परिश्रम ही उनके सम्पूर्ण अस्तित्व का केन्द्र था।

Tirer un traîneau semblait être la seule chose qu'ils appréciaient vraiment.

स्लेज खींचना ही एकमात्र ऐसी चीज थी जिसका उन्हें सचमुच आनंद आता था।

Dave était à l'arrière du groupe, le plus proche du traîneau lui-même.

डेव समूह के पीछे था, स्लेज के सबसे निकट।

Buck a été placé devant Dave, et Solleks a dépassé Buck.

बक को डेव के सामने रखा गया और सोलेक्स बक से आगे निकल गया।

Le reste des chiens était aligné devant eux en file indienne.

बाकी कुत्ते एक पंक्ति में आगे की ओर बढ़ गए।

La position de tête à l'avant était occupée par Spitz.

आगे का प्रमुख स्थान स्पिट्ज़ ने भरा।

Buck avait été placé entre Dave et Solleks pour l'instruction.

बक को निर्देश के लिए डेव और सोलेक्स के बीच रखा गया था।

Il apprenait vite et ils étaient des professeurs fermes et compétents.

वह शीघ्र सीखने वाले थे और वे दृढ़ एवं योग्य शिक्षक थे।

Ils n'ont jamais permis à Buck de rester longtemps dans l'erreur.

उन्होंने बक को लंबे समय तक गलती करने की इजाजत नहीं दी।

Ils ont enseigné leurs leçons avec des dents acérées quand c'était nécessaire.

जब जरूरत पड़ी तो उन्होंने अपनी शिक्षा तीखे दांतों से दी।

Dave était juste et faisait preuve d'une sagesse calme et sérieuse.

डेव निष्पक्ष थे और उन्होंने शांत, गंभीर प्रकार की बुद्धिमत्ता दिखाई।

Il n'a jamais mordu Buck sans une bonne raison de le faire.

वह कभी भी बिना किसी अच्छे कारण के बक को नहीं काटता था।

Mais il n'a jamais manqué de mordre lorsque Buck avait besoin d'être corrigé.

लेकिन जब भी बक को सुधार की आवश्यकता होती थी, तो वह उसे सुधारने में कभी असफल नहीं होते थे।

Le fouet de François était toujours prêt et soutenait leur autorité.

फ्राँस्वा का चाबुक हमेशा तैयार रहता था और उनके अधिकार को समर्थन देता था।

Buck a vite compris qu'il valait mieux obéir que riposter.

बक को जल्द ही यह समझ आ गया कि जवाबी हमले की अपेक्षा आज्ञा का पालन करना बेहतर है।

Un jour, lors d'un court repos, Buck s'est emmêlé dans les rênes.

एक बार, थोड़े समय के विश्राम के दौरान, बक लगाम में उलझ गया।

Il a retardé le départ et a perturbé le mouvement de l'équipe.

उन्होंने शुरुआत में देरी की और टीम की चाल को भ्रमित कर दिया।

Dave et Solleks se sont jetés sur lui et lui ont donné une raclée.

डेव और सोलेक्स उस पर टूट पड़े और उसकी बुरी तरह पिटाई कर दी।

L'enchevêtrement n'a fait qu'empirer, mais Buck a bien appris sa leçon.

उलझन और भी बदतर हो गई, लेकिन बक ने अपना सबक अच्छी तरह सीख लिया।

Dès lors, il garda les rênes tendues et travailla avec soin.

तब से उन्होंने लगाम कसी रखी और सावधानी से काम किया।

Avant la fin de la journée, Buck avait maîtrisé une grande partie de sa tâche.

दिन समाप्त होने से पहले बक ने अपने अधिकांश कार्य पूरे कर लिये थे।

Ses coéquipiers ont presque arrêté de le corriger ou de le mordre.

उसके साथियों ने उसे सुधारना या डांटना लगभग बंद कर दिया।

Le fouet de François claquait de moins en moins souvent dans l'air.

फ़्रॉस्वा का कोड़ा हवा में कम ही फटता था।

Perrault a même soulevé les pieds de Buck et a soigneusement examiné chaque patte.

पेरौल्ट ने तो बक के पैर भी उठाए और उनके प्रत्येक पंजे की सावधानीपूर्वक जांच की।

Cela avait été une journée de course difficile, longue et épuisante pour eux tous.

यह एक कठिन दिन था, उन सभी के लिए लम्बा और थका देने वाला।

Ils remontèrent le Cañon, traversèrent Sheep Camp et passèrent devant les Scales.

वे कैनोन से होते हुए, भेड़ शिविर से होते हुए, और स्केल्स तक पहुंचे।

Ils ont traversé la limite des forêts, puis des glaciers et des congères de plusieurs mètres de profondeur.

उन्होंने लकड़ी की रेखा को पार किया, फिर ग्लेशियरों और कई फीट गहरे बर्फ के ढेरों को पार किया।

Ils ont escaladé la grande et froide chaîne de montagnes Chilkoot Divide.

वे महान ठण्डे और दुर्गम चिलकूट डिवाइड पर चढ़ गए।

Cette haute crête se dressait entre l'eau salée et l'intérieur gelé.

वह ऊंची चोटी खारे पानी और जमे हुए अंदरूनी भाग के बीच स्थित थी।

Les montagnes protégeaient le Nord triste et solitaire avec de la glace et des montées abruptes.

पहाड़ बर्फ और खड़ी चढ़ाई के साथ उदास और एकाकी उतर की रक्षा करते थे।

Ils ont parcouru à bon rythme une longue chaîne de lacs en aval de la ligne de partage des eaux.

उन्होंने विभाजन रेखा के नीचे झीलों की एक लम्बी श्रृंखला को पार करने में अच्छा समय बिताया।

Ces lacs remplissaient les anciens cratères de volcans éteints.

ये झीलें विलुप्त ज्वालामुखियों के प्राचीन गड्ढों को भर देती थीं।

Tard dans la nuit, ils atteignirent un grand camp au bord du lac Bennett.

उस रात देर से वे बेनेट झील के पास एक बड़े शिविर में पहुंचे।

Des milliers de chercheurs d'or étaient là, construisant des bateaux pour le printemps.

हजारों की संख्या में सोना खोजने वाले लोग वहां मौजूद थे, जो वसंत के लिए नावें बना रहे थे।

La glace allait bientôt se briser et ils devaient être prêts.

बर्फ जल्द ही पिघलने वाली थी और उन्हें तैयार रहना था।

Buck creusa son trou dans la neige et tomba dans un profond sommeil.

बक ने बर्फ में अपना गड्ढा खोदा और गहरी नींद में सो गया।

Il dormait comme un ouvrier, épuisé par une dure journée de travail.

वह दिन भर की कठोर मेहनत से थककर एक कामकाजी व्यक्ति की तरह सो गया।

Mais trop tôt dans l'obscurité, il fut tiré de son sommeil.

लेकिन बहुत जल्दी ही अँधेरे में उसे नींद से खींच लिया गया।

Il fut à nouveau attelé avec ses compagnons et attaché au traîneau.

उसे फिर से उसके साथियों के साथ जोतकर स्लेज से जोड़ दिया गया।

Ce jour-là, ils ont parcouru quarante milles, car la neige était bien battue.

उस दिन वे चालीस मील चले, क्योंकि बर्फ अच्छी तरह जमी हुई थी।

Le lendemain, et pendant plusieurs jours après, la neige était molle.

अगले दिन और उसके बाद कई दिनों तक बर्फ नरम रही।

Ils ont dû faire le chemin eux-mêmes, en travaillant plus dur et en avançant plus lentement.

उन्हें स्वयं ही रास्ता बनाना पड़ा, कड़ी मेहनत करनी पड़ी और धीमी गति से चलना पड़ा।

Habituellement, Perrault marchait devant l'équipe avec des raquettes palmées.

आमतौर पर, पेरौल्ट जालदार स्नोशूज़ पहनकर टीम के आगे चलते थे।

Ses pas ont compacté la neige, facilitant ainsi le déplacement du traîneau.

उसके कदमों ने बर्फ को ढक दिया, जिससे स्लेज का चलना आसान हो गया।

François, qui dirigeait depuis le mât, prenait parfois le relais.

फ्रांकोइस, जो जी-पोल से संचालन करते थे, कभी-कभी कमान संभाल लेते थे।

Mais il était rare que François prenne les devants

लेकिन यह दुर्लभ था कि फ्रांकोइस ने नेतृत्व संभाला

parce que Perrault était pressé de livrer les lettres et les colis.

क्योंकि पेरौल्ट को पत्र और पार्सल पहुंचाने की जल्दी थी।

Perrault était fier de sa connaissance de la neige, et surtout de la glace.

पेरौल्ट को बर्फ़, विशेषकर बर्फ़ के बारे में अपने ज्ञान पर गर्व था।

Cette connaissance était essentielle, car la glace d'automne était dangereusement mince.

यह जानकारी आवश्यक थी, क्योंकि गिरने वाली बर्फ खतरनाक रूप से पतली थी।

Là où l'eau coulait rapidement sous la surface, il n'y avait pas du tout de glace.

जहां सतह के नीचे पानी तेजी से बहता था, वहां बर्फ बिल्कुल नहीं थी।

Jour après jour, la même routine se répétait sans fin.

दिन-प्रतिदिन, बिना अंत के वही दिनचर्या दोहराई जाती रही।

Buck travaillait sans relâche sur les rênes, de l'aube jusqu'à la nuit.

बक ने सुबह से लेकर रात तक लगाम संभाले रखने में अथक परिश्रम किया।

Ils quittèrent le camp dans l'obscurité, bien avant le lever du soleil.

वे सूरज उगने से बहुत पहले ही अंधेरे में शिविर छोड़कर चले गए।

Au moment où le jour se leva, ils avaient déjà parcouru de nombreux kilomètres.

जब दिन का उजाला हुआ तो कई मील की दूरी उनसे पीछे छूट चुकी थी।

Ils ont installé leur campement après la tombée de la nuit, mangeant du poisson et creusant dans la neige.

वे अंधेरा होने के बाद शिविर लगाते, मछलियाँ खाते और बर्फ में बिल बनाते।

Buck avait toujours faim et n'était jamais vraiment satisfait de sa ration.

बक हमेशा भूखा रहता था और अपने भोजन से कभी संतुष्ट नहीं होता था।

Il recevait une livre et demie de saumon séché chaque jour.

उन्हें प्रतिदिन डेढ़ पाउंड सूखा सामन मिलता था।

Mais la nourriture semblait disparaître en lui, laissant la faim derrière elle.

लेकिन ऐसा लग रहा था जैसे कि भोजन उसके अंदर से गायब हो गया हो और पीछे भूख रह गई हो।

Il souffrait constamment de la faim et rêvait de plus de nourriture.

वह लगातार भूख से पीड़ित रहता था और अधिक भोजन के सपने देखता था।

Les autres chiens n'ont pris qu'une livre, mais ils sont restés forts.

अन्य कुत्तों को केवल एक पाउंड भोजन मिला, लेकिन वे मजबूत बने रहे।

Ils étaient plus petits et étaient nés dans le mode de vie du Nord.

वे छोटे थे और उत्तरी जीवनशैली में पैदा हुए थे।

Il perdit rapidement la méticulosité qui avait marqué son ancienne vie.

उसने शीघ्र ही वह मितव्ययिता त्याग दी जो उसके पुराने जीवन की पहचान थी।

Il avait été un mangeur délicat, mais maintenant ce n'était plus possible.

वह बहुत स्वादिष्ट भोजन करता था, लेकिन अब ऐसा करना संभव नहीं था।

Ses camarades ont terminé premiers et lui ont volé sa ration inachevée.

उसके साथियों ने पहले खाना ख़त्म कर दिया और उसका अधूरा राशन लूट लिया।

Une fois qu'ils ont commencé, il n'y avait aucun moyen de défendre sa nourriture contre eux.

एक बार जब वे शुरू हो गए तो उनसे भोजन बचाने का कोई रास्ता नहीं था।

Pendant qu'il combattait deux ou trois chiens, les autres volaient le reste.

जब वह दो या तीन कुत्तों से लड़ने लगा तो बाकी कुत्तों ने बाकी कुत्तों को चुरा लिया।

Pour résoudre ce problème, il a commencé à manger aussi vite que les autres.

इसे ठीक करने के लिए, उसने भी उतनी ही तेजी से खाना शुरू कर दिया, जितनी तेजी से अन्य लोग खाते थे।

La faim le poussait tellement qu'il prenait même de la nourriture qui n'était pas la sienne.

भूख ने उसे इतना परेशान कर दिया कि उसने अपना भोजन भी नहीं खाया।

Il observait les autres et apprenait rapidement de leurs actions.

उसने दूसरों को देखा और उनके कार्यों से शीघ्र ही सीख लिया।

Il a vu Pike, un nouveau chien, voler une tranche de bacon à Perrault.

उसने देखा कि पाइक नामक नया कुत्ता, पेरौल्ट से बेकन का एक टुकड़ा चुरा रहा है।

Pike avait attendu que Perrault ait le dos tourné pour voler le bacon.

पाइक ने बेकन चुराने के लिए पेरौल्ट की पीठ मुड़ने तक इंतजार किया था।

Le lendemain, Buck a copié Pike et a volé tout le morceau.

अगले दिन, बक ने पाइक की नकल की और पूरा टुकड़ा चुरा लिया।

Un grand tumulte s'ensuivit, mais Buck ne fut pas suspecté.

इसके बाद बहुत हंगामा हुआ, लेकिन बक को संदेह नहीं हुआ।

Dub, un chien maladroit qui se faisait toujours prendre, a été puni à la place.

डब नामक अनाड़ी कुत्ते को, जो हमेशा पकड़ा जाता था, दण्ड दिया गया।

Ce premier vol a fait de Buck un chien apte à survivre dans le Nord.

उस पहली चोरी ने बक को उत्तर में जीवित रहने के लिए उपयुक्त कुत्ते के रूप में चिह्नित कर दिया।

Il a montré qu'il pouvait s'adapter à de nouvelles conditions et apprendre rapidement.

उन्होंने दिखाया कि वे नई परिस्थितियों के अनुकूल ढल सकते हैं और शीघ्रता से सीख सकते हैं।

Sans une telle adaptabilité, il serait mort rapidement et gravement.

ऐसी अनुकूलनशीलता के बिना, उनकी मृत्यु शीघ्र और बुरी तरह हो जाती।

Cela a également marqué l'effondrement de sa nature morale et de ses valeurs passées.

इससे उनकी नैतिक प्रकृति और पिछले मूल्यों का भी पतन हो गया।

Dans le Southland, il avait vécu sous la loi de l'amour et de la bonté.

साउथलैंड में वह प्रेम और दया के नियम के अधीन रहता था।

Là, il était logique de respecter la propriété et les sentiments des autres chiens.

वहां संपत्ति और अन्य कुत्तों की भावनाओं का सम्मान करना समझदारी थी।

Mais le Northland suivait la loi du gourdin et la loi du croc.

लेकिन नॉर्थलैंड ने क्लब के कानून और फैंग के कानून का पालन किया।

Quiconque respectait les anciennes valeurs ici était stupide et échouerait.

जो भी यहां पुराने मूल्यों का सम्मान करेगा वह मूर्ख होगा और असफल होगा।

Buck n'a pas réfléchi à tout cela dans son esprit.

बक ने अपने मन में यह सब तर्क नहीं किया।

Il était en forme et s'est donc adapté sans avoir besoin de réfléchir.

वह स्वस्थ था, इसलिए उसने बिना सोचे-समझे ही अपने आपको समायोजित कर लिया।

De toute sa vie, il n'avait jamais fui un combat.

अपने पूरे जीवन में, वह कभी भी किसी लड़ाई से भागे नहीं थे।

Mais la massue en bois de l'homme au pull rouge a changé cette règle.

लेकिन लाल स्वेटर वाले आदमी के लकड़ी के डंडे ने उस नियम को बदल दिया।

Il suivait désormais un code plus profond et plus ancien, inscrit dans son être.

अब वह अपने अस्तित्व में लिखे एक गहरे, पुराने कोड का अनुसरण करने लगा।

Il ne volait pas par plaisir, mais par faim.

वह खुशी से नहीं, बल्कि भूख की पीड़ा से चोरी करता था।

Il n'a jamais volé ouvertement, mais il a volé avec ruse et prudence.

वह कभी भी खुलेआम लूट नहीं करता था, बल्कि चालाकी और सावधानी से चोरी करता था।

Il a agi par respect pour la massue en bois et par peur du croc.

उसने लकड़ी के डंडे के प्रति सम्मान और नुकीले दांत के डर से ऐसा किया।

En bref, il a fait ce qui était plus facile et plus sûr que de ne pas le faire.

संक्षेप में, उन्होंने वही किया जो न करने की अपेक्षा अधिक आसान और सुरक्षित था।

Son développement – ou peut-être son retour à ses anciens instincts – fut rapide.

उनका विकास - या शायद पुरानी प्रवृत्ति की ओर उनकी वापसी - तेजी से हुई।

Ses muscles se durcirent jusqu'à devenir aussi forts que du fer.

उसकी मांसपेशियाँ इतनी सख्त हो गईं कि वे लोहे की तरह मजबूत लगने लगीं।

Il ne se souciait plus de la douleur, à moins qu'elle ne soit grave.

अब उसे दर्द की परवाह नहीं थी, जब तक कि वह गंभीर न हो।

Il est devenu efficace à l'intérieur comme à l'extérieur, ne gaspillant rien du tout.

वह अंदर और बाहर से कुशल बन गया, और उसने कुछ भी बर्बाद नहीं किया।

Il pouvait manger des choses viles, pourries ou difficiles à digérer.

वह ऐसी चीज़ें खा सकता था जो ख़राब, सड़ी हुई या पचाने में कठिन होती थीं।

Quoi qu'il mange, son estomac utilisait jusqu'au dernier morceau de valeur.

वह जो कुछ भी खाता था, उसका पेट उसका पूरा-पूरा उपयोग कर लेता था।

Son sang transportait les nutriments loin dans son corps puissant.

उसका रक्त पोषक तत्वों को उसके शक्तिशाली शरीर से दूर तक ले जाता था।

Cela a créé des tissus solides qui lui ont donné une endurance incroyable.

इससे उनके ऊतक मजबूत हुए, जिससे उन्हें अविश्वसनीय सहनशक्ति प्राप्त हुई।

Sa vue et son odorat sont devenus beaucoup plus sensibles qu'avant.

उसकी दृष्टि और गंध पहले की तुलना में बहुत अधिक संवेदनशील हो गयी।

Son ouïe est devenue si fine qu'il pouvait détecter des sons faibles pendant son sommeil.

उसकी सुनने की शक्ति इतनी तेज हो गई कि वह नींद में भी धीमी आवाजें सुन सकता था।

Il savait dans ses rêves si les sons signifiaient sécurité ou danger.

वह अपने सपनों में जानता था कि ये ध्वनियाँ सुरक्षा या खतरे का संकेत हैं।

Il a appris à mordre la glace entre ses orteils avec ses dents.

उसने अपने पैरों की उंगलियों के बीच की बर्फ को दांतों से काटना सीखा।

Si un point d'eau gelait, il brisait la glace avec ses jambes.

यदि कोई पानी का गड्ढा जम जाता तो वह अपने पैरों से बर्फ तोड़ता।

Il se cabra et frappa violemment la glace avec ses membres antérieurs raides.

वह पीछे की ओर उठा और अपने अगले कड़े पैरों से बर्फ पर जोरदार प्रहार किया।

Sa capacité la plus frappante était de prédire les changements de vent pendant la nuit.

उनकी सबसे उल्लेखनीय क्षमता रात में हवा में होने वाले परिवर्तन की भविष्यवाणी करना थी।

Même lorsque l'air était calme, il choisissait des endroits abrités du vent.

यहां तक कि जब हवा शांत होती थी, तब भी वह हवा से सुरक्षित स्थानों को चुनता था।

Partout où il creusait son nid, le vent du lendemain le passait à côté de lui.

जहां भी वह अपना घोंसला खोदता, अगले दिन की हवा उसके पास से गुजर जाती।

Il finissait toujours par se blottir et se protéger, sous le vent.

वह हमेशा आरामदायक और सुरक्षित स्थान पर, हवा की दिशा में रहता था।

Buck n'a pas seulement appris par l'expérience : son instinct est également revenu.

बक ने न केवल अनुभव से सीखा - उसकी सहज प्रवृत्ति भी लौट आई।

Les habitudes des générations domestiquées ont commencé à disparaître.

घरेलू पीढ़ियों की आदतें खत्म होने लगीं।

De manière vague, il se souvenait des temps anciens de sa race.

अस्पष्ट रूप से, उसे अपनी नस्ल के प्राचीन समय की याद
आ गई।

Il repensa à l'époque où les chiens sauvages couraient en
meute dans les forêts.

उसे वह समय याद आया जब जंगली कुत्ते झुंड में जंगल में
दौड़ते थे।

Ils avaient poursuivi et tué leur proie en la poursuivant.

उन्होंने अपने शिकार का पीछा किया और उसे मार डाला।

Il était facile pour Buck d'apprendre à se battre avec force et
rapidité.

बक के लिए यह सीखना आसान था कि दांत और गति के
साथ कैसे लड़ना है।

Il utilisait des coupures, des entailles et des coups rapides,
tout comme ses ancêtres.

वह अपने पूर्वजों की तरह ही कट, स्लैश और त्वरित स्नैप का
प्रयोग करता था।

Ces ancêtres se sont réveillés en lui et ont réveillé sa nature
sauvage.

उन पूर्वजों ने उसके भीतर हलचल मचा दी और उसकी जंगली
प्रकृति को जगा दिया।

Leurs anciennes compétences lui avaient été transmises par
le sang.

उनके पुराने कौशल रक्त-परंपरा के माध्यम से उनमें चले आये
थे।

Leurs tours étaient désormais à lui, sans besoin de pratique
ni d'effort.

अब उनकी चालें उनकी थीं, अभ्यास या प्रयास की कोई
आवश्यकता नहीं थी।

Lors des nuits calmes et froides, Buck levait le nez et hurlait.

शांत, ठंडी रातों में, बक अपनी नाक उठाकर चिल्लाता था।

Il hurla longuement et profondément, comme le faisaient les loups autrefois.

वह बहुत देर तक और गहरी आवाज में चिल्लाया, जिस तरह भेड़िये बहुत पहले चिल्लाया करते थे।

À travers lui, ses ancêtres morts pointaient leur nez et hurlaient.

उसके माध्यम से, उसके मृत पूर्वजों ने अपनी नाक उठाई और चिल्लाया।

Ils ont hurlé à travers les siècles avec sa voix et sa forme.

वे उसकी आवाज़ और आकार में सदियों से गूँज रहे हैं।

Ses cadences étaient les leurs, de vieux cris qui parlaient de chagrin et de froid.

उसकी लय उनकी थी, पुरानी चीखें जो दुख और ठंड की कहानी बयां करती थीं।

Ils chantaient l'obscurité, la faim et le sens de l'hiver.

उन्होंने अंधकार, भूख और सर्दी के अर्थ के बारे में गीत गाये।

Buck a prouvé que la vie est façonnée par des forces qui nous dépassent.

बक ने यह सिद्ध किया कि किस प्रकार जीवन स्वयं से परे शक्तियों द्वारा आकार लेता है।

L'ancienne chanson s'éleva à travers Buck et s'empara de son âme.

वह प्राचीन गीत बक के मन में गूंज उठा और उसकी आत्मा पर छा गया।

Il s'est retrouvé parce que les hommes avaient trouvé de l'or dans le Nord.

उसने स्वयं को इसलिए पाया क्योंकि लोगों को उत्तर में सोना मिल गया था।

Et il s'est retrouvé parce que Manuel, l'aide du jardinier, avait besoin d'argent.

और वह वहां इसलिए पहुंचा क्योंकि माली के सहायक मैनुअल को पैसों की जरूरत थी।

La Bête Primordiale Dominante
प्रमुख आदिम जानवर

La bête primordiale dominante était aussi forte que jamais en Buck.

बक में प्रमुख आदिम जानवर पहले की तरह ही शक्तिशाली था।

Mais la bête primordiale dominante sommeillait en lui.

लेकिन प्रमुख आदिम जानवर उसके अंदर निष्क्रिय पड़ा था।

La vie sur le sentier était dure, mais elle renforçait la bête qui sommeillait en Buck.

ट्रेल जीवन कठोर था, लेकिन इसने बक के अंदर के जानवर को मजबूत कर दिया।

Secrètement, la bête devenait de plus en plus forte chaque jour.

गुप्त रूप से वह जानवर हर दिन अधिक शक्तिशाली होता जा रहा था।

Mais cette croissance intérieure est restée cachée au monde extérieur.

लेकिन वह आंतरिक विकास बाहरी दुनिया से छिपा रहा।

Une force primordiale, calme et tranquille, se construisait à l'intérieur de Buck.

बक के अंदर एक शांत और स्थिर आदिम शक्ति का निर्माण हो रहा था।

Une nouvelle ruse a donné à Buck l'équilibre, le calme, le contrôle et l'équilibre.

नई चालाकी ने बक को संतुलन, शांत नियंत्रण और संतुलन दिया।

Buck s'est concentré sur son adaptation, sans jamais se sentir complètement détendu.

बक ने अनुकूलन पर पूरा ध्यान केन्द्रित किया, कभी भी पूरी तरह से आराम महसूस नहीं किया।

Il évitait les conflits, ne déclenchait jamais de bagarres et ne cherchait jamais les ennuis.

वह संघर्ष से बचते थे, कभी झगड़ा नहीं करते थे, न ही कभी परेशानी मोल लेते थे।

Une réflexion lente et constante façonnait chaque mouvement de Buck.

धीमी, स्थिर विचारशीलता ने बक के हर कदम को आकार दिया।

Il évitait les choix irréfléchis et les décisions soudaines et imprudentes.

उन्होंने जल्दबाजी में लिए गए निर्णयों और अचानक, लापरवाही भरे फैसलों से परहेज किया।

Bien que Buck détestait profondément Spitz, il ne lui montrait aucune agressivité.

हालाँकि बक स्पिट्ज़ से बहुत नफरत करता था, फिर भी उसने उसके प्रति कोई आक्रामकता नहीं दिखाई।

Buck n'a jamais provoqué Spitz et a gardé ses actions contenues.

बक ने कभी भी स्पिट्ज़ को उकसाया नहीं, तथा अपने कार्यों को संयमित रखा।

Spitz, de son côté, sentait le danger grandissant chez Buck.

दूसरी ओर, स्पिट्ज़ को बक में बढ़ते खतरे का आभास हो गया था।

Il considérait Buck comme une menace et un sérieux défi à son pouvoir.

उन्होंने बक को अपनी सत्ता के लिए एक खतरा और गंभीर चुनौती के रूप में देखा।

Il profitait de chaque occasion pour grogner et montrer ses dents acérées.

वह गुर्राने और अपने तीखे दांत दिखाने के हर मौके का फायदा उठाता था।

Il essayait de déclencher le combat mortel qui devait avoir lieu.

वह उस घातक लड़ाई को शुरू करने की कोशिश कर रहा था जो होनी ही थी।

Au début du voyage, une bagarre a failli éclater entre eux.

यात्रा के आरंभ में ही उनके बीच झगड़ा होने की नौबत आ गई।

Mais un accident inattendu a empêché le combat d'avoir lieu.

लेकिन एक अप्रत्याशित दुर्घटना के कारण लड़ाई रुक गई।

Ce soir-là, ils installèrent leur campement sur le lac Le Barge, extrêmement froid.

उस शाम उन्होंने कड़ाके की ठण्डी लेक ले बार्ज पर शिविर स्थापित किया।

La neige tombait fort et le vent soufflait comme un couteau.

बर्फ़ तेज़ी से गिर रही थी और हवा चाकू की तरह काट रही थी।

La nuit était venue trop vite et l'obscurité les entourait.

रात बहुत जल्दी आ गयी थी और अँधेरे ने उन्हें घेर लिया था।

Ils n'auraient pas pu choisir un pire endroit pour se reposer.

उन्होंने आराम करने के लिए इससे ख़राब जगह शायद ही चुनी होगी।

Les chiens cherchaient désespérément un endroit où se coucher.

कुत्ते बेचैनी से लेटने के लिए जगह खोज रहे थे।

Un haut mur de roche s'élevait abruptement derrière le petit groupe.

छोटे समूह के पीछे एक ऊंची चट्टान की दीवार खड़ी थी।

La tente avait été laissée à Dyea pour alléger la charge.

बोझ हल्का करने के लिए तम्बू को डाया में ही छोड़ दिया गया था।

Ils n'avaient pas d'autre choix que d'allumer le feu sur la glace elle-même.

उनके पास बर्फ पर ही आग जलाने के अलावा कोई विकल्प नहीं था।

Ils étendent leurs robes de nuit directement sur le lac gelé.

उन्होंने अपने शयन वस्त्र सीधे जमी हुई झील पर बिछा दिये।

Quelques bâtons de bois flotté leur ont donné un peu de feu.

कुछ लकड़ियों से उन्हें थोड़ी सी आग मिल गई।

Mais le feu s'est allumé sur la glace et a fondu à travers elle.

लेकिन आग बर्फ पर जलाई गई थी, और उसे पिघलाया गया।

Finalement, ils mangeaient leur dîner dans l'obscurité.

अंततः वे अंधेरे में अपना खाना खा रहे थे।

Buck s'est recroquevillé près du rocher, à l'abri du vent froid.

बक ठंडी हवा से बचने के लिए चट्टान के पास लेट गया।

L'endroit était si chaud et sûr que Buck détestait déménager.

वह स्थान इतना गर्म और सुरक्षित था कि बक को वहां से जाने में नफरत हो रही थी।

Mais François avait réchauffé le poisson et distribuait les rations.

लेकिन फ्रॉस्वा ने मछली गर्म कर ली थी और राशन बाँट रहा था।

Buck finit de manger rapidement et retourna dans son lit.

बक ने जल्दी से खाना ख़त्म किया और अपने बिस्तर पर वापस आ गया।

Mais Spitz était maintenant allongé là où Buck avait fait son lit.

लेकिन स्पिट्ज़ अब वहीं लेटा था जहाँ बक ने उसका बिस्तर बनाया था।

Un grognement sourd avertit Buck que Spitz refusait de bouger.

एक धीमी गुर्राहट ने बक को चेतावनी दी कि स्पिट्ज हिलने से इनकार कर रहा है।

Jusqu'à présent, Buck avait évité ce combat avec Spitz.

अब तक बक स्पिट्ज़ के साथ इस लड़ाई से बचते रहे थे।

Mais au plus profond de Buck, la bête s'est finalement libérée.

लेकिन बक के अंदर गहरे में वह राक्षस अंततः मुक्त हो गया।

Le vol de son lieu de couchage était trop difficile à tolérer.

उसके सोने के स्थान की चोरी बर्दाश्त से बाहर थी।

Buck se lança sur Spitz, plein de colère et de rage.

बक क्रोध और गुस्से से भरकर स्पिट्ज पर झपटा।

Jusqu'à présent, Spitz pensait que Buck n'était qu'un gros chien.

अब तक स्पिट्ज ने यह नहीं सोचा था कि बक एक बड़ा कुत्ता है।

Il ne pensait pas que Buck avait survécu grâce à son esprit.

उन्होंने यह नहीं सोचा था कि बक उनकी आत्मा के माध्यम से जीवित बच गया था।

Il s'attendait à la peur et à la lâcheté, pas à la fureur et à la vengeance.

वह भय और कायरता की अपेक्षा कर रहा था, क्रोध और बदले की नहीं।

François regarda les deux chiens sortir du nid en ruine.

फ़्राँस्वा दोनों कुत्तों को उजड़े हुए घोंसले से बाहर निकलते देख रहा था।

Il comprit immédiatement ce qui avait déclenché cette lutte sauvage.

वह तुरन्त समझ गया कि यह भयंकर संघर्ष किस बात से शुरू हुआ था।

« Aa-ah ! » s'écria François en soutien au chien brun.

"आ-आह!" फ़्राँस्वा भूरे कुत्ते के समर्थन में चिल्लाया।

« Frappez-le ! Par Dieu, punissez ce voleur sournois ! »

"उसे खूब पीटा! भगवान की कसम, उस धूर्त चोर को सज़ा दो!"

Spitz a montré une volonté égale et une impatience folle de se battre.

स्पिट्ज़ ने भी लड़ने के लिए समान तत्परता और जंगली उत्सुकता दिखाई।

Il cria de rage tout en tournant rapidement en rond, cherchant une ouverture.

वह तेजी से चक्कर लगाते हुए, मौका तलाशते हुए गुस्से में चिल्लाया।

Buck a montré la même soif de combat et la même prudence.

बक ने लड़ने की वही भूख और वही सावधानी दिखाई।

Il a également encerclé son adversaire, essayant de prendre le dessus dans la bataille.

उसने अपने प्रतिद्वंद्वी की भी परिक्रमा की, तथा युद्ध में बढ़त हासिल करने का प्रयास किया।

Puis quelque chose d'inattendu s'est produit et a tout changé.

तभी कुछ अप्रत्याशित हुआ और सब कुछ बदल गया।

Ce moment a retardé l'éventuelle lutte pour le leadership.

उस क्षण ने अंततः नेतृत्व के लिए लड़ाई को विलंबित कर दिया।

De nombreux kilomètres de piste et de lutte attendaient encore avant la fin.

अंत से पहले अभी भी कई मील की यात्रा और संघर्ष बाकी था।

Perrault cria un juron tandis qu'une massue frappait un os.

जैसे ही एक डंडा हड्डी पर मारा गया, पेरौल्ट ने शपथ ली।

Un cri aigu de douleur suivit, puis le chaos explosa tout autour.

इसके बाद दर्द की तीव्र चीख निकली और फिर चारों ओर अफरा-तफरी मच गई।

Des formes sombres se déplaçaient dans le camp ; des huskies sauvages, affamés et féroces.

शिविर में काले रंग की आकृतियाँ घूम रही थीं; जंगली हस्की, भूखे और खूंखार।

Quatre ou cinq douzaines de huskies avaient reniflé le camp de loin.

चार-पांच दर्जन हस्की पक्षी दूर से ही शिविर को सूंघ रहे थे।

Ils s'étaient glissés discrètement pendant que les deux chiens se battaient à proximité.

वे चुपचाप अंदर घुस आए थे, जबकि पास में दो कुत्ते लड़ रहे थे।

François et Perrault chargèrent en brandissant des massues sur les envahisseurs.

फ़्रॉस्वा और पेरौल्ट ने आक्रमणकारियों पर लाठियाँ भांजते हुए हमला किया।

Les huskies affamés ont montré les dents et ont riposté avec frénésie.

भूखे-प्यासे हस्की ने अपने दांत दिखाए और उन्मत्त होकर लड़ने लगे।

L'odeur de la viande et du pain les avait chassés de toute peur.

मांस और रोटी की गंध ने उनका सारा भय दूर कर दिया था।

Perrault battait un chien qui avait enfoui sa tête dans la boîte à nourriture.

पेरौल्ट ने एक कुत्ते को पीटा जिसने अपना सिर भोजन-पेटी में दबा रखा था।

Le coup a été violent et la boîte s'est retournée, la nourriture s'est répandue.

झटका जोर से लगा और बक्सा पलट गया तथा भोजन बाहर गिर गया।

En quelques secondes, une vingtaine de bêtes sauvages déchirèrent le pain et la viande.

कुछ ही सेकंड में दर्जनों जंगली जानवरों ने रोटी और मांस को नोच डाला।

Les gourdin masculins ont porté coup sur coup, mais aucun chien ne s'est détourné.

पुरुषों के क्लबों ने एक के बाद एक कई वार किए, लेकिन कोई भी कुता पीछे नहीं हटा।

Ils hurlaient de douleur, mais se battaient jusqu'à ce qu'il ne reste plus de nourriture.

वे दर्द से चिल्लाते रहे, लेकिन तब तक लड़ते रहे जब तक कि भोजन नहीं बचा।

Pendant ce temps, les chiens de traîneau avaient sauté de leurs lits enneigés.

इस बीच, स्लेज-कुत्ते अपने बर्फीले बिस्तरों से कूद पड़े थे।

Ils ont été immédiatement attaqués par les huskies vicieux et affamés.

उन पर तुरंत ही भूखे खूंखार पक्षियों ने हमला कर दिया।

Buck n'avait jamais vu de créatures aussi sauvages et affamées auparavant.

बक ने पहले कभी ऐसे जंगली और भूखे जीव नहीं देखे थे।

Leur peau pendait librement, cachant à peine leur squelette.

उनकी त्वचा ढीली होकर लटक रही थी, जिससे उनका कंकाल मुश्किल से छिप रहा था।

Il y avait un feu dans leurs yeux, de faim et de folie

उनकी आँखों में भूख और पागलपन की आग थी

Il n'y avait aucun moyen de les arrêter, aucune résistance à leur ruée sauvage.

उन्हें रोकना संभव नहीं था; उनकी क्रूर दौड़ का प्रतिरोध करना भी संभव नहीं था।

Les chiens de traîneau furent repoussés, pressés contre la paroi de la falaise.

स्लेज-कुत्तों को पीछे धकेल दिया गया और उन्हें चट्टान की दीवार से दबा दिया गया।

Trois huskies ont attaqué Buck en même temps, déchirant sa chair.

तीन हस्की ने एक साथ बक पर हमला किया और उसके मांस को नोच डाला।

Du sang coulait de sa tête et de ses épaules, là où il avait été coupé.

उसके सिर और कंधों से खून बह रहा था, जहां उसे काटा गया था।

Le bruit remplissait le camp : grognements, cris et cris de douleur.

शिविर में शोर भर गया; गुर्राहट, चीखें और दर्द भरी चीखें।

Billee pleurait fort, comme d'habitude, prise dans la mêlée et la panique.

हमेशा की तरह, झगड़े और घबराहट में फंसकर बिली जोर-जोर से रोने लगी।

Dave et Solleks se tenaient côte à côte, saignant mais provocants.

डेव और सोलेक्स एक दूसरे के बगल में खड़े थे, खून बह रहा था लेकिन उनका मनोबल डगमगा रहा था।

Joe s'est battu comme un démon, mordant tout ce qui s'approchait.

जो एक राक्षस की तरह लड़ रहा था, जो भी उसके करीब आता उसे काट लेता था।

Il a écrasé la jambe d'un husky d'un claquement brutal de ses mâchoires.

उसने अपने जबड़े के एक क्रूर प्रहार से एक हस्की का पैर कुचल दिया।

Pike a sauté sur le husky blessé et lui a brisé le cou instantanément.

पाइक घायल हस्की पर कूद पड़ा और तुरन्त उसकी गर्दन तोड़ दी।

Buck a attrapé un husky par la gorge et lui a déchiré la veine.

बक ने एक हस्की का गला पकड़ लिया और उसकी नस फाड़ दी।

Le sang gicla et le goût chaud poussa Buck dans une frénésie.

खून छिड़का, और गर्म स्वाद ने बक को उन्माद में डाल दिया।

Il s'est jeté sur un autre agresseur sans hésitation.

उसने बिना किसी हिचकिचाहट के दूसरे हमलावर पर हमला कर दिया।

Au même moment, des dents acérées s'enfoncèrent dans la gorge de Buck.

उसी क्षण, बक के गले में उसके तीखे दांत गड़ गये।

Spitz avait frappé de côté, attaquant sans avertissement.

स्पिट्ज़ ने बिना किसी चेतावनी के, बगल से हमला कर दिया था।

Perrault et François avaient vaincu les chiens en volant la nourriture.

पेरौल्ट और फ्राँस्वा ने भोजन चुराने वाले कुत्तों को हरा दिया था।

Ils se sont alors précipités pour aider leurs chiens à repousser les attaquants.

अब वे हमलावरों से लड़ने के लिए अपने कुत्तों की मदद करने के लिए दौड़े।

Les chiens affamés se retirèrent tandis que les hommes brandissaient leurs gourdins.

जब पुरुषों ने अपनी लाठियां घुमानी शुरू कीं तो भूखे कुत्ते पीछे हट गए।

Buck s'est libéré de l'attaque, mais l'évasion a été brève.

बक हमले से बच निकला, लेकिन वह बचकर नहीं निकल सका।

Les hommes ont couru pour sauver leurs chiens, et les huskies ont de nouveau afflué.

लोग अपने कुत्तों को बचाने के लिए भागे, और हस्की फिर से झुंड में आ गए।

Billee, effrayé et courageux, sauta dans la meute de chiens.

डर के मारे बिली ने हिम्मत जुटाई और कुत्तों के झुंड में कूद पड़ी।

Mais il s'est alors enfui sur la glace, saisi de terreur et de panique.

लेकिन फिर वह भय और घबराहट में बर्फ के पार भाग गया।

Pike et Dub suivaient de près, courant pour sauver leur vie.

पाइक और डब भी अपनी जान बचाने के लिए पीछे-पीछे भागे।

Le reste de l'équipe s'est séparé et dispersé, les suivant.

टीम के बाकी सदस्य भी टूटकर बिखर गए और उनके पीछे चले गए।

Buck rassembla ses forces pour courir, mais vit alors un éclair.

बक ने भागने के लिए अपनी ताकत जुटाई, लेकिन तभी उसे एक चमक दिखाई दी।

Spitz s'est jeté sur le côté de Buck, essayant de le faire tomber au sol.

स्पिट्ज़ ने बक की ओर झपट्टा मारा और उसे ज़मीन पर गिराने की कोशिश की।

Sous cette foule de huskies, Buck n'aurait eu aucune échappatoire.

हस्कीज़ की उस भीड़ के नीचे, बक के पास बचने का कोई रास्ता नहीं था।

Mais Buck est resté ferme et s'est préparé au coup de Spitz.

लेकिन बक दृढ़ रहे और स्पिट्ज़ के प्रहार का सामना करने के लिए तैयार रहे।

Puis il s'est retourné et a couru sur la glace avec l'équipe en fuite.

फिर वह मुड़ा और भागती हुई टीम के साथ बर्फ पर भाग गया।

Plus tard, les neuf chiens de traîneau se sont rassemblés à l'abri des bois.

बाद में, नौ स्लेज-कुत्ते जंगल की शरण में एकत्र हुए।

Personne ne les poursuivait plus, mais ils étaient battus et blessés.

अब किसी ने उनका पीछा नहीं किया, लेकिन वे बुरी तरह घायल हो गये।

Chaque chien avait des blessures ; quatre ou cinq coupures profondes sur chaque corps.

प्रत्येक कुत्ते के शरीर पर चार या पांच गहरे घाव थे।

Dub avait une patte arrière blessée et avait du mal à marcher maintenant.

डब का पिछला पैर घायल हो गया था और अब उसे चलने में कठिनाई हो रही थी।

Dolly, le nouveau chien de Dyea, avait la gorge tranchée.

डाया की सबसे नई कुतिया डॉली का गला कटा हुआ था।

Joe avait perdu un œil et l'oreille de Billee était coupée en morceaux

जो की एक आंख चली गई थी और बिली का कान टुकड़ों में कट गया था

Tous les chiens ont crié de douleur et de défaite toute la nuit.

सभी कुते रात भर दर्द और हार से रोते रहे।

À l'aube, ils retournèrent au camp, endoloris et brisés.

भोर होते ही वे थके हुए और टूटे हुए, धीरे-धीरे शिविर की ओर लौट आए।

Les huskies avaient disparu, mais le mal était fait.

हस्कीज़ गायब हो गए थे, लेकिन नुकसान हो चुका था।

Perrault et François étaient de mauvaise humeur à cause de la ruine.

पेराल्ट और फ्राँस्वा खंडहर को देखकर दुखी हो गए।

La moitié de la nourriture avait disparu, volée par les voleurs affamés.

आधा खाना भूखे चोरों ने छीन लिया।

Les huskies avaient déchiré les fixations et la toile du traîneau.

हस्कीज़ ने स्लेज की बाइंडिंग और कैनवास को फाड़ दिया था।

Tout ce qui avait une odeur de nourriture avait été complètement dévoré.

भोजन की गंध वाली हर चीज को पूरी तरह खा लिया गया था।

Ils ont mangé une paire de bottes de voyage en peau d'élan de Perrault.

उन्होंने पेरौल्ट के मूस-चमड़े से बने यात्रा के जूतों की एक जोड़ी खा ली।

Ils ont mâché des reis en cuir et ruiné des sangles au point de les rendre inutilisables.

वे चमड़े की रीस चबाते थे और पट्टियों को इतना खराब कर देते थे कि उनका कोई उपयोग नहीं रह जाता था।

François cessa de fixer le fouet déchiré pour vérifier les chiens.

फ्राँस्वा ने कुत्तों की जाँच करने के लिए फटे हुए कोड़े को देखना बंद कर दिया।

« Ah, mes amis », dit-il d'une voix basse et pleine d'inquiétude.

"आह, मेरे दोस्तों," उसने कहा, उसकी आवाज़ धीमी और चिंता से भरी हुई थी।

« Peut-être que toutes ces morsures vous transformeront en bêtes folles. »

"हो सकता है कि ये सारे काटने तुम्हें पागल जानवर बना दें।"

« Peut-être que ce sont tous des chiens enragés, sacredam ! Qu'en penses-tu, Perrault ? »

"शायद सभी पागल कुत्ते हैं, सेक्रेडम! तुम क्या सोचते हो, पेरौल्ट?"

Perrault secoua la tête, les yeux sombres d'inquiétude et de peur.

पेरौल्ट ने अपना सिर हिलाया, उनकी आंखें चिंता और भय से काली हो गयीं।

Il y avait encore quatre cents milles entre eux et Dawson.

उनके और डावसन के बीच अभी भी चार सौ मील की दूरी थी।

La folie canine pourrait désormais détruire toute chance de survie.

कुत्तों का पागलपन अब जीवित रहने की किसी भी संभावना को नष्ट कर सकता है।

Ils ont passé deux heures à jurer et à essayer de réparer le matériel.

उन्होंने दो घंटे गाली-गलौज और गियर ठीक करने में बिता दिए।

L'équipe blessée a finalement quitté le camp, brisée et vaincue.

घायल टीम अंततः टूटी हुई और पराजित होकर शिविर से बाहर निकल गई।

C'était le sentier le plus difficile jusqu'à présent, et chaque pas était douloureux.

यह अब तक का सबसे कठिन रास्ता था और हर कदम कष्टदायक था।

La rivière Thirty Mile n'était pas gelée et coulait à flots.

थर्टी माइल नदी जमी नहीं थी, तथा वह तेजी से बह रही थी।

Ce n'est que dans les endroits calmes et les tourbillons que la glace parvenait à tenir.

केवल शांत स्थानों और घुमावदार भँवरों में ही बर्फ जमी रहती है।

Six jours de dur labeur se sont écoulés jusqu'à ce que les trente milles soient parcourus.

तीस मील की दूरी पूरी होने तक छह दिन तक कड़ी मेहनत करनी पड़ी।

Chaque kilomètre parcouru sur le sentier apportait du danger et une menace de mort.

रास्ते का प्रत्येक मील खतरे और मौत का खतरा लेकर आता था।

Les hommes et les chiens risquaient leur vie à chaque pas douloureux.

पुरुषों और कुत्तों ने हर दर्दनाक कदम उठाते हुए अपनी जान जोखिम में डाली।

Perrault a franchi des ponts de glace minces à une douzaine de reprises.

पेरौल्ट ने एक दर्जन बार पतली बर्फ के पुल को तोड़ा।

Il portait une perche et la laissait tomber sur le trou que son corps avait fait.

उसने एक डंडा उठाया और उसे अपने शरीर से बने गड्ढे पर गिरा दिया।

Plus d'une fois, ce poteau a sauvé Perrault de la noyade.

एक से अधिक बार उस खंभे ने पेरौल्ट को डूबने से बचाया।

La vague de froid persistait, l'air était à cinquante degrés en dessous de zéro.

ठंड का प्रकोप जारी रहा, हवा का तापमान शून्य से पचास डिग्री नीचे था।

Chaque fois qu'il tombait, Perrault devait allumer un feu pour survivre.

हर बार जब वह पानी में गिरता था, तो जीवित रहने के लिए पेरौल्ट को आग जलानी पड़ती थी।

Les vêtements mouillés gelaient rapidement, alors il les séchait près d'une source de chaleur intense.

गीले कपड़े जल्दी जम जाते थे, इसलिए वह उन्हें तेज गर्मी में सुखाता था।

Aucune peur n'a jamais touché Perrault, et cela a fait de lui un courrier.

पेरौल्ट को कभी भी किसी प्रकार का भय नहीं रहा और इसी डर ने उन्हें कूरियर बना दिया।

Il a été choisi pour le danger, et il l'a affronté avec une résolution tranquille.

उन्हें खतरे के लिए चुना गया था, और उन्होंने इसका सामना शांत संकल्प के साथ किया।

Il s'avança face au vent, son visage ratatiné et gelé.

वह हवा में आगे बढ़ा, उसका मुरझाया हुआ चेहरा बर्फ से जकड़ा हुआ था।

De l'aube naissante à la tombée de la nuit, Perrault les mena en avant.

भोर से लेकर शाम तक, पेरौल्ट ने उन्हें आगे बढ़ाया।

Il marchait sur une étroite bordure de glace qui se fissurait à chaque pas.

वह संकरी बर्फ पर चला जो हर कदम पर टूट रही थी।

Ils n'osaient pas s'arrêter : chaque pause risquait de provoquer un effondrement mortel.

उनमें रुकने की हिम्मत नहीं थी - प्रत्येक विराम से घातक पतन का खतरा था।

Un jour, le traîneau s'est brisé, entraînant Dave et Buck à l'intérieur.

एक बार स्लेज टूट गई और डेव और बक भी उसमें फंस गए।

Au moment où ils ont été libérés, tous deux étaient presque gelés.

जब तक उन्हें बाहर निकाला गया, दोनों लगभग जम चुके थे।

Les hommes ont rapidement allumé un feu pour garder Buck et Dave en vie.

बक और डेव को जीवित रखने के लिए लोगों ने तुरंत आग जलाई।

Les chiens étaient recouverts de glace du nez à la queue, raides comme du bois sculpté.

कुत्ते नाक से लेकर पूँछ तक बर्फ से ढके हुए थे, नक्काशीदार लकड़ी की तरह सख्त।

Les hommes les faisaient courir en rond près du feu pour décongeler leurs corps.

पुरुषों ने उनके शरीर को पिघलाने के लिए उन्हें आग के पास गोल-गोल घुमाया।

Ils se sont approchés si près des flammes que leur fourrure a été brûlée.

वे आग की लपटों के इतने करीब आ गए कि उनका फर झुलस गया।

Spitz a ensuite brisé la glace, entraînant l'équipe derrière lui.

स्पिट्ज़ ने अगली बार बर्फ को तोड़ दिया और टीम को अपने पीछे खींच लिया।

La cassure s'est étendue jusqu'à l'endroit où Buck tirait.

ब्रेक उस स्थान तक पहुंच गया जहां बक खींच रहा था।

Buck se pencha en arrière, ses pattes glissant et tremblant sur le bord.

बक ज़ोर से पीछे झुक गया, उसके पंजे फिसल रहे थे और किनारे पर काँप रहे थे।

Dave a également tendu vers l'arrière, juste derrière Buck sur la ligne.

डेव भी पीछे की ओर झुक गया, लाइन पर बक के ठीक पीछे।

François tirait sur le traîneau, ses muscles craquant sous l'effort.

फ़्राँस्वा स्लेज को खींच रहा था, प्रयास के कारण उसकी मांसपेशियाँ टूट रही थीं।

Une autre fois, la glace du bord s'est fissurée devant et derrière le traîneau.

एक अन्य बार, स्लेज के आगे और पीछे रिम की बर्फ टूट गई।

Ils n'avaient d'autre issue que d'escalader une paroi rocheuse gelée.

उनके पास जमी हुई चट्टान की दीवार पर चढ़ने के अलावा कोई रास्ता नहीं था।

Perrault a réussi à escalader le mur, mais un miracle l'a maintenu en vie.

पेरौल्ट किसी तरह दीवार पर चढ़ गया; चमत्कार से वह जीवित बच गया।

François resta en bas, priant pour avoir le même genre de chance.

फ़्राँस्वा नीचे ही रुक गया और उसी तरह के भाग्य की प्रार्थना करने लगा।

Ils ont attaché chaque sangle, chaque amarrage et chaque traçage en une seule longue corde.

उन्होंने हर पट्टा, बंधन और निशान को एक लम्बी रस्सी में बाँध दिया।

Les hommes ont hissé chaque chien, un par un, jusqu'au sommet.

पुरुषों ने एक-एक करके प्रत्येक कुत्ते को ऊपर खींच लिया।

François est monté en dernier, après le traîneau et toute la charge.

फ्रांकोइस स्लेज और पूरे सामान के बाद सबसे आखिर में चढ़ा।

Commença alors une longue recherche d'un chemin pour descendre des falaises.

फिर चट्टानों से नीचे उतरने के लिए रास्ते की लंबी खोज शुरू हुई।

Ils sont finalement descendus en utilisant la même corde qu'ils avaient fabriquée.

अंततः वे उसी रस्सी का उपयोग करके नीचे उतरे जो उन्होंने बनाई थी।

La nuit tombait alors qu'ils retournaient au lit de la rivière, épuisés et endoloris.

रात होने पर वे थके हुए और दर्द से पीड़ित होकर नदी के किनारे लौटे।

La journée entière ne leur avait permis de gagner qu'un quart de mile.

उन्हें केवल एक चौथाई मील की दूरी तय करने में पूरा दिन लग गया।

Au moment où ils atteignirent le Hootalinqua, Buck était épuisé.

जब वे हूटालिंक्वा पहुंचे तो बक पूरी तरह थक चुका था।

Les autres chiens ont tout autant souffert des conditions du sentier.

अन्य कुत्तों को भी ट्रेल की परिस्थितियों के कारण उतनी ही बुरी तरह से कष्ट सहना पड़ा।

Mais Perrault avait besoin de récupérer du temps et les poussait chaque jour.

लेकिन पेरौल्ट को समय की बचत करनी थी और उन्होंने प्रत्येक दिन उन्हें आगे बढ़ाया।

Le premier jour, ils ont parcouru trente miles jusqu'à Big Salmon.

पहले दिन वे बिग सैल्मन तक तीस मील की यात्रा की।

Le lendemain, ils parcoururent trente-cinq milles jusqu'à Little Salmon.

अगले दिन वे पैंतीस मील की यात्रा करके लिटिल सैल्मन पहुंचे।

Le troisième jour, ils ont parcouru quarante longs kilomètres gelés.

तीसरे दिन वे चालीस मील लम्बी बर्फीली सड़क पार कर आगे बढ़े।

À ce moment-là, ils approchaient de la colonie de Five Fingers.

तब तक वे फाइव फिंगर्स के समझौते के करीब पहुंच चुके थे।

Les pieds de Buck étaient plus doux que les pieds durs des huskies indigènes.

बक के पैर देशी हस्की के कठोर पैरों की तुलना में अधिक मुलायम थे।

Ses pattes étaient devenues plus fragiles au fil des générations civilisées.

कई सभ्य पीढ़ियों के दौरान उसके पंजे कोमल हो गए थे।

Il y a longtemps, ses ancêtres avaient été apprivoisés par des hommes de la rivière ou des chasseurs.

बहुत समय पहले, उसके पूर्वजों को नदी के लोगों या शिकारियों द्वारा पालतू बना लिया गया था।

Chaque jour, Buck boitait de douleur, marchant sur des pattes à vif et douloureuses.

हर दिन बक दर्द से लंगड़ाता हुआ, कच्चे, दुखते पंजों पर चलता था।

Au camp, Buck tomba comme une forme sans vie sur la neige.

शिविर में, बक बर्फ पर एक निर्जीव शरीर की तरह गिर पड़ा।

Bien qu'affamé, Buck ne s'est pas levé pour manger son repas du soir.

भूख से व्याकुल होने के बावजूद, बक अपना शाम का खाना खाने के लिए नहीं उठा।

François apporta sa ration à Buck, en déposant du poisson près de son museau.

फ़्राँस्वा बक के लिए राशन लेकर आया, और उसके थूथन के पास मछलियाँ रख दीं।

Chaque nuit, le chauffeur frottait les pieds de Buck pendant une demi-heure.

प्रत्येक रात ड्राइवर बक के पैरों को आधे घंटे तक रगड़ता था।

François a même découpé ses propres mocassins pour en faire des chaussures pour chiens.

फ़्राँस्वा ने तो कुत्तों के लिए जूते बनाने के लिए अपने मोकासिन भी स्वयं काटे।

Quatre chaussures chaudes ont apporté à Buck un grand et bienvenu soulagement.

चार गर्म जूतों ने बक को बहुत राहत दी।

Un matin, François oublia ses chaussures et Buck refusa de se lever.

एक सुबह, फ़्राँस्वा जूते भूल गया, और बक ने उठने से इनकार कर दिया।

Buck était allongé sur le dos, les pieds en l'air, les agitant pitoyablement.

बक पीठ के बल लेटा था, पैर हवा में थे और दयनीय ढंग से उन्हें हिला रहा था।

Même Perrault sourit à la vue de l'appel dramatique de Buck.

बक की नाटकीय दलील को देखकर पेरौल्ट भी मुस्कुरा उठे।

Bientôt, les pieds de Buck devinrent durs et les chaussures purent être jetées.

जल्द ही बक के पैर सख्त हो गए और जूते फेंकने पड़े।

À Pelly, pendant le temps du harnais, Dolly laissait échapper un hurlement épouvantable.

पेली में, हार्नेस समय के दौरान, डॉली ने एक भयानक चीख निकाली।

Le cri était long et rempli de folie, secouant chaque chien.

चीख बहुत लंबी और पागलपन से भरी थी, जिससे हर कुत्ता कांप रहा था।

Chaque chien se hérissait de peur sans en connaître la raison.

प्रत्येक कुत्ता बिना कारण जाने ही डर से कांप उठा।

Dolly était devenue folle et s'était jetée directement sur Buck.

डॉली पागल हो गई थी और सीधे बक पर झपटी।

Buck n'avait jamais vu la folie, mais l'horreur remplissait son cœur.

बक ने कभी पागलपन नहीं देखा था, लेकिन उसका दिल भय से भर गया था।

Sans réfléchir, il se retourna et s'enfuit, complètement paniqué.

बिना कुछ सोचे-समझे वह घबराकर मुड़ा और भाग गया।

Dolly le poursuivit, les yeux fous, la salive s'échappant de ses mâchoires.

डॉली ने उसका पीछा किया, उसकी आँखें पागलों जैसी थीं, उसके जबड़ों से लार बह रही थी।

Elle est restée juste derrière Buck, sans jamais gagner ni reculer.

वह बक के ठीक पीछे रही, न तो कभी आगे बढ़ी और न ही कभी पीछे हटी।

Buck courut à travers les bois, le long de l'île, sur de la glace déchiquetée.

बक जंगलों से होते हुए, द्वीप के नीचे, दांतेदार बर्फ पर दौड़ा।

Il traversa vers une île, puis une autre, revenant vers la rivière.

वह एक द्वीप पार कर गया, फिर दूसरे द्वीप पर, और वापस नदी की ओर घूम गया।

Dolly le poursuivait toujours, son grognement le suivant de près à chaque pas.

फिर भी डॉली उसका पीछा करती रही, हर कदम पर उसकी गुर्राहट उसके पीछे-पीछे आती रही।

Buck pouvait entendre son souffle et sa rage, même s'il n'osait pas regarder en arrière.

बक उसकी सांस और क्रोध को सुन सकता था, हालांकि वह पीछे मुड़कर देखने की हिम्मत नहीं कर सका।

François cria de loin, et Buck se tourna vers la voix.

फ़ाँस्वा ने दूर से चिल्लाकर कहा, और बक उस आवाज़ की ओर मुड़ा।

Encore à bout de souffle, Buck courut, plaçant tout espoir en François.

अभी भी सांस के लिए हांफते हुए, बक भाग गया, और सारी उम्मीदें फ्रांकोइस पर टिका दीं।

Le conducteur du chien leva une hache et attendit que Buck passe à toute vitesse.

कुत्ते के चालक ने कुल्हाड़ी उठाई और बक के उड़कर पास आने का इंतजार करने लगा।

La hache s'abattit rapidement et frappa la tête de Dolly avec une force mortelle.

कुल्हाड़ी तेजी से नीचे आई और डॉली के सिर पर घातक प्रहार किया।

Buck s'est effondré près du traîneau, essoufflé et incapable de bouger.

बक स्लेज के पास ही गिर पड़ा, उसे सांस लेने में तकलीफ हो रही थी और वह हिलने-डुलने में असमर्थ था।

Ce moment a donné à Spitz l'occasion de frapper un ennemi épuisé.

उस क्षण ने स्पिट्ज़ को एक थके हुए दुश्मन पर हमला करने का मौका दिया।

Il a mordu Buck à deux reprises, déchirant la chair jusqu'à l'os blanc.

उसने बक को दो बार काटा, जिससे उसका मांस सफेद हड्डी तक फट गया।

Le fouet de François claqua, frappant Spitz avec toute sa force et sa fureur.

फ्राँस्वा का चाबुक फटा और उसने स्पिट्ज़ पर पूरी, उग्र ताकत से प्रहार किया।

Buck regarda avec joie Spitz recevoir sa raclée la plus dure jusqu'à présent.

बक ने खुशी से देखा कि स्पिट्ज़ को अब तक की सबसे बुरी पिटाई दी गई।

« C'est un diable, ce Spitz », murmura sombrement Perrault pour lui-même.

"वह स्पिट्ज शैतान है," पेरौल्ट ने मन ही मन कहा।

« Un jour prochain, ce maudit chien tuera Buck, je le jure. »

"जल्द ही किसी दिन, वह शापित कुत्ता बक को मार डालेगा - मैं कसम खाता हूँ।"

« Ce Buck a deux démons en lui », répondit François en hochant la tête.

"उस बक में दो शैतान हैं," फ्राँस्वा ने सिर हिलाकर जवाब दिया।

« Quand je regarde Buck, je sais que quelque chose de féroce l'attend. »

"जब मैं बक को देखता हूं, तो मुझे पता चलता है कि उसके अंदर कुछ भयंकर चीज छिपी हुई है।"

« Un jour, il deviendra fou comme le feu et mettra Spitz en pièces. »

"एक दिन, वह आग की तरह क्रोधित हो जाएगा और स्पिट्ज़ को टुकड़े-टुकड़े कर देगा।"

« Il va mâcher ce chien et le recracher sur la neige gelée. »

"वह उस कुत्ते को चबाकर जमी हुई बर्फ पर थूक देगा।"

« Bien sûr que non, je le sais au plus profond de moi. »

"निश्चित रूप से, मैं इसे अपनी हड्डियों की गहराई में जानता हूं।"

À partir de ce moment-là, les deux chiens étaient engagés dans une guerre.

उस क्षण से दोनों कुत्तों के बीच युद्ध छिड़ गया।

Spitz a dirigé l'équipe et a conservé le pouvoir, mais Buck a contesté cela.

स्पिट्ज़ ने टीम का नेतृत्व किया और शक्ति बनाए रखी, लेकिन बक ने उसे चुनौती दी।

Spitz a vu son rang menacé par cet étrange étranger du Sud.

स्पिट्ज़ को लगा कि इस अजीब साउथलैंड अजनबी के कारण उनकी रैंक को खतरा हो सकता है।

Buck ne ressemblait à aucun autre chien du sud que Spitz avait connu auparavant.

बक किसी भी दक्षिणी कुत्ते से भिन्न था जिसे स्पिट्ज़ ने पहले कभी नहीं देखा था।

La plupart d'entre eux ont échoué, trop faibles pour survivre au froid et à la faim.

उनमें से अधिकतर असफल हो गये - वे इतने कमज़ोर थे कि ठंड और भूख से बच नहीं सके।

Ils sont morts rapidement à cause du travail, du gel et de la lenteur de la famine.

वे श्रम, ठंड और अकाल की धीमी मार से तेजी से मर गए।

Buck se démarquait : plus fort, plus intelligent et plus sauvage chaque jour.

बक अलग खड़ा था - प्रत्येक दिन अधिक मजबूत, अधिक चतुर और अधिक क्रूर होता जा रहा था।

Il a prospéré dans les difficultés, grandissant jusqu'à égaler les huskies du Nord.

वह कठिनाइयों में भी फला-फूला और उत्तरी हस्कीज के बराबर विकसित हुआ।

Buck avait de la force, une habileté sauvage et un instinct patient et mortel.

बक में ताकत थी, अदम्य कौशल था, तथा धैर्यवान, घातक प्रवृति थी।

L'homme avec la massue avait fait perdre à Buck toute témérité.

डंडे वाले आदमी ने बक को पीट-पीटकर उसकी जल्दबाजी खत्म कर दी थी।

La fureur aveugle avait disparu, remplacée par une ruse silencieuse et un contrôle.

अंध क्रोध समाप्त हो गया, और उसकी जगह शांत चालाकी और नियंत्रण ने ले ली।

Il attendait, calme et primitif, guettant le bon moment.

वह शांत और सहज भाव से सही समय की प्रतीक्षा करता रहा।

Leur lutte pour le commandement est devenue inévitable et claire.

कमान के लिए उनकी लड़ाई अपरिहार्य और स्पष्ट हो गई।

Buck désirait être un leader parce que son esprit l'exigeait.

बक नेतृत्व चाहते थे क्योंकि उनकी आत्मा इसकी मांग करती थी।

Il était poussé par l'étrange fierté née du sentier et du harnais.

वह पगडंडी और लगाम से पैदा हुए अजीब गर्व से प्रेरित था।

Cette fierté a poussé les chiens à tirer jusqu'à ce qu'ils s'effondrent sur la neige.

इस गर्व के कारण कुत्ते तब तक खींचते रहे जब तक वे बर्फ पर गिर नहीं पड़े।

L'orgueil les a poussés à donner toute la force qu'ils avaient.

अहंकार ने उन्हें अपनी पूरी ताकत झोंकने के लिए प्रेरित किया।

L'orgueil peut attirer un chien de traîneau jusqu'à la mort.

घमंड एक स्लेज-कुत्ते को मौत के मुंह तक भी ले जा सकता है।

La perte du harnais a laissé les chiens brisés et sans but.

पट्टा खोने से कुत्ते टूट गए और उनका कोई उद्देश्य नहीं रहा।

Le cœur d'un chien de traîneau peut être brisé par la honte lorsqu'il prend sa retraite.

एक स्लेज-कुत्ते का दिल तब शर्म से कुचला जा सकता है जब वे सेवानिवृत होते हैं।

Dave vivait avec cette fierté alors qu'il tirait le traîneau par derrière.

डेव उस गर्व के साथ जी रहा था क्योंकि वह स्लेज को पीछे से खींच रहा था।

Solleks, lui aussi, a tout donné avec une force et une loyauté redoutables.

सोलेक्स ने भी पूरी ताकत और निष्ठा के साथ अपना सर्वस्व बलिदान कर दिया।

Chaque matin, l'orgueil les faisait passer de l'amertume à la détermination.

प्रत्येक सुबह, गर्व उन्हें कटुता से दृढ़ निश्चय में बदल देता था।

Ils ont poussé toute la journée, puis sont restés silencieux à la fin du camp.

वे पूरे दिन दबाव बनाते रहे, फिर शिविर के अंत में चुप हो गए।

Cette fierté a donné à Spitz la force de battre les tire-au-flanc.

उस गर्व ने स्पिट्ज़ को दूसरों को हराकर लाइन में आने की ताकत दी।

Spitz craignait Buck parce que Buck portait cette même fierté profonde.

स्पिट्ज बक से डरता था क्योंकि बक भी उसी तरह का गहरा गर्व रखता था।

L'orgueil de Buck s'est alors retourné contre Spitz, et il ne s'est pas arrêté.

बक का अभिमान अब स्पिट्ज़ के विरुद्ध जाग उठा, और वह रुका नहीं।

Buck a défié le pouvoir de Spitz et l'a empêché de punir les chiens.

बक ने स्पिट्ज़ की शक्ति का विरोध किया और उसे कुत्तों को दण्ड देने से रोक दिया।

Lorsque les autres échouaient, Buck s'interposait entre eux et leur chef.

जब अन्य लोग असफल हो गए, तो बक उनके और उनके नेता के बीच आ गया।

Il l'a fait intentionnellement, en rendant son défi ouvert et clair.

उन्होंने यह काम जानबूझकर किया तथा अपनी चुनौती को खुला और स्पष्ट रखा।

Une nuit, une forte neige a recouvert le monde d'un profond silence.

एक रात भारी बर्फबारी ने पूरे विश्व को गहरे सन्नाटे में ढक दिया।

Le lendemain matin, Pike, paresseux comme toujours, ne se leva pas pour aller travailler.

अगली सुबह, पाइक हमेशा की तरह आलसी था, और काम पर नहीं गया।

Il est resté caché dans son nid sous une épaisse couche de neige.

वह बर्फ की मोटी परत के नीचे अपने घोंसले में छिपा रहा।

François a appelé et cherché, mais n'a pas pu trouver le chien.

फ़्राँस्वा ने आवाज़ लगाई और खोजा, लेकिन कुत्ता नहीं मिला।

Spitz devint furieux et se précipita à travers le camp couvert de neige.

स्पिट्ज़ क्रोधित हो गया और बर्फ से ढके शिविर में घुस गया।

Il grogna et renifla, creusant frénétiquement avec des yeux flamboyants.

वह गुर्राया और सूँघने लगा, और अपनी जलती आँखों से पागलों की तरह खोदने लगा।

Sa rage était si féroce que Pike tremblait sous la neige de peur.

उसका क्रोध इतना भयंकर था कि पाइक डर के मारे बर्फ के नीचे कांपने लगा।

Lorsque Pike fut finalement retrouvé, Spitz se précipita pour punir le chien qui se cachait.

जब अंततः पाइक मिल गया, तो स्पिट्ज़ ने छिपे हुए कुत्ते को दण्ड देने के लिए उस पर हमला किया।

Mais Buck s'est précipité entre eux avec une fureur égale à celle de Spitz.

लेकिन बक स्पिट्ज के बराबर क्रोध के साथ उनके बीच कूद पड़ा।

L'attaque fut si soudaine et intelligente que Spitz tomba.

यह हमला इतना अचानक और चतुराईपूर्ण था कि स्पिट्ज़ अपने पैरों से गिर पड़ा।

Pike, qui tremblait, puisa du courage dans ce défi.

पाइक, जो काँप रहा था, को इस अवज्ञा से साहस मिला।

Il sauta sur le Spitz tombé, suivant l'exemple audacieux de Buck.

वह बक के साहसिक उदाहरण का अनुसरण करते हुए गिरे हुए स्पिट्ज पर कूद पड़ा।

Buck, n'étant plus tenu par l'équité, a rejoint la grève contre Spitz.

बक, अब निष्पक्षता से बंधा हुआ नहीं था, इसलिए स्पिट्ज पर हमले में शामिल हो गया।

François, amusé mais ferme dans sa discipline, balançait son lourd fouet.

फ्रांकोइस ने प्रसन्नतापूर्वक तथा अनुशासन में दृढ़ रहते हुए अपना भारी चाबुक घुमाया।

Il frappa Buck de toutes ses forces pour mettre fin au combat.

उसने लड़ाई रोकने के लिए बक पर पूरी ताकत से प्रहार किया।

Buck a refusé de bouger et est resté au sommet du chef tombé.

बक ने हिलने से इनकार कर दिया और गिरे हुए नेता के ऊपर ही बैठा रहा।

François a ensuite utilisé le manche du fouet, frappant Buck durement.

इसके बाद फ्रांकोइस ने चाबुक के हैंडल का इस्तेमाल किया और बक पर जोरदार प्रहार किया।

Titubant sous le coup, Buck recula sous l'assaut.

वार से लड़खड़ाते हुए बक पीछे गिर पड़ा।

François frappait encore et encore tandis que Spitz punissait Pike.

फ्राँस्वा ने बार-बार प्रहार किया जबकि स्पिट्ज़ ने पाइक को दंडित किया।

Les jours passèrent et Dawson City se rapprocha de plus en plus.

दिन बीतते गए और डावसन सिटी नजदीक आती गई।

Buck n'arrêtait pas d'intervenir, se glissant entre le Spitz et les autres chiens.

बक लगातार हस्तक्षेप करता रहा, स्पिट्ज और अन्य कुत्तों के बीच से फिसलता रहा।

Il choisissait bien ses moments, attendant toujours que François parte.

उन्होंने अपने क्षणों का चयन बहुत अच्छे से किया, हमेशा फ्रांकोइस के जाने का इंतजार किया।

La rébellion silencieuse de Buck s'est propagée et le désordre a pris racine dans l'équipe.

बक का शांत विद्रोह फैल गया और टीम में अव्यवस्था फैल गई।

Dave et Solleks sont restés fidèles, mais d'autres sont devenus indisciplinés.

डेव और सोलेक्स वफादार बने रहे, लेकिन अन्य लोग अनियंत्रित हो गए।

L'équipe est devenue de plus en plus agitée, querelleuse et hors de propos.

टीम की हालत खराब होती गई - बेचैन, झगड़ालू और अनुशासनहीन।

Plus rien ne fonctionnait correctement et les bagarres devenaient courantes.

अब कोई भी काम सुचारू रूप से नहीं चलता था और झगड़े आम बात हो गई थी।

Buck est resté au cœur des troubles, provoquant toujours des troubles.

बक हमेशा परेशानी के केंद्र में रहा और हमेशा अशांति भड़काता रहा।

François restait vigilant, effrayé par le combat entre Buck et Spitz.

बक और स्पिट्ज के बीच लड़ाई के डर से फ़्राँस्वा सतर्क रहा।

Chaque nuit, des bagarres le réveillaient, craignant que le commencement n'arrive enfin.

हर रात झगड़े से वह जाग जाता था, इस डर से कि कहीं वह दिन आ ही न जाए।

Il sauta de sa robe, prêt à mettre fin au combat.

वह लड़ाई को रोकने के लिए अपने वस्त्र से उछल पड़ा।

Mais le moment n'arriva jamais et ils atteignirent finalement Dawson.

लेकिन वह क्षण कभी नहीं आया और अंततः वे डाउसन पहुंच गये।

L'équipe est entrée dans la ville un après-midi sombre, tendu et calme.

टीम एक उदास, तनावपूर्ण और शांत दोपहर में शहर में दाखिल हुई।

La grande bataille pour le leadership était encore en suspens dans l'air glacial.

नेतृत्व के लिए महान लड़ाई अभी भी ठंडी हवा में लटकी हुई है।

Dawson était rempli d'hommes et de chiens de traîneau, tous occupés à travailler.

डावसन में लोग और स्लेज-कुत्ते भरे हुए थे, सभी काम में व्यस्त थे।

Buck regardait les chiens tirer des charges du matin au soir.

बक सुबह से लेकर रात तक कुत्तों को बोझ खींचते देखता रहा।

Ils transportaient des bûches et du bois de chauffage et acheminaient des fournitures vers les mines.

वे लकड़ियाँ और जलाऊ लकड़ी ढोते थे, तथा खदानों तक रसद पहुँचाते थे।

Là où les chevaux travaillaient autrefois dans le Southland, les chiens travaillent désormais.

साउथलैंड में जहां पहले घोड़े काम करते थे, अब कुत्ते काम करते हैं।

Buck a vu quelques chiens du Sud, mais la plupart étaient des huskies ressemblant à des loups.

बक ने दक्षिण से आये कुछ कुत्तों को देखा, लेकिन उनमें से अधिकांश भेड़िये जैसे हस्की थे।

La nuit, comme une horloge, les chiens élevaient la voix pour chanter.

रात को, घड़ी की सुई की तरह, कुत्ते गाने की आवाजें ऊंची करते थे।

À neuf heures, à minuit et à nouveau à trois heures, les chants ont commencé.

नौ बजे, आधी रात को और फिर तीन बजे गाना शुरू हुआ।

Buck aimait se joindre à leur chant étrange, au son sauvage et ancien.

बक को उनके भयानक मंत्रोच्चार में शामिल होना अच्छा लगता था, जो जंगली और प्राचीन ध्वनि वाला था।

Les aurores boréales flamboyaient, les étoiles dansaient et la neige recouvrait le pays.

ध्रुवीय ज्योति प्रज्वलित हुई, तारे नाचने लगे, तथा धरती बर्फ से ढक गई।

Le chant des chiens s'éleva comme un cri contre le silence et le froid glacial.

कुत्तों का गाना सन्नाटे और कड़ाके की ठंड के खिलाफ चीख के रूप में उभरा।

Mais leur hurlement contenait de la tristesse, et non du défi, dans chaque longue note.

लेकिन उनकी चीख़ के हर लंबे स्वर में विरोध नहीं, बल्कि दुख छिपा था।

Chaque cri plaintif était plein de supplications, le fardeau de la vie elle-même.

हर करुण क्रंदन याचना से भरा था; जीवन का बोझ था।

Cette chanson était vieille, plus vieille que les villes et plus vieille que les incendies.

वह गीत पुराना था - शहरों से भी पुराना, और आग से भी पुराना

Cette chanson était encore plus ancienne que les voix des hommes.

वह गीत मनुष्यों की आवाजों से भी अधिक प्राचीन था।

C'était une chanson du monde des jeunes, quand toutes les chansons étaient tristes.

यह युवा दुनिया का एक गीत था, जब सभी गीत दुःखद होते थे।

La chanson portait la tristesse d'innombrables générations de chiens.

इस गीत में कुत्तों की अनगिनत पीढ़ियों का दुःख समाहित था।

Buck ressentait profondément la mélodie, gémissant de douleur enracinée dans les âges.

बक ने धुन को गहराई से महसूस किया, और सदियों पुरानी पीड़ा से कराह उठा।

Il sanglotait d'un chagrin aussi vieux que le sang sauvage dans ses veines.

वह उस दुःख से सिसक उठा जो उसकी रगों में बहते खून जितना पुराना था।

Le froid, l'obscurité et le mystère ont touché l'âme de Buck.

ठण्ड, अँधेरा और रहस्य ने बक की आत्मा को छू लिया।

Cette chanson prouvait à quel point Buck était revenu à ses origines.

उस गीत ने सिद्ध कर दिया कि बक अपने मूल की ओर कितनी दूर लौट आया था।

À travers la neige et les hurlements, il avait trouvé le début de sa propre vie.

बर्फ और चीख-पुकार के बीच उसने अपने जीवन की शुरुआत पा ली थी।

Sept jours après leur arrivée à Dawson, ils repartent.

डाउसन पहुंचने के सात दिन बाद वे एक बार फिर रवाना हुए।

L'équipe est descendue de la caserne jusqu'au sentier du Yukon.

टीम बैरकों से नीचे युकोन ट्रेल तक उतरी।

Ils ont commencé le voyage de retour vers Dyea et Salt Water.

उन्होंने डाया और साल्ट वाटर की ओर वापस यात्रा शुरू की।

Perrault portait des dépêches encore plus urgentes qu'auparavant.

पेरौल्ट पहले से भी अधिक जरूरी संदेश लेकर आए।

Il était également saisi par la fierté du sentier et avait pour objectif d'établir un record.

उनमें भी ट्रेल के प्रति गर्व की भावना थी और उन्होंने एक रिकार्ड स्थापित करने का लक्ष्य रखा।

Cette fois, plusieurs avantages étaient du côté de Perrault.

इस बार, कई लाभ पेरौल्ट के पक्ष में थे।

Les chiens s'étaient reposés pendant une semaine entière et avaient repris des forces.

कुत्तों ने पूरे एक सप्ताह तक आराम किया और अपनी ताकत वापस पा ली।

Le sentier qu'ils avaient ouvert était maintenant damé par d'autres.

जिस रास्ते को उन्होंने तोड़ा था, उसे अब दूसरों ने पक्का कर दिया है।

À certains endroits, la police avait stocké de la nourriture pour les chiens et les hommes.

कई स्थानों पर पुलिस ने कुत्तों और मनुष्यों दोनों के लिए भोजन का भंडारण किया था।

Perrault voyageait léger, se déplaçait rapidement et n'avait pas grand-chose pour l'alourdir.

पेरौल्ट हल्के सामान के साथ तेजी से यात्रा करते थे, उनका वजन बहुत कम था।

Ils ont atteint Sixty-Mile, une course de cinquante milles, dès la première nuit.

वे पहली रात तक पचास मील की दौड़, सिक्सटी-माइल, तक पहुंच गये।

Le deuxième jour, ils se sont précipités sur le Yukon en direction de Pelly.

दूसरे दिन, वे युकोन से पेली की ओर बढ़े।

Mais ces beaux progrès ont été accompagnés de beaucoup de difficultés pour François.

लेकिन इतनी अच्छी प्रगति फ़्रॉस्वा के लिए बहुत तनाव लेकर आई।

La rébellion silencieuse de Buck avait brisé la discipline de l'équipe.

बक के शांत विद्रोह ने टीम के अनुशासन को तहस-नहस कर दिया था।

Ils ne se rassemblaient plus comme une seule bête dans les rênes.

वे अब एक जानवर की तरह एक साथ नहीं खींचे जाते थे।

Buck avait conduit d'autres personnes à la défiance par son exemple audacieux.

बक ने अपने साहसिक उदाहरण के माध्यम से दूसरों को विद्रोह की ओर प्रेरित किया था।

L'ordre de Spitz n'a plus été accueilli avec crainte ou respect.

स्पिट्ज़ के आदेश को अब भय या सम्मान के साथ नहीं देखा जाता था।

Les autres ont perdu leur respect pour lui et ont osé résister à son règne.

अन्य लोगों का उससे भय समाप्त हो गया और उन्होंने उसके शासन का विरोध करने का साहस किया।

Une nuit, Pike a volé la moitié d'un poisson et l'a mangé sous les yeux de Buck.

एक रात, पाइक ने आधी मछली चुरा ली और बक की नजरों के सामने उसे खा गया।

Une autre nuit, Dub et Joe se sont battus contre Spitz et sont restés impunis.

एक और रात, डब और जो ने स्पिट्ज़ से लड़ाई की और उन्हें सजा नहीं मिली।

Même Billee gémissait moins doucement et montrait une nouvelle vivacité.

यहां तक कि बिली की भी शिकायत कम मीठी हो गई और उसमें नया तीखापन आ गया।

Buck grognait sur Spitz à chaque fois qu'ils se croisaient.

हर बार जब वे दोनों एक दूसरे के सामने पड़ते तो बक स्पिट्ज पर गुर्राहट करता।

L'attitude de Buck devint audacieuse et menaçante, presque comme celle d'un tyran.

बक का रवैया दुस्साहसी और धमकी भरा हो गया, लगभग एक बदमाश जैसा।

Il marchait devant Spitz avec une démarche assurée, pleine de menace moqueuse.

वह स्पिट्ज के सामने अकड़कर, पूरी तरह से उपहासपूर्ण धमकी के साथ चला।

Cet effondrement de l'ordre s'est également propagé parmi les chiens de traîneau.

व्यवस्था का यह पतन स्लेज-कुत्तों में भी फैल गया।

Ils se battaient et se disputaient plus que jamais, remplissant le camp de bruit.

वे पहले से भी अधिक लड़ने और बहस करने लगे, जिससे शिविर शोर से भर गया।

La vie au camp se transformait chaque nuit en un chaos sauvage et hurlant.

शिविर का जीवन प्रत्येक रात जंगली, चीख-पुकार वाली अराजकता में बदल गया।

Seuls Dave et Solleks sont restés stables et concentrés.

केवल डेव और सोलेक्स ही स्थिर और केंद्रित रहे।

Mais même eux sont devenus colériques à cause des bagarres incessantes.

लेकिन लगातार झगड़ों से वे भी चिड़चिड़े हो गए।

François jurait dans des langues étranges et piétinait de frustration.

फ़ाँस्वा अजीब-अजीब भाषा में गालियाँ दे रहा था और हताशा में पैरों से ठोकरें खा रहा था।

Il s'arrachait les cheveux et criait tandis que la neige volait sous ses pieds.

वह अपने बाल नोचता हुआ चिल्ला रहा था, जबकि उसके पैरों के नीचे बर्फ उड़ रही थी।

Son fouet claqua sur le groupe, mais parvint à peine à les maintenir en ligne.

उसका चाबुक झुंड पर टूट पड़ा, लेकिन वह उन्हें बड़ी मुश्किल से लाइन में रख पाया।

Chaque fois qu'il tournait le dos, les combats reprenaient.

जब भी वह पीठ फेरता, लड़ाई फिर शुरू हो जाती।

François a utilisé le fouet pour Spitz, tandis que Buck a dirigé les rebelles.

फ़ाँस्वा ने स्पिट्ज़ के लिए चाबुक का प्रयोग किया, जबकि बक ने विद्रोहियों का नेतृत्व किया।

Chacun connaissait le rôle de l'autre, mais Buck évitait tout blâme.

दोनों को एक-दूसरे की भूमिका का पता था, लेकिन बक ने किसी पर भी दोष नहीं लगाया।

François n'a jamais surpris Buck en train de provoquer une bagarre ou de se dérober à son travail.

फ़ाँस्वा ने कभी भी बक को झगड़ा करते या अपने काम से बचते नहीं देखा।

Buck travaillait dur sous le harnais – le travail lui faisait désormais vibrer l'esprit.

बक ने कड़ी मेहनत की - अब यह परिश्रम उसकी आत्मा को रोमांचित कर रहा था।

Mais il trouvait encore plus de joie à provoquer des bagarres et du chaos dans le camp.

लेकिन शिविर में झगड़े और अराजकता फैलाने में उसे और भी अधिक आनंद मिलता था।

Un soir, à l'embouchure du Tahkeena, Dub fit sursauter un lapin.

एक शाम तहकीना के मुँह पर डब ने एक खरगोश को चौंका दिया।

Il a raté la prise et le lièvre d'Amérique s'est enfui.

वह शिकार करने से चूक गया और स्नोशू खरगोश उछलकर दूर चला गया।

En quelques secondes, toute l'équipe de traîneau s'est lancée à sa poursuite en poussant des cris sauvages.

कुछ ही सेकंड में पूरी स्लेज टीम ने जंगली चीखें मारते हुए उनका पीछा किया।

À proximité, un camp de la police du Nord-Ouest abritait une cinquantaine de chiens huskys.

पास में ही उत्तर-पश्चिम पुलिस शिविर में पचास हस्की कुत्ते रखे गए थे।

Ils se sont joints à la chasse, descendant ensemble la rivière gelée.

वे शिकार में शामिल हो गए, और जमी हुई नदी में एक साथ आगे बढ़ने लगे।

Le lapin a quitté la rivière et s'est enfui dans le lit d'un ruisseau gelé.

खरगोश नदी से दूर चला गया और एक जमे हुए नाले की ओर भाग गया।

Le lapin sautait légèrement sur la neige tandis que les chiens peinaient à se frayer un chemin.

खरगोश बर्फ पर हल्के से उछल रहा था, जबकि कुत्ते संघर्ष कर रहे थे।

Buck menait l'énorme meute de soixante chiens dans chaque virage sinueux.

बक ने साठ कुत्तों के विशाल समूह को प्रत्येक घुमावदार मोड़ पर ले गया।

Il avança, bas et impatient, mais ne put gagner du terrain.

वह आगे बढ़ा, नीचे झुका और उत्सुक था, लेकिन आगे नहीं बढ़ सका।

Son corps brillait sous la lune pâle à chaque saut puissant.

प्रत्येक शक्तिशाली छलांग के साथ उसका शरीर पीले चाँद के नीचे चमक उठता था।

Devant, le lapin se déplaçait comme un fantôme, silencieux et trop rapide pour être attrapé.

आगे खरगोश भूत की तरह चल रहा था, चुपचाप और इतनी तेज कि उसे पकड़ना मुश्किल था।

Tous ces vieux instincts – la faim, le frisson – envahirent Buck.

वे सभी पुरानी प्रवृत्तियाँ - भूख, रोमांच - बक के भीतर उमड़ पड़ीं।

Les humains ressentent parfois cet instinct et sont poussés à chasser avec une arme à feu et des balles.

मनुष्य कभी-कभी इस प्रवृत्ति को महसूस करता है, तथा बंदूक और गोली से शिकार करने के लिए प्रेरित होता है।

Mais Buck ressentait ce sentiment à un niveau plus profond et plus personnel.

लेकिन बक ने इस भावना को अधिक गहरे और व्यक्तिगत स्तर पर महसूस किया।

Ils ne pouvaient pas ressentir la nature sauvage dans leur sang comme Buck pouvait la ressentir.

वे अपने खून में जंगलीपन को उस तरह महसूस नहीं कर सकते थे जिस तरह बक महसूस कर सकता था।

Il chassait la viande vivante, prêt à tuer avec ses dents et à goûter le sang.

वह जीवित मांस का पीछा करता था, अपने दांतों से मारने और खून का स्वाद चखने के लिए तैयार रहता था।

Son corps se tendait de joie, voulant se baigner dans la vie rouge et chaude.

उसका शरीर खुशी से तना हुआ था, वह गर्म लाल जीवन में स्नान करना चाहता था।

Une joie étrange marque le point le plus élevé que la vie puisse atteindre.

एक अजीब सी खुशी जीवन के उच्चतम बिंदु को चिह्नित करती है।

La sensation d'un pic où les vivants oublient même qu'ils sont en vie.

एक शिखर की अनुभूति जहां जीवित लोग भूल जाते हैं कि वे जीवित भी हैं।

Cette joie profonde touche l'artiste perdu dans une inspiration fulgurante.

यह गहन आनन्द प्रज्वलित प्रेरणा में खोए हुए कलाकार को छू लेता है।

Cette joie saisit le soldat qui se bat avec acharnement et n'épargne aucun ennemi.

यह आनन्द उस सैनिक को प्राप्त होता है जो बेतहाशा लड़ता है और किसी भी शत्रु को नहीं छोड़ता।

Cette joie s'empara alors de Buck alors qu'il menait la meute dans une faim primitive.

इस खुशी ने अब बक को भी अपनी गिरफ्त में ले लिया क्योंकि वह आदिम भूख में सबसे आगे था।

Il hurla avec le cri ancien du loup, ravi par la chasse vivante.

वह जीवित पीछा से रोमांचित होकर प्राचीन भेड़िया-चीख के साथ चिल्लाया।

Buck a puisé dans la partie la plus ancienne de lui-même, perdue dans la nature.

बक ने अपने सबसे पुराने हिस्से को याद किया, जो जंगल में खोया हुआ था।

Il a puisé au plus profond de lui-même, au-delà de la mémoire, dans le temps brut et ancien.

वह अतीत की गहरी स्मृतियों, कच्चे, प्राचीन समय में पहुंच गया।

Une vague de vie pure a traversé chaque muscle et chaque tendon.

प्रत्येक मांसपेशी और स्नायु में शुद्ध जीवन की लहर दौड़ गयी।

Chaque saut criait qu'il vivait, qu'il traversait la mort.

प्रत्येक छलांग यह बताती थी कि वह जीवित है, वह मृत्यु से होकर गुजर रहा है।

Son corps s'élevait joyeusement au-dessus d'une terre calme et froide qui ne bougeait jamais.

उसका शरीर आनन्दपूर्वक उस स्थिर, ठण्डी भूमि पर उड़ रहा था जो कभी हिलती नहीं थी।

Spitz est resté froid et rusé, même dans ses moments les plus fous.

स्पिट्ज़ अपने सबसे उग्र क्षणों में भी ठंडे और चालाक बने रहे।

Il quitta le sentier et traversa un terrain où le ruisseau formait une large courbe.

वह पगडंडी छोड़कर उस भूमि को पार कर गया जहां एक नाला चौड़ा होकर मुड़ गया था।

Buck, inconscient de cela, resta sur le chemin sinueux du lapin.

बक इस बात से अनजान होकर खरगोश के घुमावदार रास्ते पर ही रुका रहा।

Puis, alors que Buck tournait un virage, le lapin fantomatique était devant lui.

फिर, जैसे ही बक एक मोड़ पर पहुंचा, भूत जैसा खरगोश उसके सामने आ गया।

Il vit une deuxième silhouette sauter de la berge devant la proie.

उसने देखा कि शिकार से पहले एक दूसरा व्यक्ति किनारे से छलांग लगाकर आगे बढ़ रहा है।

La silhouette était celle d'un Spitz, atterrissant juste sur le chemin du lapin en fuite.

वह आकृति स्पिट्ज़ थी, जो भागते हुए खरगोश के रास्ते में आकर रुकी थी।

Le lapin ne pouvait pas se retourner et a rencontré les mâchoires de Spitz en plein vol.

खरगोश मुड़ नहीं सका और हवा में ही स्पिट्ज के जबड़े में फंस गया।

La colonne vertébrale du lapin se brisa avec un cri aussi aigu que le cri d'un humain mourant.

खरगोश की रीढ़ की हड्डी एक ऐसी चीख के साथ टूट गई जो किसी मरते हुए इंसान की चीख के समान थी।

À ce bruit – la chute de la vie à la mort – la meute hurla fort.

उस ध्वनि पर - जीवन से मृत्यु की ओर गिरावट - झुंड जोर से चिल्लाया।

Un chœur sauvage s'éleva derrière Buck, plein de joie sombre.

बक के पीछे से एक क्रूर कोरस गूंज उठा, जो अंधकारमय खुशी से भरा था।

Buck n'a émis aucun cri, aucun son, et a chargé directement Spitz.

बक ने न तो कोई चीख़ी, न ही कोई आवाज़ की, और सीधे स्पिट्ज़ पर हमला कर दिया।

Il a visé la gorge, mais a touché l'épaule à la place.

उसने गला दबाने पर निशाना साधा, लेकिन कंधे पर वार हुआ।

Ils dégringolèrent dans la neige molle, leurs corps bloqués dans le combat.

वे नरम बर्फ में लुढ़क रहे थे; उनके शरीर युद्ध में बंधे हुए थे।

Spitz se releva rapidement, comme s'il n'avait jamais été renversé.

स्पिट्ज़ इतनी तेजी से उछला, मानो कभी गिरा ही न हो।

Il a entaillé l'épaule de Buck, puis s'est éloigné du combat.

उसने बक के कंधे पर वार किया और फिर लड़ाई से बाहर निकल गया।

À deux reprises, ses dents claquèrent comme des pièges en acier, ses lèvres se retroussèrent et devinrent féroces.

दो बार उसके दांत स्टील के जाल की तरह चटक गए, होठ मुड़े हुए और भयंकर थे।

Il recula lentement, cherchant un sol ferme sous ses pieds.

वह धीरे-धीरे पीछे हटा और अपने पैरों के नीचे ठोस ज़मीन तलाशने लगा।

Buck a compris le moment instantanément et pleinement.

बक ने उस क्षण को तुरन्त और पूरी तरह से समझ लिया।

Le moment était venu ; le combat allait être un combat à mort.

समय आ गया था; लड़ाई मौत तक की लड़ाई होने जा रही थी।

Les deux chiens tournaient en rond, grognant, les oreilles plates, les yeux plissés.

दोनों कुत्ते चक्कर लगाते हुए, गुर्राते हुए, कान चपटे और आंखें सिकोड़ते हुए घूम रहे थे।

Chaque chien attendait que l'autre montre une faiblesse ou fasse un faux pas.

प्रत्येक कुत्ता दूसरे के कमजोरी दिखाने या गलत कदम उठाने का इंतजार करता था।

Pour Buck, la scène semblait étrangement connue et profondément ancrée dans ses souvenirs.

बक को यह दृश्य भयावह रूप से ज्ञात और गहराई से याद था।

Les bois blancs, la terre froide, la bataille au clair de lune.

सफ़ेद जंगल, ठंडी धरती, चाँदनी रात में लड़ाई।

Un silence pesant emplissait le pays, profond et contre nature.

धरती पर एक भारी, गहरी और अप्राकृतिक शांति छा गई।

Aucun vent ne soufflait, aucune feuille ne bougeait, aucun bruit ne brisait le silence.

न हवा चली, न पत्ता हिला, न कोई आवाज शांति को भंग कर सकी।

Le souffle des chiens s'élevait comme de la fumée dans l'air glacial et calme.

कुत्तों की साँसें जमी हुई, शांत हवा में धुएँ की तरह उठ रही थीं।

Le lapin a été depuis longtemps oublié par la meute de bêtes sauvages.

खरगोश को जंगली जानवरों के झुंड ने बहुत पहले ही भूल दिया था।

Ces loups à moitié apprivoisés se tenaient maintenant immobiles dans un large cercle.

ये अर्ध-पालतू भेड़िये अब एक बड़े घेरे में स्थिर खड़े थे।

Ils étaient silencieux, seuls leurs yeux brillants révélaient leur faim.

वे चुप थे, केवल उनकी चमकती आँखों से उनकी भूख का पता चल रहा था।

Leur souffle s'éleva, regardant le combat final commencer.

अंतिम लड़ाई शुरू होते देख उनकी सांसें ऊपर की ओर उठने लगीं।

Pour Buck, cette bataille était ancienne et attendue, pas du tout étrange.

बक के लिए यह लड़ाई पुरानी और अपेक्षित थी, बिल्कुल भी अजीब नहीं थी।

C'était comme un souvenir de quelque chose qui devait arriver depuis toujours.

ऐसा महसूस हुआ जैसे किसी ऐसी बात की याद आ रही है जो हमेशा घटित होनी ही थी।

Le Spitz était un chien de combat entraîné, affiné par d'innombrables bagarres sauvages.

स्पिट्ज़ एक प्रशिक्षित लड़ाकू कुत्ता था, जो अनगिनत जंगली लड़ाइयों से प्रशिक्षित था।

Du Spitzberg au Canada, il a vaincu de nombreux ennemis.

स्पिट्सबर्गेन से लेकर कनाडा तक उन्होंने कई शत्रुओं पर विजय प्राप्त की थी।

Il était rempli de fureur, mais n'a jamais cédé au contrôle de la rage.

वह क्रोध से भरा हुआ था, लेकिन उसने कभी क्रोध पर नियंत्रण नहीं किया।

Sa passion était vive, mais toujours tempérée par un instinct dur.

उनका जुनून तीव्र था, लेकिन हमेशा कठोर प्रवृत्ति से संयमित रहता था।

Il n'a jamais attaqué jusqu'à ce que sa propre défense soit en place.

जब तक उसकी अपनी सुरक्षा व्यवस्था नहीं हो गई, उसने कभी आक्रमण नहीं किया।

Buck a essayé encore et encore d'atteindre le cou vulnérable de Spitz.

बक ने स्पिट्ज़ की कमजोर गर्दन तक पहुंचने की बार-बार कोशिश की।

Mais chaque coup était accueilli par un coup des dents acérées de Spitz.

लेकिन हर वार का जवाब स्पिट्ज़ के तीखे दांतों से वार से मिलता था।

Leurs crocs se sont heurtés et les deux chiens ont saigné de leurs lèvres déchirées.

उनके नुकीले दांत आपस में टकराये और दोनों कुत्तों के फटे होठों से खून बहने लगा।

Peu importe comment Buck s'est lancé, il n'a pas pu briser la défense.

बक ने चाहे जितना भी प्रयास किया, वह रक्षा पंक्ति को भेद नहीं सका।

Il devint de plus en plus furieux, se précipitant avec des explosions de puissance sauvages.

वह और अधिक क्रोधित हो गया, और शक्ति के बेतहाशा प्रहारों के साथ आगे बढ़ा।

À maintes reprises, Buck frappait la gorge blanche du Spitz.

बक ने बार-बार स्पिट्ज के सफेद गले पर हमला किया।

À chaque fois, Spitz esquivait et riposta avec une morsure tranchante.

हर बार स्पिट्ज़ बच निकलता और जोरदार वार करता।

Buck changea alors de tactique, se précipitant à nouveau comme pour atteindre la gorge.

फिर बक ने रणनीति बदली, और फिर से गला काटने के लिए दौड़ा।

Mais il s'est retiré au milieu de l'attaque, se tournant pour frapper sur le côté.

लेकिन उन्होंने आक्रमण के बीच में ही पीछे हटकर, बगल से वार करने का प्रयास किया।

Il a lancé son épaule sur Spitz, dans le but de le faire tomber.

उसने स्पिट्ज़ को गिराने के लिए अपना कंधा उस पर मारा।

À chaque fois qu'il essayait, Spitz esquivait et ripostait avec une frappe.

हर बार जब उसने प्रयास किया, स्पिट्ज ने चकमा दे दिया और वार करके जवाब दिया।

L'épaule de Buck était à vif alors que Spitz s'écartait après chaque coup.

बक का कंधा जख्मी हो गया क्योंकि स्पिट्ज़ हर प्रहार के बाद छलांग लगाकर दूर निकल जाता था।

Spitz n'avait pas été touché, tandis que Buck saignait de nombreuses blessures.

स्पिट्ज़ को छुआ तक नहीं गया था, जबकि बक के कई घाव से खून बह रहा था।

La respiration de Buck était rapide et lourde, son corps était couvert de sang.

बक की सांसें तेज़ और भारी हो गईं, उसका शरीर खून से लथपथ हो गया।

Le combat devenait plus brutal à chaque morsure et à chaque charge.

प्रत्येक हमले और आक्रमण के साथ लड़ाई और अधिक क्रूर होती गई।

Autour d'eux, soixante chiens silencieux attendaient le premier à tomber.

उनके चारों ओर साठ खामोश कुत्ते पहले गिरने का इंतजार कर रहे थे।

Si un chien tombait, la meute allait mettre fin au combat.

यदि एक भी कुत्ता गिर जाता तो पूरा झुंड लड़ाई ख़त्म कर देता।

Spitz vit Buck faiblir et commença à attaquer.

स्पिट्ज़ ने बक को कमजोर होते देखा और आक्रमण तेज कर दिया।

Il a maintenu Buck en déséquilibre, le forçant à lutter pour garder pied.

उन्होंने बक का संतुलन बिगाड़ दिया, जिससे उसे पैर जमाने के लिए संघर्ष करना पड़ा।

Un jour, Buck trébucha et tomba, et tous les chiens se relevèrent.

एक बार बक लड़खड़ाकर गिर पड़ा, और सभी कुते उठ खड़े हुए।

Mais Buck s'est redressé au milieu de sa chute, et tout le monde s'est affalé.

लेकिन बक ने गिरते समय अपने आप को सीधा कर लिया, और सभी लोग वापस नीचे गिर गए।

Buck avait quelque chose de rare : une imagination née d'un instinct profond.

बक के पास एक दुर्लभ चीज़ थी - गहरी सहज प्रवृत्ति से पैदा हुई कल्पनाशक्ति।

Il combattait par instinct naturel, mais aussi par ruse.

वह स्वाभाविक प्रेरणा से लड़ा, लेकिन उसने चालाकी से भी लड़ाई लड़ी।

Il chargea à nouveau comme s'il répétait son tour d'attaque à l'épaule.

वह फिर से उस पर टूट पड़ा, मानो वह कंधे से हमला करने की अपनी चाल दोहरा रहा हो।

Mais à la dernière seconde, il s'est laissé tomber et a balayé Spitz.

लेकिन आखिरी क्षण में वह नीचे गिर गया और स्पिट्ज के नीचे चला गया।

Ses dents se sont bloquées sur la patte avant gauche de Spitz avec un claquement.

उसके दांत स्पिट्ज के बाएं अगले पैर पर एक झटके से गड़ गए।

Spitz était maintenant instable, son poids reposant sur seulement trois pattes.

स्पिट्ज़ अब अस्थिर होकर खड़ा था, उसका भार केवल तीन पैरों पर था।

Buck frappa à nouveau, essaya trois fois de le faire tomber.

बक ने फिर हमला किया, उसे नीचे गिराने की तीन बार कोशिश की।

À la quatrième tentative, il a utilisé le même mouvement avec succès.

चौथे प्रयास में उन्होंने यही चाल सफलतापूर्वक अपनाई

Cette fois, Buck a réussi à mordre la jambe droite du Spitz.

इस बार बक स्पिट्ज के दाहिने पैर को काटने में कामयाब हो गया।

Spitz, bien que paralysé et souffrant, continuait à lutter pour survivre.

स्पिट्ज़ अपंग और पीड़ा में होने के बावजूद जीवित रहने के लिए संघर्ष करता रहा।

Il vit le cercle de huskies se resserrer, la langue tirée, les yeux brillants.

उसने देखा कि हस्की पक्षियों का घेरा कस गया, उनकी जीभें बाहर निकल आईं, उनकी आंखें चमक उठीं।

Ils attendaient de le dévorer, comme ils l'avaient fait pour les autres.

वे उसे निगलने की प्रतीक्षा में थे, जैसा उन्होंने दूसरों के साथ किया था।

Cette fois, il se tenait au centre, vaincu et condamné.

इस बार वह पराजित और पराजित होकर बीच में खड़ा था।

Le chien blanc n'avait désormais plus aucune possibilité de s'échapper.

अब सफ़ेद कुत्ते के पास भागने का कोई विकल्प नहीं था।

Buck n'a montré aucune pitié, car la pitié n'avait pas sa place dans la nature.

बक ने कोई दया नहीं दिखाई, क्योंकि दया जंगल में नहीं होती।

Buck se déplaçait prudemment, se préparant à la charge finale.

बक ने अंतिम आक्रमण की तैयारी करते हुए सावधानीपूर्वक कदम बढ़ाया।

Le cercle des huskies se referma ; il sentit leur souffle chaud.

हस्की पक्षियों का घेरा उसके करीब आ गया; उसने उनकी गर्म साँसें महसूस कीं।

Ils s'accroupirent, prêts à bondir lorsque le moment viendrait.

वे नीचे झुक गए, ताकि जब भी मौका मिले, वे उछलने के लिए तैयार रहें।

Spitz tremblait dans la neige, grognant et changeant de position.

स्पिट्ज़ बर्फ में कांप रहा था, गुर्रा रहा था और अपना रुख बदल रहा था।

Ses yeux brillaient, ses lèvres se courbaient, ses dents brillaient dans une menace désespérée.

उसकी आँखें चमक रही थीं, होठ सिकुड़े हुए थे, और दांत चमक रहे थे, जिससे उसे धमकी मिल रही थी।

Il tituba, essayant toujours de résister à la morsure froide de la mort.

वह लड़खड़ा रहा था, अभी भी मौत के ठण्डे दंश को रोकने की कोशिश कर रहा था।

Il avait déjà vu cela auparavant, mais toujours du côté des gagnants.

उन्होंने ऐसा पहले भी देखा था, लेकिन हमेशा जीतने वाले पक्ष से।

Il était désormais du côté des perdants, des vaincus, de la proie, de la mort.

अब वह हारने वाले पक्ष में था; पराजित; शिकार; मृत्यु।

Buck tourna en rond pour porter le coup final, le cercle de chiens se rapprochant.

बक ने अंतिम प्रहार के लिए चक्कर लगाया, कुत्तों का घेरा उसके करीब आ गया।

Il pouvait sentir leur souffle chaud, prêt à tuer.

वह उनकी गर्म साँसों को महसूस कर सकता था; वे हत्या के लिए तैयार थे।

Un silence s'installa ; tout était à sa place ; le temps s'était arrêté.

एक शांति छा गई; सब कुछ अपनी जगह पर था; समय रुक गया था।

Même l'air froid entre eux se figea un dernier instant.

यहां तक कि उनके बीच की ठंडी हवा भी एक आखिरी क्षण के लिए रुक गई।

Seul Spitz bougea, essayant de retenir sa fin amère.

केवल स्पिट्ज़ ही आगे बढ़ा, अपने कड़वे अंत को रोकने की कोशिश कर रहा था।

Le cercle des chiens se refermait autour de lui, comme l'était son destin.

कुत्तों का घेरा उसके चारों ओर घिरता जा रहा था, और यही उसकी नियति भी थी।

Il était désespéré maintenant, sachant ce qui allait se passer.

अब वह हताश था, क्योंकि उसे मालूम था कि आगे क्या होने वाला है।

Buck bondit, épaule contre épaule une dernière fois.

बक उछलकर आया, और आखिरी बार उसका कंधा उससे टकराया।

Les chiens se sont précipités en avant, couvrant Spitz dans l'obscurité neigeuse.

कुत्ते आगे बढ़े और स्पिट्ज़ को बर्फ़ीले अंधेरे में ढक दिया।

Buck regardait, debout, le vainqueur dans un monde sauvage.

बक खड़ा होकर देख रहा था, एक जंगली दुनिया में विजेता।

La bête primordiale dominante avait fait sa proie, et c'était bien.

प्रमुख आदिम पशु ने अपना शिकार कर लिया था, और यह अच्छा था।

Celui qui a gagné la maîtrise
वह, जिसने महारथ हासिल कर ली है

« Hein ? Qu'est-ce que j'ai dit ? Je dis vrai quand je dis que Buck est un démon. »

"अरे? मैंने क्या कहा? मैं सच कहता हूँ जब मैं कहता हूँ कि बक एक शैतान है।"

François a dit cela le lendemain matin après avoir constaté la disparition de Spitz.

फ्रांकोइस ने यह बात अगली सुबह स्पिट्ज के लापता होने के बाद कही।

Buck se tenait là, couvert de blessures dues au combat acharné.

बक वहीं खड़ा था, भयंकर लड़ाई के घावों से लथपथ।

François tira Buck près du feu et lui montra les blessures.

फ्राँस्वा ने बक को आग के पास खींचा और चोटों की ओर इशारा किया।

« Ce Spitz s'est battu comme le Devik », dit Perrault en observant les profondes entailles.

"उस स्पिट्ज़ ने डेविक की तरह लड़ाई लड़ी," पेरौल्ट ने गहरे घावों को देखते हुए कहा।

« Et ce Buck s'est battu comme deux diables », répondit aussitôt François.

"और बक ने दो शैतानों की तरह लड़ाई की," फ्राँस्वा ने तुरंत जवाब दिया।

« Maintenant, nous allons faire du bon temps ; plus de Spitz, plus de problèmes. »

"अब हम अच्छा समय बिताएंगे; कोई स्पिट्ज नहीं, कोई परेशानी नहीं।"

Perrault préparait le matériel et chargeait le traîneau avec soin.

पेरौल्ट सामान पैक कर रहा था और उसने स्लेज पर सावधानीपूर्वक सामान लादा।

François a attelé les chiens en prévision de la course du jour.

फ़ाँस्वा ने दिन की दौड़ के लिए तैयारी में कुत्तों को तैयार किया।

Buck a trotté directement vers la position de tête autrefois détenue par Spitz.

बक सीधे उस अग्रणी स्थान पर पहुंच गए, जो पहले स्पिट्ज के पास था।

Mais François, sans s'en apercevoir, conduisit Solleks vers l'avant.

लेकिन फ़ाँस्वा ने इस पर ध्यान न देते हुए सोलेक्स को आगे की ओर ले गया।

Aux yeux de François, Solleks était désormais le meilleur chien de tête.

फ़ाँस्वा के अनुसार, सोलेक्स अब सबसे अच्छा नेतृत्वकर्ता कुत्ता था।

Buck se jeta sur Solleks avec fureur et le repoussa en signe de protestation.

बक ने क्रोध में आकर सोलेक्स पर हमला किया और विरोध स्वरूप उसे पीछे खदेड़ दिया।

Il se tenait là où Spitz s'était autrefois tenu, revendiquant la position de leader.

वह वहीं खड़े थे जहां कभी स्पिट्ज़ खड़े थे, और उन्होंने अग्रणी स्थान प्राप्त कर लिया।

« Hein ? Hein ? » s'écria François en se frappant les cuisses d'un air amusé.

"एह? एह?" फ़ाँस्वा ने खुशी से अपनी जांघें थपथपाते हुए कहा।

« Regardez Buck, il a tué Spitz, et maintenant il veut prendre le poste ! »

"बक को देखो - उसने स्पिट्ज़ को मार डाला, अब वह नौकरी लेना चाहता है!"

« Va-t'en, Chook ! » cria-t-il, essayant de chasser Buck.

"चले जाओ, चूक!" वह चिल्लाया, बक को भगाने की कोशिश करते हुए।

Mais Buck refusa de bouger et resta ferme dans la neige.

लेकिन बक ने हिलने से इनकार कर दिया और बर्फ में डटा रहा।

François attrapa Buck par la peau du cou et le tira sur le côté.

फ्रॉंस्वा ने बक को पकड़ लिया और उसे एक तरफ़ खींच लिया।

Buck grogna bas et menaçant mais n'attaqua pas.

बक ने धीमी आवाज में धमकी भरे अंदाज में गुर्राहट की, लेकिन हमला नहीं किया।

François a remis Solleks en tête, tentant de régler le différend

फ्रॉंस्वा ने विवाद को सुलझाने की कोशिश करते हुए सोलेक्स को फिर से आगे कर दिया

Le vieux chien avait peur de Buck et ne voulait pas rester.

बूढ़ा कुता बक से डर गया और वहाँ रुकना नहीं चाहता था।

Quand François lui tourna le dos, Buck chassa à nouveau Solleks.

जब फ्रांकोइस ने अपनी पीठ मोड़ ली, तो बक ने सोलेक्स को फिर से बाहर निकाल दिया।

Solleks n'a pas résisté et s'est discrètement écarté une fois de plus.

सोलेक्स ने कोई प्रतिरोध नहीं किया और एक बार फिर चुपचाप एक तरफ हट गया।

François s'est mis en colère et a crié : « Par Dieu, je te répare ! »

फ़्रॉंस्वा क्रोधित हो गया और चिल्लाया, "भगवान की कसम, मैं तुम्हें ठीक कर दूँगा!"

Il s'approcha de Buck en tenant une lourde massue à la main.

वह अपने हाथ में एक भारी डंडा पकड़े हुए बक की ओर आया।

Buck se souvenait bien de l'homme au pull rouge.

बक को लाल स्वेटर वाला आदमी अच्छी तरह याद था।

Il recula lentement, observant François, mais grognant profondément.

वह धीरे-धीरे पीछे हटा, फ़्रॉंस्वा को देखता रहा, लेकिन गहरी गड़गड़ाहट के साथ।

Il ne s'est pas précipité en arrière, même lorsque Solleks s'est levé à sa place.

वह पीछे नहीं भागा, तब भी जब सोलेक्स अपनी जगह पर खड़ा था।

Buck tourna en rond juste hors de portée, grognant de fureur et de protestation.

बक क्रोध और विरोध में गुर्राते हुए, पहुंच से बाहर चक्कर लगाने लगा।

Il gardait les yeux fixés sur le gourdin, prêt à esquiver si François lançait.

उन्होंने अपनी नजर क्लब पर गड़ाए रखी, ताकि यदि फ्रांकोइस गेंद फेंके तो वे उसे चकमा दे सकें।

Il était devenu sage et prudent quant aux manières des hommes armés.

वह समझदार हो गया था और हथियारबंद लोगों के तौर-तरीकों के प्रति सतर्क हो गया था।

François abandonna et rappela Buck à son ancienne place.

फ़्रॉंस्वा ने हार मान ली और बक को पुनः अपने पुराने स्थान पर बुला लिया।

Mais Buck recula prudemment, refusant d'obéir à l'ordre.

लेकिन बक ने आदेश का पालन करने से इनकार करते हुए सावधानी से कदम पीछे खींच लिए।

François le suivit, mais Buck ne recula que de quelques pas supplémentaires.

फ्राँस्वा ने उसका पीछा किया, लेकिन बक कुछ ही कदम पीछे हटा।

Après un certain temps, François jeta l'arme par frustration.

कुछ समय बाद फ्रांकोइस ने हताश होकर हथियार नीचे फेंक दिया।

Il pensait que Buck craignait d'être battu et qu'il allait venir tranquillement.

उसने सोचा कि बक को पिटाई का डर है और वह चुपचाप आ जाएगा।

Mais Buck n'évitait pas la punition : il se battait pour son rang.

लेकिन बक सज़ा से बच नहीं रहा था - वह पद के लिए लड़ रहा था।

Il avait gagné la place de chien de tête grâce à un combat à mort.

उन्होंने मौत तक की लड़ाई के माध्यम से प्रमुख कुत्ते का स्थान अर्जित किया था

il n'allait pas se contenter de moins que d'être le leader.

वह नेता बनने से कम किसी भी चीज़ पर समझौता करने वाला नहीं था।

Perrault a participé à la poursuite pour aider à attraper le Buck rebelle.

विद्रोही बक को पकड़ने में मदद करने के लिए पेरौल्ट ने भी उनका साथ दिया।

Ensemble, ils l'ont fait courir dans le camp pendant près d'une heure.

दोनों ने मिलकर उसे लगभग एक घंटे तक शिविर में घुमाया।

Ils lui lancèrent des coups de massue, mais Buck les esquiva habilement.

उन्होंने उस पर लाठियाँ फेंकी, लेकिन बक ने उनमें से प्रत्येक को कुशलतापूर्वक चकमा दे दिया।

Ils l'ont maudit, lui, ses ancêtres, ses descendants et chaque cheveu de sa personne.

उन्होंने उसे, उसके पूर्वजों को, उसके वंशजों को और उसके प्रत्येक बाल को शाप दिया।

Mais Buck se contenta de gronder en retour et resta hors de leur portée.

लेकिन बक ने केवल गुर्राहट के साथ जवाब दिया और उनकी पहुंच से बाहर रहा।

Il n'a jamais essayé de s'enfuir mais a délibérément tourné autour du camp.

उसने कभी भागने की कोशिश नहीं की, बल्कि जानबूझकर शिविर का चक्कर लगाता रहा।

Il a clairement fait savoir qu'il obéirait une fois qu'ils lui auraient donné ce qu'il voulait.

उन्होंने स्पष्ट कर दिया कि एक बार उन्हें जो चाहिए वह दे दिया जाए तो वह उनकी बात मान लेंगे।

François s'est finalement assis et s'est gratté la tête avec frustration.

फ़्रांस्वा अंततः बैठ गया और निराशा में अपना सिर खुजलाने लगा।

Perrault consulta sa montre, jura et marmonna à propos du temps perdu.

पेरौल्ट ने अपनी घड़ी देखी, कसम खाई, और खोए हुए समय के बारे में बड़बड़ाया।

Une heure s'était déjà écoulée alors qu'ils auraient dû être sur la piste.

एक घंटा पहले ही बीत चुका था जब उन्हें रास्ते पर होना चाहिए था।

François haussa les épaules d'un air penaud en direction du coursier, qui soupira de défaite.

फ्राँस्वा ने कूरियर वाले की ओर शर्म से कंधे उचका दिए, जिसने हार मानकर आह भरी।

François se dirigea alors vers Solleks et appela Buck une fois de plus.

फिर फ्राँस्वा सोलेक्स के पास गया और एक बार फिर बक को पुकारा।

Buck rit comme rit un chien, mais garda une distance prudente.

बक कुत्ते की तरह हंसा, लेकिन उसने सावधानीपूर्वक दूरी बनाए रखी।

François retira le harnais de Solleks et le remit à sa place.

फ्राँस्वा ने सोलेक्स का पट्टा हटा दिया और उसे उसके स्थान पर वापस रख दिया।

L'équipe de traîneau était entièrement harnachée, avec seulement une place libre.

स्लेज टीम पूरी तरह से तैयार खड़ी थी, केवल एक स्थान खाली था।

La position de tête est restée vide, clairement destinée à Buck seul.

मुख्य स्थान खाली रहा, जो स्पष्टतः केवल बक के लिए था।

François appela à nouveau, et à nouveau Buck rit et tint bon.

फ्राँस्वा ने फिर पुकारा, और बक फिर हँसा और अपनी बात पर अड़ा रहा।

« Jetez le gourdin», ordonna Perrault sans hésitation.

"क्लब नीचे फेंक दो," पेरौल्ट ने बिना किसी हिचकिचाहट के आदेश दिया।

François obéit et Buck trotta immédiatement en avant, fièrement.

फ्राँस्वा ने आज्ञा का पालन किया, और बक तुरंत गर्व से आगे बढ़ गया।

Il rit triomphalement et prit la tête.

वह विजयी भाव से हँसा और अग्रणी स्थान पर आ गया।

François a sécurisé ses traces et le traîneau a été détaché.

फ्राँस्वा ने अपना निशान सुरक्षित कर लिया, और स्लेज को तोड़कर अलग कर दिया गया।

Les deux hommes couraient côte à côte tandis que l'équipe s'engageait sur le sentier de la rivière.

जब टीम नदी के रास्ते पर दौड़ रही थी तो दोनों व्यक्ति उसके साथ-साथ दौड़ रहे थे।

François avait une haute opinion des « deux diables » de Buck,

फ्राँस्वा ने बक के "दो शैतानों" के बारे में बहुत सोचा था,

mais il s'est vite rendu compte qu'il avait en fait sous-estimé le chien.

लेकिन जल्द ही उसे एहसास हुआ कि उसने कुत्ते को कम करके आंका था।

Buck a rapidement pris le leadership et a fait preuve d'excellence.

बक ने शीघ्रता से नेतृत्व संभाला और उत्कृष्ट प्रदर्शन किया।

En termes de jugement, de réflexion rapide et d'action, Buck a surpassé Spitz.

निर्णय क्षमता, त्वरित सोच और तीव्र कार्रवाई में बक ने स्पिट्ज़ को पीछे छोड़ दिया।

François n'avait jamais vu un chien égal à celui que Buck présentait maintenant.

फ़्रॉस्वा ने पहले कभी बक जैसा कुता नहीं देखा था।

Mais Buck excellait vraiment dans l'art de faire respecter l'ordre et d'imposer le respect.

लेकिन बक वास्तव में व्यवस्था लागू करने और सम्मान दिलाने में माहिर थे।

Dave et Solleks ont accepté le changement sans inquiétude ni protestation.

डेव और सोलेक्स ने बिना किसी चिंता या विरोध के परिवर्तन को स्वीकार कर लिया।

Ils se concentraient uniquement sur le travail et tiraient fort sur les rênes.

वे केवल काम पर और लगाम कसने पर ध्यान केंद्रित करते थे।

Peu leur importait de savoir qui menait, tant que le traîneau continuait d'avancer.

उन्हें इस बात की कोई परवाह नहीं थी कि आगे कौन चल रहा है, जब तक स्लेज चलती रहती थी।

Billee, la joyeuse, aurait pu diriger pour autant qu'ils s'en soucient.

बिली, जो खुशमिजाज थी, वह नेतृत्व कर सकती थी, चाहे उन्हें कोई भी परवाह क्यों न हो।

Ce qui comptait pour eux, c'était la paix et l'ordre dans les rangs.

उनके लिए महत्वपूर्ण बात थी सेना में शांति और व्यवस्था।

Le reste de l'équipe était devenu indiscipliné pendant le déclin de Spitz.

स्पिट्ज़ के पतन के दौरान टीम के बाकी सदस्य अनियंत्रित हो गए थे।

Ils furent choqués lorsque Buck les ramena immédiatement à l'ordre.

वे तब चौंक गए जब बक ने तुरंत उन्हें आदेश दे दिया।

Pike avait toujours été paresseux et traînait les pieds derrière Buck.

पाइक हमेशा आलसी था और बक के पीछे-पीछे घसीटता रहता था।

Mais maintenant, il a été sévèrement discipliné par la nouvelle direction.

लेकिन अब नये नेतृत्व द्वारा इसे कड़ाई से अनुशासित किया गया है।

Et il a rapidement appris à faire sa part dans l'équipe.

और उन्होंने जल्दी ही टीम में अपना योगदान देना सीख लिया।

À la fin de la journée, Pike avait travaillé plus dur que jamais.

दिन के अंत तक पाइक ने पहले से भी अधिक कड़ी मेहनत की।

Cette nuit-là, au camp, Joe, le chien aigri, fut finalement maîtrisé.

उस रात शिविर में, जो, वह खट्टा कुत्ता, अंततः वश में हो गया।

Spitz n'avait pas réussi à le discipliner, mais Buck n'avait pas échoué.

स्पिट्ज़ उसे अनुशासित करने में असफल रहा, लेकिन बक असफल नहीं हुआ।

Grâce à son poids plus important, Buck a vaincu Joe en quelques secondes.

अपने अधिक वजन का प्रयोग करते हुए, बक ने कुछ ही सेकंड में जो को परास्त कर दिया।

Il a mordu et battu Joe jusqu'à ce qu'il gémisse et cesse de résister.

उसने जो को तब तक काटा और पीटा जब तक कि वह रोने नहीं लगा और उसने प्रतिरोध करना बंद नहीं कर दिया।

Toute l'équipe s'est améliorée à partir de ce moment-là.

उस क्षण से पूरी टीम में सुधार हुआ।

Les chiens ont retrouvé leur ancienne unité et leur discipline.

कुत्तों ने अपनी पुरानी एकता और अनुशासन पुनः प्राप्त कर लिया।

À Rink Rapids, deux nouveaux huskies indigènes, Teek et Koona, nous ont rejoint.

रिंक रैपिड्स में दो नए देशी हस्की, टीक और कूना, शामिल हुए।

La rapidité avec laquelle Buck les dressa étonna même François.

बक द्वारा उन्हें तीव्र गति से प्रशिक्षित करने से फ्रांकोइस भी आश्चर्यचकित हो गया।

« Il n'y a jamais eu de chien comme ce Buck ! » s'écria-t-il avec stupéfaction.

"बक जैसा कुत्ता कभी नहीं था!" वह आश्चर्य से चिल्लाया।

« Non, jamais ! Il vaut mille dollars, bon sang ! »

"नहीं, कभी नहीं! भगवान की कसम, उसकी कीमत एक हज़ार डॉलर है!"

« Hein ? Qu'en dis-tu, Perrault ? » demanda-t-il avec fierté.

"एह? आप क्या कहते हैं, पेरौल्ट?" उसने गर्व से पूछा।

Perrault hocha la tête en signe d'accord et vérifia ses notes.

पेरौल्ट ने सहमति में सिर हिलाया और अपने नोट्स की जांच की।

Nous sommes déjà en avance sur le calendrier et gagnons chaque jour davantage.

हम पहले से ही निर्धारित समय से आगे हैं तथा प्रत्येक दिन और आगे बढ़ रहे हैं।

Le sentier était dur et lisse, sans neige fraîche.

रास्ता पक्का और चिकना था, उस पर ताज़ा बर्फ नहीं थी।

Le froid était constant, oscillant autour de cinquante degrés en dessous de zéro.

ठंड लगातार बनी रही, पूरे दिन तापमान शून्य से पचास डिग्री नीचे रहा।

Les hommes montaient et couraient à tour de rôle pour se réchauffer et gagner du temps.

पुरुष गर्म रहने और समय बचाने के लिए बारी-बारी से साइकिल चलाते और दौड़ते थे।

Les chiens couraient vite avec peu d'arrêts, poussant toujours vers l'avant.

कुत्ते बिना रुके तेजी से दौड़ रहे थे, हमेशा आगे की ओर बढ़ रहे थे।

La rivière Thirty Mile était en grande partie gelée et facile à traverser.

थर्टी माइल नदी अधिकांशतः जमी हुई थी और उस पर यात्रा करना आसान था।

Ils sont sortis en un jour, ce qui leur avait pris dix jours pour venir.

जिस काम को पूरा करने में दस दिन लगे थे, वे एक दिन में ही निकल गए।

Ils ont parcouru une distance de soixante milles du lac Le Barge jusqu'à White Horse.

उन्होंने लेक ले बार्ज से व्हाइट हॉर्स तक साठ मील की दौड़ लगाई।

À travers les lacs Marsh, Tagish et Bennett, ils se déplaçaient incroyablement vite.

मार्श, टैगिश और बेनेट झीलों के पार वे अविश्वसनीय तेजी से आगे बढ़े।

L'homme qui courait était tiré derrière le traîneau par une corde.

दौड़ता हुआ आदमी रस्सी से स्लेज को पीछे खींच रहा था।

La dernière nuit de la deuxième semaine, ils sont arrivés à destination.

दूसरे सप्ताह की आखिरी रात को वे अपने गंतव्य पर पहुंच गये।

Ils avaient atteint ensemble le sommet du col White.

वे दोनों एक साथ व्हाइट पास की चोटी पर पहुँच गये थे।

Ils sont descendus au niveau de la mer avec les lumières de Skaguay en dessous d'eux.

वे समुद्र तल तक नीचे उतरे और उनके नीचे स्कागवे की रोशनी दिखाई दी।

Il s'agissait d'une course record à travers des kilomètres de nature froide et sauvage.

यह ठंडे जंगलों में मीलों तक की गई एक रिकार्ड-सेटिंग दौड़ थी।

Pendant quatorze jours d'affilée, ils ont parcouru en moyenne quarante miles.

लगातार चौदह दिनों तक उन्होंने औसतन चालीस मील की दूरी तय की।

À Skaguay, Perrault et François transportaient des marchandises à travers la ville.

स्कागुआय में, पेरौल्ट और फ्रांकोइस शहर के माध्यम से माल ले जाते थे।

Ils ont été acclamés et ont reçu de nombreuses boissons de la part d'une foule admirative.

प्रशंसक भीड़ ने उनका उत्साहवर्धन किया तथा उन्हें खूब सारा पेय पदार्थ दिया।

Les chasseurs de chiens et les ouvriers se sont rassemblés autour du célèbre attelage de chiens.

कुत्ता पकड़ने वाले और कर्मचारी प्रसिद्ध कुत्ता दल के चारों ओर एकत्र हुए।

Puis les hors-la-loi de l'Ouest arrivèrent en ville et subirent une violente défaite.

फिर पश्चिमी डाकू शहर में आये और उन्हें हिंसक पराजय का सामना करना पड़ा।

Les gens ont vite oublié l'équipe et se sont concentrés sur un nouveau drame.

लोग जल्द ही टीम को भूल गए और नए नाटक पर ध्यान केंद्रित करने लगे।

Puis sont arrivées les nouvelles commandes qui ont tout changé d'un coup.

फिर नये आदेश आये जिससे सब कुछ एकदम से बदल गया।

François appela Buck à lui et le serra dans ses bras avec une fierté larmoyante.

फ़्राँस्वा ने बक को अपने पास बुलाया और गर्व से उसे गले लगा लिया।

Ce moment fut la dernière fois que Buck revit François.

वह क्षण आखिरी बार था जब बक ने फ़्राँस्वा को फिर से देखा था।

Comme beaucoup d'hommes avant eux, François et Perrault étaient tous deux partis.

पहले के कई लोगों की तरह, फ्रांकोइस और पेरौल्ट दोनों चले गए।

Un métis écossais a pris en charge Buck et ses coéquipiers de chiens de traîneau.

एक स्कॉच नस्ल के कुत्ते ने बक और उसके स्लेज कुत्ते साथियों की देखभाल की जिम्मेदारी संभाली।

Avec une douzaine d'autres équipes de chiens, ils sont retournés par le sentier jusqu'à Dawson.

एक दर्जन अन्य कुत्तों की टीमों के साथ, वे रास्ते से डावसन की ओर लौट आये।

Ce n'était plus une course rapide, juste un travail pénible avec une lourde charge chaque jour.

अब यह कोई तेज दौड़ नहीं थी - बस हर दिन भारी बोझ के साथ भारी परिश्रम था।

C'était le train postal qui apportait des nouvelles aux chercheurs d'or près du pôle.

यह वह मेल ट्रेन थी, जो ध्रुव के निकट सोने के शिकारियों तक संदेश पहुंचाती थी।

Buck n'aimait pas le travail mais le supportait bien, étant fier de ses efforts.

बक को यह काम पसंद नहीं आया, लेकिन उसने इसे सहन किया तथा अपने प्रयास पर गर्व महसूस किया।

Comme Dave et Solleks, Buck a fait preuve de dévouement dans chaque tâche quotidienne.

डेव और सोलेक्स की तरह, बक ने भी हर दैनिक कार्य के प्रति समर्पण दिखाया।

Il s'est assuré que chacun de ses coéquipiers fasse sa part du travail.

उन्होंने यह सुनिश्चित किया कि उनके सभी साथी अपना उचित योगदान दें।

La vie sur les sentiers est devenue ennuyeuse, répétée avec la précision d'une machine.

ट्रेल जीवन नीरस हो गया, मशीन की सटीकता के साथ दोहराया गया।

Chaque jour était le même, un matin se fondant dans le suivant.

हर दिन एक जैसा लगता था, एक सुबह दूसरी सुबह में घुल-मिल जाती थी।

À la même heure, les cuisiniers se levèrent pour allumer des feux et préparer la nourriture.

ठीक उसी समय, रसोइये आग जलाने और भोजन तैयार करने के लिए उठ खड़े हुए।

Après le petit-déjeuner, certains quittèrent le camp tandis que d'autres attelèrent les chiens.

नाश्ते के बाद कुछ लोग शिविर छोड़कर चले गए जबकि अन्य लोग कुत्तों को जोतने में लग गए।

Ils ont pris la route avant que le faible avertissement de l'aube ne touche le ciel.

भोर की धुंधली चेतावनी आसमान को छूने से पहले ही वे रास्ते पर चल पड़े।

La nuit, ils s'arrêtaient pour camper, chaque homme ayant une tâche précise.

रात में वे शिविर बनाने के लिए रुकते थे, प्रत्येक व्यक्ति को एक निश्चित कार्य दिया जाता था।

Certains ont monté les tentes, d'autres ont coupé du bois de chauffage et ramassé des branches de pin.

कुछ लोगों ने तंबू गाड़े, अन्य लोगों ने ईंधन के लिए लकड़ियाँ काटी और देवदार की टहनियाँ इकट्ठी कीं।

De l'eau ou de la glace étaient ramenées aux cuisiniers pour le repas du soir.

शाम के भोजन के लिए पानी या बर्फ रसोइयों के पास ले जाया जाता था।

Les chiens ont été nourris et c'était le meilleur moment de la journée pour eux.

कुत्तों को खाना खिलाया गया और यह उनके लिए दिन का सबसे अच्छा समय था।

Après avoir mangé du poisson, les chiens se sont détendus et se sont allongés près du feu.

मछली खाने के बाद कुत्ते आराम करने लगे और आग के पास बैठ गए।

Il y avait une centaine d'autres chiens dans le convoi avec lesquels se mêler.

काफिले में अन्य सौ कुत्ते भी थे जिनसे मिलना-जुलना था।

Beaucoup de ces chiens étaient féroces et prompts à se battre sans prévenir.

उनमें से कई कुत्ते बहुत खूंखार थे और बिना किसी चेतावनी के लड़ने को तैयार हो जाते थे।

Mais après trois victoires, Buck a maîtrisé même les combattants les plus féroces.

लेकिन तीन जीत के बाद, बक ने सबसे भयंकर लड़ाकों को भी मात दे दी।

Maintenant, quand Buck grogna et montra ses dents, ils s'écartèrent.

अब जब बक ने गुर्राहट के साथ अपने दांत दिखाए तो वे एक तरफ हट गए।

Mais le plus beau dans tout ça, c'est que Buck aimait s'allonger près du feu de camp vacillant.

शायद सबसे अच्छी बात यह थी कि बक को टिमटिमाती हुई अलाव के पास लेटना बहुत पसंद था।

Il s'accroupit, les pattes arrière repliées et les pattes avant tendues vers l'avant.

वह पिछले पैरों को मोड़कर तथा अगले पैरों को आगे की ओर फैलाकर बैठा था।

Sa tête était levée tandis qu'il cligna doucement des yeux devant les flammes rougeoyantes.

उसका सिर ऊपर उठा हुआ था और वह जलती हुई लपटों को देखकर धीरे से पलकें झपका रहा था।

Parfois, il se souvenait de la grande maison du juge Miller à Santa Clara.

कभी-कभी उन्हें सांता क्लारा में जज मिलर के बड़े घर की याद आती थी।

Il pensait à la piscine en ciment, à Ysabel et au carlin appelé Toots.

उसने सीमेंट के पूल, यिसाबेल और टूट्स नामक पग के बारे में सोचा।

Mais le plus souvent, il se souvenait du gourdin de l'homme au pull rouge.

लेकिन अधिकतर उसे लाल स्वेटर वाले डंडे वाला आदमी याद आता था।

Il se souvenait de la mort de Curly et de sa bataille acharnée contre Spitz.

उन्हें घुँघराले की मृत्यु और स्पिट्ज़ के साथ उसकी भीषण लड़ाई याद आ गयी।

Il se souvenait aussi des bons plats qu'il avait mangés ou dont il rêvait encore.

उन्होंने उस अच्छे भोजन को भी याद किया जो उन्होंने खाया था या जिसका सपना वे अभी भी देखते हैं।

Buck n'avait pas le mal du pays : la vallée chaude était lointaine et irréelle.

बक को घर की याद नहीं आ रही थी - गर्म घाटी दूर और अवास्तविक थी।

Les souvenirs de Californie n'avaient plus vraiment d'influence sur lui.

कैलिफोर्निया की यादें अब उन पर कोई खास प्रभाव नहीं डालती थीं।

Plus forts que la mémoire étaient les instincts profondément ancrés dans sa lignée.

स्मृति से भी अधिक शक्तिशाली उनकी रक्त-परंपरा में गहराई से छिपी हुई सहज प्रवृत्तियाँ थीं।

Les habitudes autrefois perdues étaient revenues, ravivées par le sentier et la nature sauvage.

जो आदतें एक बार खो गई थीं, वे वापस आ गईं, तथा पगडंडी और जंगल ने उन्हें पुनर्जीवित कर दिया।

Tandis que Buck regardait la lumière du feu, cela devenait parfois autre chose.

बक जब आग की रोशनी को देखता तो कभी-कभी वह कुछ और हो जाती।

Il vit à la lueur du feu un autre feu, plus vieux et plus profond que celui-ci.

उसने आग की रोशनी में एक और आग देखी, जो वर्तमान आग से अधिक पुरानी और गहरी थी।

À côté de cet autre feu se tenait accroupi un homme qui ne ressemblait pas au cuisinier métis.

उस दूसरी आग के पास एक आदमी बैठा था जो उस अधपके रसोइये से भिन्न था।

Cette figurine avait des jambes courtes, de longs bras et des muscles durs et noués.

इस आकृति के पैर छोटे, भुजाएं लंबी और मांसपेशियां सख्त और गांठदार थीं।

Ses cheveux étaient longs et emmêlés, tombant en arrière à partir des yeux.

उसके बाल लंबे और उलझे हुए थे, जो आँखों से पीछे की ओर झुके हुए थे।

Il émit des sons étranges et regarda l'obscurité avec peur.

वह अजीब-अजीब आवाजें निकाल रहा था और डर के मारे अंधेरे की ओर देख रहा था।

Il tenait une massue en pierre basse, fermement serrée dans sa longue main rugueuse.

उसने एक पत्थर का डंडा नीचे की ओर झुका रखा था, और अपने लंबे खुरदुरे हाथ में उसे कसकर पकड़ रखा था।

L'homme portait peu de vêtements ; juste une peau carbonisée qui pendait dans son dos.

उस आदमी ने बहुत कम कपड़े पहने थे; सिर्फ जली हुई त्वचा उसकी पीठ पर लटक रही थी।

Son corps était couvert de poils épais sur les bras, la poitrine et les cuisses.

उसका शरीर बाहों, छाती और जांघों पर घने बालों से ढका हुआ था।

Certaines parties des cheveux étaient emmêlées en plaques de fourrure rugueuse.

बालों के कुछ हिस्से उलझकर खुरदुरे फर के टुकड़ों में तब्दील हो गए थे।

Il ne se tenait pas droit mais penché en avant des hanches jusqu'aux genoux.

वह सीधे खड़े नहीं हुए बल्कि कूल्हों से घुटनों तक आगे झुके हुए थे।

Ses pas étaient élastiques et félins, comme s'il était toujours prêt à bondir.

उसके कदम बिल्ली जैसे थे, मानो हमेशा छलांग लगाने के लिए तैयार रहते हों।

Il y avait une vive vigilance, comme s'il vivait dans une peur constante.

उसमें एक तीव्र सतर्कता थी, जैसे वह निरंतर भय में रहता हो।

Cet homme ancien semblait s'attendre au danger, que le danger soit perçu ou non.

यह प्राचीन व्यक्ति खतरे की आशंका करता प्रतीत होता था, चाहे खतरा दिखाई दे या न पड़े।

Parfois, l'homme poilu dormait près du feu, la tête entre les jambes.

कभी-कभी वह बालों वाला आदमी आग के पास सोता था, अपना सिर पैरों के बीच छिपाए हुए।

Ses coudes reposaient sur ses genoux, ses mains jointes au-dessus de sa tête.

उसकी कोहनियाँ घुटनों पर टिकी हुई थीं, हाथ सिर के ऊपर बंधे हुए थे।

Comme un chien, il utilisait ses bras velus pour se débarrasser de la pluie qui tombait.

एक कुत्ते की तरह उसने अपनी बालों वाली भुजाओं का उपयोग गिरती हुई बारिश को रोकने के लिए किया।

Au-delà de la lumière du feu, Buck vit deux charbons jumeaux briller dans l'obscurité.

आग की रोशनी से परे, बक ने अंधेरे में दो कोयले चमकते हुए देखे।

Toujours deux par deux, ils étaient les yeux des bêtes de proie traquantes.

हमेशा दो-दो की संख्या में, वे शिकारी जानवरों की आंखें हुआ करते थे।

Il entendit des corps s'écraser à travers les broussailles et des bruits se faire entendre dans la nuit.

उसने झाड़ियों के बीच से शवों के टकराने की आवाजें और रात में होने वाली आवाजें सुनीं।

Allongé sur la rive du Yukon, clignant des yeux, Buck rêvait près du feu.

युकोन तट पर लेटे हुए, पलकें झपकाते हुए, बक आग के पास बैठकर सपने देख रहा था।

Les images et les sons de ce monde sauvage lui faisaient dresser les cheveux sur la tête.

उस जंगली दुनिया के दृश्यों और ध्वनियों को देखकर उसके रोंगटे खड़े हो गए।

La fourrure s'élevait le long de son dos, de ses épaules et de son cou.

फर उसकी पीठ, कंधों और गर्दन तक फैल गया।

Il gémissait doucement ou émettait un grognement sourd au plus profond de sa poitrine.

वह या तो धीरे से रोता था या अपनी छाती में गहरी गड़गड़ाहट करता था।

Alors le cuisinier métis cria : « Hé, toi Buck, réveille-toi ! »

तभी अर्ध-नस्ल रसोइया चिल्लाया, "अरे, बक, उठो!"

Le monde des rêves a disparu et la vraie vie est revenue aux yeux de Buck.

सपनों की दुनिया गायब हो गई और बक की आँखों में वास्तविक जीवन लौट आया।

Il allait se lever, s'étirer et bâiller, comme s'il venait de se réveiller d'une sieste.

वह उठने, खिंचाव महसूस करने और जम्हाई लेने वाला था, जैसे कि उसे नींद से जगाया गया हो।

Le voyage était difficile, avec le traîneau postal qui traînait derrière eux.

यात्रा कठिन थी, मेल स्लेज उनके पीछे घिसट रही थी।

Les lourdes charges et le travail pénible épuisaient les chiens à chaque longue journée.

भारी बोझ और कठिन काम के कारण कुत्ते हर दिन थक जाते थे।

Ils arrivèrent à Dawson maigres, fatigués et ayant besoin de plus d'une semaine de repos.

वे डाउसन पहुंचे तो वे दुबले-पतले, थके हुए थे और उन्हें एक सप्ताह से अधिक आराम की आवश्यकता थी।

Mais seulement deux jours plus tard, ils repartaient sur le Yukon.

लेकिन दो दिन बाद ही वे पुनः युकोन की ओर चल पड़े।

Ils étaient chargés de lettres supplémentaires destinées au monde extérieur.

उनमें बाहरी दुनिया के लिए भेजे जाने वाले पत्र भी भरे हुए थे।

Les chiens étaient épuisés et les hommes se plaignaient constamment.

कुत्ते थक चुके थे और आदमी लगातार शिकायत कर रहे थे।

La neige tombait tous les jours, ramollissant le sentier et ralentissant les traîneaux.

हर दिन बर्फ गिरती थी, जिससे रास्ता नरम हो जाता था और स्लेज की गति धीमी हो जाती थी।

Cela a rendu la traction plus difficile et a entraîné plus de traînée sur les patins.

इससे धावकों को खींचने में कठिनाई हुई तथा उन पर अधिक खिंचाव पड़ा।

Malgré cela, les pilotes étaient justes et se souciaient de leurs équipes.

इसके बावजूद, ड्राइवर निष्पक्ष थे और अपनी टीमों का ध्यान रखते थे।

Chaque nuit, les chiens étaient nourris avant que les hommes ne puissent manger.

प्रत्येक रात, पुरुषों के भोजन करने से पहले कुत्तों को खाना खिलाया जाता था।

Aucun homme ne dormait avant de vérifier les pattes de son propre chien.

कोई भी व्यक्ति अपने कुत्ते के पैरों की जांच किए बिना नहीं सोता।

Cependant, les chiens s'affaiblissaient à mesure que les kilomètres s'écoulaient sur leur corps.

फिर भी, जैसे-जैसे मीलों की दूरी बढ़ती गई, कुत्ते कमजोर होते गए।

Ils avaient parcouru mille huit cents kilomètres pendant l'hiver.

उन्होंने सर्दियों में अठारह सौ मील की यात्रा की थी।

Ils ont tiré des traîneaux sur chaque kilomètre de cette distance brutale.

उन्होंने उस कठिन दूरी के प्रत्येक मील को स्लेज से खींचा।

Même les chiens de traîneau les plus robustes ressentent de la tension après tant de kilomètres.

यहां तक कि सबसे मजबूत स्लेज कुत्ते भी कई मील चलने के बाद थकान महसूस करते हैं।

Buck a tenu bon, a permis à son équipe de travailler et a maintenu la discipline.

बक ने डटे रहे, अपनी टीम को काम पर लगाए रखा और अनुशासन बनाए रखा।

Mais Buck était fatigué, tout comme les autres pendant le long voyage.

लेकिन बक भी लंबी यात्रा में अन्य लोगों की तरह थका हुआ था।

Billee gémissait et pleurait dans son sommeil chaque nuit sans faute.

बिली हर रात नींद में रोता और कराहता था।

Joe devint encore plus amer et Solleks resta froid et distant.

जो और भी अधिक क्रोधित हो गया, तथा सोलेक्स ठंडा और दूर-दूर रहने लगा।

Mais c'est Dave qui a le plus souffert de toute l'équipe.

लेकिन पूरी टीम में सबसे ज्यादा नुकसान डेव को उठाना पड़ा।

Quelque chose n'allait pas en lui, même si personne ne savait quoi.

उसके अंदर कुछ गड़बड़ हो गई थी, हालांकि कोई नहीं जानता था कि क्या गड़बड़ हुई थी।

Il est devenu de plus en plus maussade et s'en est pris aux autres avec une colère croissante.

वह चिड़चिड़ा हो गया और दूसरों पर क्रोध से झल्लाने लगा।

Chaque nuit, il se rendait directement à son nid, attendant d'être nourri.

हर रात वह सीधे अपने घोंसले में चला जाता और भोजन की प्रतीक्षा करता।

Une fois tombé, Dave ne s'est pas relevé avant le matin.

एक बार जब डेव नीचे गिर गया तो वह सुबह तक नहीं उठा।

Sur les rênes, des secousses ou des sursauts brusques le faisaient crier de douleur.

लगाम पर अचानक झटके लगने या चौंकने से वह दर्द से चिल्ला उठता था।

Son chauffeur a recherché la cause du sinistre, mais n'a constaté aucune blessure.

उनके ड्राइवर ने कारण जानने की कोशिश की, लेकिन उन्हें कोई चोट नहीं मिली।

Tous les conducteurs ont commencé à regarder Dave et ont discuté de son cas.

सभी ड्राइवर डेव को देखने लगे और उसके मामले पर चर्चा करने लगे।

Ils ont discuté pendant les repas et pendant leur dernière cigarette de la journée.

वे भोजन के समय और दिन के अंतिम सिगरेट पीने के दौरान बातें करते थे।

Une nuit, ils ont tenu une réunion et ont amené Dave au feu.

एक रात उन्होंने बैठक की और डेव को आग के पास ले गए।

Ils pressèrent et sondèrent son corps, et il cria souvent.

वे उसके शरीर को दबाते और टटोलते रहे, और वह बार-बार चिल्लाता रहा।

De toute évidence, quelque chose n'allait pas, même si aucun os ne semblait cassé.

स्पष्टतः कुछ गड़बड़ थी, यद्यपि कोई हड्डी टूटी हुई नहीं दिख रही थी।

Au moment où ils atteignirent Cassiar Bar, Dave était en train de tomber.

जब वे कैसियर बार पहुंचे तो डेव गिर रहा था।

Le métis écossais a appelé à la fin et a retiré Dave de l'équipe.

स्कॉच के आधे-अधूरे समूह ने रोक लगाई और डेव को टीम से निकाल दिया।

Il a attaché Solleks à la place de Dave, le plus près de l'avant du traîneau.

उन्होंने सोलेक्स को डेव के स्थान पर, स्लेज के सामने के सबसे निकट, बांध दिया।

Il avait l'intention de laisser Dave se reposer et courir librement derrière le traîneau en mouvement.

उसका इरादा डेव को आराम करने देना था और चलती स्लेज के पीछे स्वतंत्र रूप से दौड़ने देना था।

Mais même malade, Dave détestait être privé du travail qu'il avait occupé.

लेकिन बीमार होने के बावजूद डेव को अपनी नौकरी से निकाले जाने से नफरत थी।

Il grogna et gémit tandis que les rênes étaient retirées de son corps.

जब उसके शरीर से लगाम खींची गई तो वह गुर्राया और रोने लगा।

Quand il vit Solleks à sa place, il pleura de douleur.

जब उसने सोलेक्स को अपनी जगह पर देखा, तो वह टूटे हुए दिल के दर्द से रो पड़ा।

La fierté du travail sur les sentiers était profonde chez Dave, même à l'approche de la mort.

मौत करीब आने पर भी डेव के मन में ट्रेल कार्य के प्रति गर्व की भावना बनी रही।

Alors que le traîneau se déplaçait, Dave pataugeait dans la neige molle près du sentier.

जैसे ही स्लेज आगे बढ़ी, डेव पगडंडी के पास नरम बर्फ में लड़खड़ाता हुआ आगे बढ़ा।

Il a attaqué Solleks, le mordant et le poussant du côté du traîneau.

उसने सोलेक्स पर हमला किया, उसे काटा और स्लेज की तरफ से धक्का दिया।

Dave a essayé de sauter dans le harnais et de récupérer sa place de travail.

डेव ने रस्सी से छलांग लगाकर अपना कार्य स्थान पुनः प्राप्त करने का प्रयास किया।

Il hurlait, gémissait et pleurait, déchiré entre la douleur et la fierté du travail.

वह चिल्लाया, रोया और प्रसव पीड़ा और गर्व के बीच उलझा हुआ था।

Le métis a utilisé son fouet pour essayer de chasser Dave de l'équipe.

उस अर्ध-नस्ल ने डेव को टीम से दूर भगाने के लिए अपने चाबुक का इस्तेमाल किया।

Mais Dave ignora le coup de fouet, et l'homme ne put pas le frapper plus fort.

लेकिन डेव ने कोड़े की मार को नजरअंदाज कर दिया, और वह व्यक्ति उस पर अधिक जोर से प्रहार नहीं कर सका।

Dave a refusé le chemin le plus facile derrière le traîneau, où la neige était tassée.

डेव ने स्लेज के पीछे वाले आसान रास्ते से जाने से इनकार कर दिया, जहां बर्फ जमी हुई थी।

Au lieu de cela, il se débattait dans la neige profonde à côté du sentier, dans la misère.

इसके बजाय, वह रास्ते के किनारे गहरी बर्फ में दुख के साथ संघर्ष करता रहा।

Finalement, Dave s'est effondré, allongé dans la neige et hurlant de douleur.

अंततः डेव बर्फ में गिरकर दर्द से चीखने लगा।

Il cria tandis que le long train de traîneaux le dépassait un par un.

जब स्लेजों की लम्बी कतार एक-एक करके उसके पास से गुजरी तो वह चिल्ला उठा।

Pourtant, avec ce qu'il lui restait de force, il se leva et trébucha après eux.

फिर भी, अपनी बची हुई शक्ति से वह उठा और लड़खड़ाता हुआ उनके पीछे चला।

Il l'a rattrapé lorsque le train s'est arrêté à nouveau et a retrouvé son vieux traîneau.

जब ट्रेन दोबारा रुकी तो वह वहां पहुंचा और उसे अपनी पुरानी स्लेज मिल गई।

Il a dépassé les autres équipes et s'est retrouvé à nouveau aux côtés de Solleks.

वह अन्य टीमों से आगे निकल गया और पुनः सोलेक्स के पास खड़ा हो गया।

Alors que le conducteur s'arrêtait pour allumer sa pipe, Dave saisit sa dernière chance.

जैसे ही ड्राइवर ने अपना पाइप जलाने के लिए रुका, डेव ने अपना आखिरी मौका लिया।

Lorsque le chauffeur est revenu et a crié, l'équipe n'a pas avancé.

जब ड्राइवर वापस आया और चिल्लाया तो टीम आगे नहीं बढ़ी।

Les chiens avaient tourné la tête, déconcertés par l'arrêt
soudain.

अचानक हुई रुकावट से भ्रमित होकर कुत्तों ने अपना सिर घुमा
लिया था।

Le conducteur était également choqué : le traîneau n'avait
pas avancé d'un pouce.

ड्राइवर भी हैरान था - स्लेज एक इंच भी आगे नहीं बढ़ी थी।

Il a appelé les autres pour qu'ils viennent voir ce qui s'était
passé.

उसने दूसरों को बुलाया और कहा कि आओ और देखो कि क्या
हुआ था।

Dave avait mâché les rênes de Solleks, les brisant toutes les
deux.

डेव ने सोलेक्स की लगाम चबाकर दोनों को तोड़ दिया था।

Il se tenait maintenant devant le traîneau, de retour à sa
position légitime.

अब वह स्लेज के सामने अपनी सही स्थिति में खड़ा था।

Dave leva les yeux vers le conducteur, le suppliant
silencieusement de rester dans les traces.

डेव ने ड्राइवर की ओर देखा और चुपचाप रास्ते में ही रहने की
विनती की।

Le conducteur était perplexe, ne sachant pas quoi faire pour
le chien en difficulté.

ड्राइवर उलझन में था, उसे समझ नहीं आ रहा था कि संघर्ष
कर रहे कुत्ते के लिए क्या किया जाए।

Les autres hommes parlaient de chiens qui étaient morts
après avoir été emmenés dehors.

अन्य लोगों ने उन कुत्तों के बारे में बताया जो बाहर ले जाए
जाने से मर गए थे।

Ils ont parlé de chiens âgés ou blessés dont le cœur se brisait
lorsqu'ils étaient abandonnés.

उन्होंने ऐसे बूढ़े या घायल कुत्तों के बारे में बताया जिनका दिल पीछे छोड़ दिए जाने पर टूट गया।

Ils ont convenu que c'était une preuve de miséricorde de laisser Dave mourir alors qu'il était encore dans son harnais.

वे इस बात पर सहमत हुए कि डेव को उसके हार्नेस में ही मरने देना दया थी।

Il était attaché au traîneau et Dave tirait avec fierté.

उसे पुनः स्लेज पर बांध दिया गया और डेव ने गर्व के साथ उसे खींचा।

Même s'il criait parfois, il travaillait comme si la douleur pouvait être ignorée.

यद्यपि वह कभी-कभी चिल्लाता था, परन्तु वह ऐसे काम करता था मानो दर्द को नजरअंदाज किया जा सकता है।

Plus d'une fois, il est tombé et a été traîné avant de se relever.

एक से अधिक बार वह गिरा और फिर उठने से पहले घसीटा गया।

Un jour, le traîneau l'a écrasé et il a boité à partir de ce moment-là.

एक बार स्लेज उसके ऊपर लुढ़क गई और वह उसी क्षण से लंगड़ाने लगा।

Il travailla néanmoins jusqu'à ce qu'il atteigne le camp, puis s'allongea près du feu.

फिर भी, वह शिविर तक पहुंचने तक काम करता रहा और फिर आग के पास लेट गया।

Le matin, Dave était trop faible pour voyager ou même se tenir debout.

सुबह तक डेव इतना कमजोर हो गया था कि वह यात्रा करने या सीधा खड़ा होने में भी असमर्थ था।

Au moment de l'attelage, il essaya d'atteindre son conducteur avec un effort tremblant.

जब वह गाड़ी में सवार हुआ तो उसने कांपते हुए प्रयास के साथ अपने ड्राइवर तक पहुंचने की कोशिश की।

Il se força à se relever, tituba et s'effondra sur le sol enneigé.

वह बलपूर्वक उठा, लड़खड़ाया और बर्फीली जमीन पर गिर पड़ा।

À l'aide de ses pattes avant, il a traîné son corps vers la zone de harnais.

अपने अगले पैरों का उपयोग करते हुए, उसने अपने शरीर को हार्नेस क्षेत्र की ओर खींचा।

Il s'avança, pouce par pouce, vers les chiens de travail.

वह काम करने वाले कुत्तों की ओर इंच-इंच आगे बढ़ता गया।

Ses forces l'abandonnèrent, mais il continua d'avancer dans sa dernière poussée désespérée.

उसकी शक्ति समाप्त हो गई, लेकिन वह अपने अंतिम प्रयास में आगे बढ़ता रहा।

Ses coéquipiers l'ont vu haleter dans la neige, impatients de les rejoindre.

उसके साथियों ने उसे बर्फ में हांफते हुए देखा, फिर भी वह उनके साथ शामिल होने के लिए लालायित था।

Ils l'entendirent hurler de tristesse alors qu'ils quittaient le camp.

जब वे शिविर छोड़कर जा रहे थे तो उन्होंने उसे दुःख से चिल्लाते हुए सुना।

Alors que l'équipe disparaissait dans les arbres, le cri de Dave résonna derrière eux.

जैसे ही टीम पेड़ों में लुप्त हो गई, डेव की चीख उनके पीछे गूंज उठी।

Le train de traîneaux s'est brièvement arrêté après avoir traversé un tronçon de forêt fluviale.

नदी के एक हिस्से को पार करने के बाद स्लेज ट्रेन कुछ देर के लिए रुकी।

Le métis écossais retourna lentement vers le camp situé derrière lui.

स्कॉच का वह आधा-नस्ल वाला व्यक्ति धीरे-धीरे पीछे के शिविर की ओर चला गया।

Les hommes ont arrêté de parler quand ils l'ont vu quitter le train de traîneaux.

जब लोगों ने उसे स्लेज ट्रेन से उतरते देखा तो उनकी बोलती बंद हो गई।

Puis un coup de feu retentit clairement et distinctement de l'autre côté du sentier.

तभी रास्ते में एक गोली की आवाज स्पष्ट और तेज सुनाई दी।

L'homme revint rapidement et reprit sa place sans un mot.

वह आदमी तुरंत वापस आया और बिना कुछ बोले अपना स्थान ग्रहण कर लिया।

Les fouets claquaient, les cloches tintaient et les traîneaux roulaient dans la neige.

चाबुक फटकारे गए, घंटियां बजने लगीं और स्लेज बर्फ में आगे बढ़ने लगीं।

Mais Buck savait ce qui s'était passé, et tous les autres chiens aussi.

लेकिन बक को पता था कि क्या हुआ था - और हर अन्य कुत्ते को भी।

Le travail des rênes et du sentier
लगाम और राह का परिश्रम

Trente jours après avoir quitté Dawson, le Salt Water Mail atteignit Skaguay.

डावसन से रवाना होने के तीस दिन बाद, साल्ट वाटर मेल स्काग्वे पहुंचा।

Buck et ses coéquipiers ont pris la tête, arrivant dans un état pitoyable.

बक और उनके साथियों ने दयनीय स्थिति में पहुँचकर बढ़त हासिल कर ली।

Buck était passé de cent quarante à cent quinze livres.

बक का वजन एक सौ चालीस पाउंड से घटकर एक सौ पंद्रह पाउंड रह गया था।

Les autres chiens, bien que plus petits, avaient perdu encore plus de poids.

अन्य कुत्ते, हालांकि छोटे थे, उनका शरीर का वजन और भी अधिक कम हो गया था।

Pike, autrefois un faux boiteux, traînait désormais derrière lui une jambe véritablement blessée.

पाइक, जो कभी नकली लंगड़ाता था, अब अपने पीछे सचमुच घायल पैर को घसीटता हुआ चल रहा था।

Solleks boitait beaucoup et Dub avait une omoplate déchirée.

सोलेक्स बुरी तरह लंगड़ा रहा था, और डब के कंधे की हड्डी में चोट लगी थी।

Tous les chiens de l'équipe avaient mal aux pieds après des semaines passées sur le sentier gelé.

टीम के प्रत्येक कुत्ते के पैर बर्फीले रास्ते पर कई सप्ताह तक रहने के कारण दर्द से पीड़ित थे।

Ils n'avaient plus aucun ressort dans leurs pas, seulement un mouvement lent et traînant.

उनके कदमों में कोई स्फूर्ति नहीं बची थी, केवल धीमी, घिसटती हुई चाल थी।

Leurs pieds heurtent durement le sentier, chaque pas ajoutant plus de tension à leur corps.

उनके पैर रास्ते पर जोर से टकराते थे, और हर कदम उनके शरीर पर अधिक दबाव डालता था।

Ils n'étaient pas malades, seulement épuisés au-delà de toute guérison naturelle.

वे बीमार नहीं थे, केवल इतना ही था कि उनका शरीर प्राकृतिक रूप से ठीक होने लायक नहीं रह गया था।

Ce n'était pas la fatigue d'une dure journée, guérie par une nuit de repos.

यह एक कठिन दिन की थकान नहीं थी, जो एक रात के आराम से ठीक हो गई हो।

C'était un épuisement qui s'était construit lentement au fil de mois d'efforts épuisants.

यह महीनों के कठिन परिश्रम से धीरे-धीरे बढ़ती हुई थकावट थी।

Il ne leur restait plus aucune force de réserve : ils avaient épuisé toutes leurs forces.

कोई आरक्षित शक्ति नहीं बची थी - उन्होंने अपनी सारी ताकत खर्च कर दी थी।

Chaque muscle, chaque fibre et chaque cellule de leur corps étaient épuisés et usés.

उनके शरीर की प्रत्येक मांसपेशी, तंतु और कोशिका ख़त्म हो चुकी थी।

Et il y avait une raison : ils avaient parcouru deux mille cinq cents kilomètres.

और इसका एक कारण था - उन्होंने पच्चीस सौ मील की दूरी तय की थी।

Ils ne s'étaient reposés que cinq jours au cours des mille huit cents derniers kilomètres.

पिछले अठारह सौ मील की यात्रा के दौरान उन्होंने केवल पाँच दिन आराम किया था।

Lorsqu'ils arrivèrent à Skaguay, ils semblaient à peine capables de se tenir debout.

जब वे स्कागुआय पहुंचे तो वे मुश्किल से सीधे खड़े हो पा रहे थे।

Ils ont lutté pour garder les rênes serrées et rester devant le traîneau.

उन्हें लगाम कस कर रखने और स्लेज से आगे रहने के लिए संघर्ष करना पड़ा।

Dans les descentes, ils ont tout juste réussi à éviter d'être écrasés.

ढलान पर वे बस कुचले जाने से बच पाए।

« Continuez, pauvres pieds endoloris », dit le chauffeur tandis qu'ils boitaient.

"आगे बढ़ो, बेचारे दुखते पैरों," ड्राइवर ने कहा और वे लंगड़ाते हुए आगे बढ़ रहे थे।

« C'est la dernière ligne droite, après quoi nous aurons tous droit à un long repos, c'est sûr. »

"यह आखिरी पड़ाव है, फिर हम सभी को एक लम्बा आराम अवश्य मिलेगा।"

« Un très long repos », promit-il en les regardant avancer en titubant.

"एक सचमुच लम्बा विश्राम," उन्होंने उन्हें लड़खड़ाते हुए आगे बढ़ते देखकर वादा किया।

Les pilotes s'attendaient à bénéficier d'une longue pause bien méritée.

ड्राइवरों को उम्मीद थी कि अब उन्हें एक लम्बा और आवश्यक अवकाश मिलेगा।

Ils avaient parcouru douze cents milles avec seulement deux jours de repos.

उन्होंने केवल दो दिन के आराम के साथ बारह सौ मील की यात्रा की थी।

Par souci d'équité et de raison, ils estimaient avoir mérité un temps de détente.

निष्पक्षता और तर्क से कहें तो उन्हें लगा कि उन्होंने आराम करने के लिए समय अर्जित किया है।

Mais trop de gens étaient venus au Klondike et trop peu étaient restés chez eux.

लेकिन बहुत अधिक लोग क्लोंडाइक आ गए थे, और बहुत कम लोग घर पर रह गए थे।

Les lettres des familles ont afflué, créant des piles de courrier en retard.

परिवारों से आने वाले पत्रों की बाढ़ आ गई, जिससे देरी से पहुंचने वाले पत्रों का ढेर लग गया।

Les ordres officiels sont arrivés : de nouveaux chiens de la Baie d'Hudson allaient prendre le relais.

आधिकारिक आदेश आ गए - हडसन बे में नए कुत्ते कार्यभार संभालने जा रहे थे।

Les chiens épuisés, désormais considérés comme sans valeur, devaient être éliminés.

थके हुए कुत्तों को, जिन्हें अब बेकार कहा जाता था, निपटाया जाना था।

Comme l'argent comptait plus que les chiens, ils allaient être vendus à bas prix.

चूंकि कुत्तों की तुलना में पैसा अधिक महत्वपूर्ण था, इसलिए उन्हें सस्ते दामों पर बेचा जाने वाला था।

Trois jours supplémentaires passèrent avant que les chiens ne ressentent à quel point ils étaient faibles.

तीन दिन और बीतने के बाद कुत्तों को यह एहसास हुआ कि वे कितने कमज़ोर हो गए हैं।

Le quatrième matin, deux hommes venus des États-Unis ont acheté toute l'équipe.

चौथी सुबह, अमेरिका से आये दो लोगों ने पूरी टीम खरीद ली।

La vente comprenait tous les chiens, ainsi que leur harnais usagé.

बिक्री में सभी कुत्तों के साथ-साथ उनके पहने हुए हार्नेस उपकरण भी शामिल थे।

Les hommes s'appelaient mutuellement « Hal » et « Charles » lorsqu'ils concluaient l'affaire.

सौदा पूरा करते समय दोनों पुरुषों ने एक-दूसरे को "हैल" और "चार्ल्स" कहा।

Charles était d'âge moyen, pâle, avec des lèvres molles et des pointes de moustache féroces.

चार्ल्स मध्यम आयु का, पीला, लटके हुए होंठ और भयंकर मूंछों वाला था।

Hal était un jeune homme, peut-être âgé de dix-neuf ans, portant une ceinture bourrée de cartouches.

हैल एक युवा व्यक्ति था, शायद उन्नीस वर्ष का, और उसने कारतूस से भरी बेल्ट पहन रखी थी।

La ceinture contenait un gros revolver et un couteau de chasse, tous deux inutilisés.

बेल्ट में एक बड़ी रिवाल्वर और एक शिकार करने वाला चाकू रखा हुआ था, दोनों ही अप्रयुक्त थे।

Cela a montré à quel point il était inexpérimenté et inapte à la vie dans le Nord.

इससे पता चलता है कि वह उत्तरी जीवन के लिए कितना अनुभवहीन और अयोग्य था।

Aucun des deux hommes n'appartenait à la nature sauvage ; leur présence défiait toute raison.

दोनों ही मनुष्य जंगल में नहीं रहते थे; उनकी उपस्थिति सभी तर्कों को चुनौती देती थी।

Buck a regardé l'argent échanger des mains entre l'acheteur et l'agent.

बक ने क्रेता और एजेंट के बीच पैसों का आदान-प्रदान होते देखा।

Il savait que les conducteurs du train postal allaient le quitter comme les autres.

वह जानता था कि मेल-ट्रेन ड्राइवर भी बाकी लोगों की तरह उसकी जिंदगी से जा रहे हैं।

Ils suivirent Perrault et François, désormais irrévocables.

उन्होंने पेरौल्ट और फ्रांकोइस का अनुसरण किया, जो अब याद करने लायक नहीं रहे।

Buck et l'équipe ont été conduits dans le camp négligé de leurs nouveaux propriétaires.

बक और टीम को उनके नए मालिकों के शिविर में ले जाया गया।

La tente s'affaissait, la vaisselle était sale et tout était en désordre.

तम्बू टूटा हुआ था, बर्तन गंदे थे और सब कुछ अस्त-व्यस्त पड़ा था।

Buck remarqua également une femme : Mercedes, la femme de Charles et la sœur de Hal.

बक ने वहां एक महिला को भी देखा - मर्सिडीज, चार्ल्स की पत्नी और हैल की बहन।

Ils formaient une famille complète, bien que loin d'être adaptée au sentier.

वे एक पूर्ण परिवार थे, हालांकि वे इस यात्रा के लिए बिल्कुल भी उपयुक्त नहीं थे।

Buck regarda nerveusement le trio commencer à emballer les fournitures.

बक ने घबराहट से देखा कि तीनों ने सामान पैक करना शुरू कर दिया।

Ils ont travaillé dur mais sans ordre, juste du grabuge et des efforts gaspillés.

उन्होंने कड़ी मेहनत की लेकिन बिना किसी क्रम के - केवल उपद्रव और व्यर्थ प्रयास।

La tente a été roulée dans une forme volumineuse, beaucoup trop grande pour le traîneau.

तम्बू को इतना भारी आकार दिया गया था कि वह स्लेज के लिए बहुत बड़ा था।

La vaisselle sale a été emballée sans avoir été nettoyée ni séchée du tout.

गंदे बर्तनों को बिना साफ किए या सुखाए ही पैक कर दिया गया।

Mercedes voltigeait, parlant constamment, corrigeant et intervenant.

मर्सिडीज इधर-उधर घूम रही थी, लगातार बातें कर रही थी, सुधार कर रही थी, और हस्तक्षेप कर रही थी।

Lorsqu'un sac était placé à l'avant, elle insistait pour qu'il soit placé à l'arrière.

जब एक बोरी सामने रखी गई तो उसने जोर देकर कहा कि इसे पीछे रखा जाए।

Elle a mis le sac au fond, et l'instant d'après, elle en avait besoin.

उसने बोरा नीचे रख दिया और अगले ही पल उसे इसकी जरूरत पड़ गयी।

Le traîneau a donc été déballé à nouveau pour atteindre le sac spécifique.

इसलिए एक विशेष बैग तक पहुंचने के लिए स्लेज को फिर से खोला गया।

À proximité, trois hommes se tenaient devant une tente, observant la scène se dérouler.

पास ही एक तंबू के बाहर तीन आदमी खड़े होकर यह दृश्य देख रहे थे।

Ils souriaient, faisaient des clins d'œil et souriaient à la confusion évidente des nouveaux arrivants.

वे नवागंतुकों की स्पष्ट उलझन को देखकर मुस्कुराये, आँख मारी और मुस्कुराये।

« Vous avez déjà une charge très lourde », dit l'un des hommes.

"तुम्हारे ऊपर पहले से ही बहुत भारी बोझ है", उनमें से एक आदमी ने कहा।

« Je ne pense pas que tu devrais porter cette tente, mais c'est ton choix. »

"मुझे नहीं लगता कि आपको वह तम्बू ले जाना चाहिए, लेकिन यह आपकी पसंद है।"

« Inimaginable ! » s'écria Mercedes en levant les mains de désespoir.

"अकल्पनीय!" मर्सिडीज़ ने निराशा में अपने हाथ ऊपर उठाते हुए कहा।

« Comment pourrais-je voyager sans une tente sous laquelle dormir ? »

"मैं बिना किसी तंबू के कैसे यात्रा कर सकता हूँ?"

« C'est le printemps, vous ne verrez plus jamais de froid », répondit l'homme.

"यह वसंत ऋतु है - आप फिर कभी ठंड का मौसम नहीं देखेंगे," आदमी ने जवाब दिया।

Mais elle secoua la tête et ils continuèrent à empiler des objets sur le traîneau.

लेकिन उसने अपना सिर हिला दिया, और वे स्लेज पर सामान जमा करते रहे।

La charge s'élevait dangereusement alors qu'ils ajoutaient les dernières choses.

जब वे अंतिम चीजें जोड़ रहे थे तो भार खतरनाक रूप से ऊंचा हो गया।

« Tu penses que le traîneau va rouler ? » demanda l'un des hommes avec un regard sceptique.

"क्या आपको लगता है कि स्लेज चलेगी?" एक आदमी ने संदेह भरी नज़र से पूछा।

« Pourquoi pas ? » rétorqua Charles, vivement agacé.

"ऐसा क्यों नहीं होना चाहिए?" चार्ल्स ने तीखी झुंझलाहट के साथ जवाब दिया।

« Oh, ce n'est pas grave », dit rapidement l'homme, s'éloignant de l'offense.

"ओह, यह सब ठीक है," आदमी ने जल्दी से कहा, और अपना आपा खो दिया।

« Je me demandais juste – ça me semblait un peu trop lourd. »

"मैं तो बस यही सोच रहा था - यह तो मुझे थोड़ा ज़्यादा भारी लग रहा था।"

Charles se détourna et attacha la charge du mieux qu'il put.

चार्ल्स ने मुड़कर जितना संभव हो सका, बोझ को बांध दिया।

Mais les attaches étaient lâches et l'emballage mal fait dans l'ensemble.

लेकिन पट्टियाँ ढीली थीं और पैकिंग भी कुल मिलाकर खराब थी।

« Bien sûr, les chiens tireront ça toute la journée », a dit un autre homme avec sarcasme.

"ज़रूर, कुत्ते पूरे दिन यही खींचते रहेंगे," एक और आदमी ने व्यंग्यात्मक लहज़े में कहा।

« Bien sûr », répondit froidement Hal en saisissant le long mât du traîneau.

"बेशक," हेल ने ठंडे स्वर में जवाब दिया और स्लेज के लंबे जी-पोल को पकड़ लिया।

D'une main sur le poteau, il faisait tournoyer le fouet dans l'autre.

एक हाथ से डंडे पर, दूसरे हाथ से उसने कोड़ा घुमाया।

« Allons-y ! » cria-t-il. « Allez ! » exhortant les chiens à démarrer.

"चलो चलें!" वह चिल्लाया। "चलें!" कुत्तों को चलने के लिए प्रेरित करते हुए।

Les chiens se sont penchés sur le harnais et ont tendu pendant quelques instants.

कुत्ते कुछ क्षणों के लिए रस्सी से बंधे और तनाव में आ गए।

Puis ils s'arrêtèrent, incapables de déplacer d'un pouce le traîneau surchargé.

फिर वे रुक गए, क्योंकि वे अतिभारित स्लेज को एक इंच भी हिलाने में असमर्थ थे।

« Ces brutes paresseuses ! » hurla Hal en levant le fouet pour les frapper.

"आलसी जानवर!" हैल ने चिल्लाते हुए उन्हें मारने के लिए कोड़ा उठाया।

Mais Mercedes s'est précipitée et a saisi le fouet des mains de Hal.

लेकिन मर्सिडीज ने दौड़कर हैल के हाथों से चाबुक छीन लिया।

« Oh, Hal, n'ose pas leur faire de mal », s'écria-t-elle, alarmée.

"ओह, हैल, उन्हें चोट पहुँचाने की हिम्मत मत करना," वह घबरा कर चिल्लाई।

« Promets-moi que tu seras gentil avec eux, sinon je n'irai pas plus loin. »

"मुझसे वादा करो कि तुम उनके प्रति दयालु रहोगे, नहीं तो मैं एक कदम भी आगे नहीं बढ़ूंगा।"

« Tu ne connais rien aux chiens », lança Hal à sa sœur.

"तुम्हें कुत्तों के बारे में कुछ भी नहीं पता," हैल ने अपनी बहन पर चिल्लाते हुए कहा।

« Ils sont paresseux, et la seule façon de les déplacer est de les fouetter. »

"वे आलसी हैं, और उन्हें चलाने का एकमात्र तरीका उन्हें कोड़ा मारना है।"

« Demandez à n'importe qui, demandez à l'un de ces hommes là-bas si vous doutez de moi. »

"किसी से भी पूछो - अगर तुम्हें मुझ पर शक है तो वहाँ बैठे किसी आदमी से पूछो।"

Mercedes regarda les spectateurs avec des yeux suppliants et pleins de larmes.

मर्सिडीज़ ने दर्शकों की ओर नम आंखों से देखा।

Son visage montrait à quel point elle détestait la vue de la douleur.

उसके चेहरे से पता चल रहा था कि वह किसी भी दर्द को देखने से कितनी नफरत करती थी।

« Ils sont faibles, c'est tout », dit un homme. « Ils sont épuisés. »

एक आदमी ने कहा, "वे कमज़ोर हैं, बस इतना ही। वे घिस चुके हैं।"

« Ils ont besoin de repos, ils ont travaillé trop longtemps sans pause. »

"उन्हें आराम की ज़रूरत है - वे बिना ब्रेक के बहुत लंबे समय से काम कर रहे हैं।"

« Que le repos soit maudit », murmura Hal, la lèvre retroussée.

"बाकी सब धिक्कार है," हैल ने अपने होंठ सिकोड़ते हुए कहा।

Mercedes haleta, clairement peinée par ce mot grossier de sa part.

मर्सिडीज़ ने चौंककर कहा, उसे उसके मुंह से निकले अपशब्दों से स्पष्ट रूप से दुख हुआ था।

Pourtant, elle est restée loyale et a immédiatement défendu son frère.

फिर भी, वह वफादार रही और उसने तुरंत अपने भाई का बचाव किया।

« Ne fais pas attention à cet homme », dit-elle à Hal. « Ce sont nos chiens. »

"उस आदमी की परवाह मत करो," उसने हैल से कहा। "वे हमारे कुत्ते हैं।"

« Vous les conduisez comme bon vous semble, faites ce que vous pensez être juste. »

"आप उन्हें वैसे ही चलाएं जैसा आप उचित समझें - वही करें जो आपको सही लगे।"

Hal leva le fouet et frappa à nouveau les chiens sans pitié.

हैल ने कोड़ा उठाया और कुत्तों पर बिना किसी दया के पुनः प्रहार किया।

Ils se sont précipités en avant, le corps bas, les pieds poussant dans la neige.

वे आगे की ओर झुके, शरीर नीचे झुके हुए थे, पैर बर्फ में धंसे हुए थे।

Toutes leurs forces étaient utilisées pour tirer, mais le traîneau ne bougeait pas.

उनकी सारी ताकत खींचने में लग गई, लेकिन स्लेज आगे नहीं बढ़ रही थी।

Le traîneau est resté coincé, comme une ancre figée dans la neige tassée.

स्लेज वहीं अटकी रही, जैसे कोई लंगर जमी हुई बर्फ में फंस गया हो।

Après un deuxième effort, les chiens s'arrêtèrent à nouveau, haletants.

दूसरे प्रयास के बाद कुत्ते फिर रुक गए और ज़ोर-ज़ोर से हाँफने लगे।

Hal leva à nouveau le fouet, juste au moment où Mercedes intervenait à nouveau.

हेल ने एक बार फिर चाबुक उठाया, तभी मर्सिडीज ने फिर हस्तक्षेप किया।

Elle tomba à genoux devant Buck et lui serra le cou.

वह बक के सामने घुटनों के बल बैठ गई और उसकी गर्दन को गले लगा लिया।

Les larmes lui montèrent aux yeux tandis qu'elle suppliait le chien épuisé.

थके हुए कुत्ते से विनती करते हुए उसकी आंखों में आंसू भर आए।

« Pauvres chéris », dit-elle, « pourquoi ne tirez-vous pas plus fort ? »

"बेचारे, तुम लोग, थोड़ा और ज़ोर से क्यों नहीं खींचते?" उसने कहा।

« Si tu tires, tu ne seras pas fouetté comme ça. »

"अगर तुम खींचोगे, तो तुम्हें इस तरह से कोड़े नहीं मारे जाएँगे।"

Buck n'aimait pas Mercedes, mais il était trop fatigué pour lui résister maintenant.

बक को मर्सिडीज़ नापसंद थी, लेकिन अब वह उसका विरोध करने में असमर्थ था।

Il accepta ses larmes comme une simple partie de cette journée misérable.

उसने उसके आँसुओं को उस दुखद दिन का एक और हिस्सा मानकर स्वीकार कर लिया।

L'un des hommes qui regardaient a finalement parlé après avoir retenu sa colère.

वहां मौजूद एक व्यक्ति ने अपना गुस्सा काबू में रखते हुए आखिरकार बात की।

« Je me fiche de ce qui vous arrive, mais ces chiens comptent. »

"मुझे परवाह नहीं कि आप लोगों के साथ क्या होता है, लेकिन उन कुत्तों का महत्व है।"

« Si vous voulez aider, détachez ce traîneau, il est gelé dans la neige. »

"यदि आप मदद करना चाहते हैं, तो उस स्लेज को ढीला कर दें - यह बर्फ में जम गया है।"

« Appuyez fort sur la perche, à droite et à gauche, et brisez le sceau de glace. »

"जी-पोल पर ज़ोर से धक्का दो, दाएँ और बाएँ, और बर्फ़ की सील तोड़ दो।"

Une troisième tentative a été faite, cette fois-ci suite à la suggestion de l'homme.

इस बार उस व्यक्ति के सुझाव पर तीसरा प्रयास किया गया।

Hal a balancé le traîneau d'un côté à l'autre, libérant les patins.

हैल ने स्लेज को एक ओर से दूसरी ओर हिलाया, जिससे धावक अलग हो गए।

Le traîneau, bien que surchargé et maladroit, a finalement fait un bond en avant.

स्लेज, हालांकि अधिक भार से लदी हुई और बेढंगी थी, अंततः आगे बढ़ गई।

Buck et les autres tiraient sauvagement, poussés par une tempête de coups de fouet.

बक और अन्य लोग तेज झटके के साथ बेतहाशा आगे बढ़ रहे थे।

Une centaine de mètres plus loin, le sentier courbait et descendait en pente dans la rue.

सौ गज आगे रास्ता घुमावदार होकर सड़क पर उतर गया।

Il aurait fallu un conducteur expérimenté pour maintenir le traîneau droit.

स्लेज को सीधा रखने के लिए एक कुशल चालक की आवश्यकता थी।

Hal n'était pas habile et le traîneau a basculé en tournant dans le virage.

हैल कुशल नहीं था, और जब स्लेज मोड़ पर घूमी तो वह पलट गई।

Les sangles lâches ont cédé et la moitié de la charge s'est répandue sur la neige.

ढीली रस्सियाँ टूट गईं और आधा भार बर्फ पर गिर गया।

Les chiens ne s'arrêtèrent pas ; le traîneau le plus léger volait sur le côté.

कुत्ते नहीं रुके; हल्का स्लेज अपनी तरफ उड़ता चला गया।

En colère à cause des mauvais traitements et du lourd fardeau, les chiens couraient plus vite.

दुर्व्यवहार और भारी बोझ से क्रोधित होकर कुत्ते और तेजी से भागने लगे।

Buck, furieux, s'est mis à courir, suivi par l'équipe.

बक गुस्से में दौड़ पड़े, उनकी टीम भी उनके पीछे-पीछे चलने लगी।

Hal a crié « Whoa ! Whoa ! » mais l'équipe ne lui a pas prêté attention.

हैल चिल्लाया "वाह! वाह!" लेकिन टीम ने उस पर कोई ध्यान नहीं दिया।

Il a trébuché, est tombé et a été traîné au sol par le harnais.

वह लड़खड़ाकर गिर पड़ा और रस्सी के सहारे ज़मीन पर घसीटा गया।

Le traîneau renversé l'a heurté tandis que les chiens couraient devant.

कुत्ते आगे बढ़ते हुए पलटी हुई स्लेज से टकरा गए।

Le reste des fournitures est dispersé dans la rue animée de Skaguay.

बाकी सामान स्कागुए की व्यस्त सड़क पर बिखरा पड़ा था।

Des personnes au grand cœur se sont précipitées pour arrêter les chiens et rassembler le matériel.

दयालु लोग कुत्तों को रोकने और सामान इकट्ठा करने के लिए दौड़े।

Ils ont également donné des conseils, directs et pratiques, aux nouveaux voyageurs.

उन्होंने नये यात्रियों को स्पष्ट एवं व्यावहारिक सलाह भी दी।

« Si vous voulez atteindre Dawson, prenez la moitié du chargement et doublez les chiens. »

"यदि आप डावसन तक पहुंचना चाहते हैं, तो आधा भार ले जाएं और कुत्तों को दोगुना कर दें।"

Hal, Charles et Mercedes écoutaient, mais sans enthousiasme.

हैल, चार्ल्स और मर्सिडीज ने उनकी बातें सुनीं, हालांकि उत्साह के साथ नहीं।

Ils ont installé leur tente et ont commencé à trier leurs provisions.

उन्होंने अपना तंबू लगाया और अपनी आपूर्ति को छांटना शुरू कर दिया।

Des conserves sont sorties, ce qui a fait rire les spectateurs.

बाहर डिब्बाबंद सामान आया, जिसे देखकर देखने वाले लोग जोर से हंसने लगे।

« Des conserves sur le sentier ? Tu vas mourir de faim avant qu'elles ne fondent », a dit l'un d'eux.

"ट्रेल पर डिब्बाबंद सामान? इससे पहले कि वह पिघले, आप भूखे मर जाएंगे," एक ने कहा।

« Des couvertures d'hôtel ? Tu ferais mieux de toutes les jeter. »

"होटल के कम्बल? बेहतर होगा कि आप उन्हें फेंक दें।"

« Laissez tomber la tente aussi, et personne ne fait la vaisselle ici. »

"तम्बू भी हटा दो, और यहाँ कोई बर्तन नहीं धोएगा।"

« Tu crois que tu voyages dans un train Pullman avec des domestiques à bord ? »

"क्या आपको लगता है कि आप नौकरों के साथ पुलमैन ट्रेन में सफर कर रहे हैं?"

Le processus a commencé : chaque objet inutile a été jeté de côté.

प्रक्रिया शुरू हुई - हर बेकार वस्तु को एक तरफ फेंक दिया गया।

Mercedes a pleuré lorsque ses sacs ont été vidés sur le sol enneigé.

जब मर्सिडीज के बैग बर्फीली जमीन पर फेंके गए तो वह रोने लगी।

Elle sanglotait sur chaque objet jeté, un par un, sans pause.

वह बिना रुके, एक-एक करके बाहर फेंकी गई प्रत्येक वस्तु पर रोती रही।

Elle jura de ne plus faire un pas de plus, même pas pendant dix Charles.

उसने कसम खाई कि वह एक कदम भी आगे नहीं बढ़ेगी - दस चार्ल्स के लिए भी नहीं।

Elle a supplié chaque personne à proximité de la laisser
garder ses objets précieux.

उसने आस-पास खड़े हर व्यक्ति से अपनी कीमती चीजें रखने
की विनती की।

Finalement, elle s'essuya les yeux et commença à jeter même
les vêtements essentiels.

अन्त में उसने अपनी आँखें पोंछीं और अपने महत्वपूर्ण कपड़े
भी फेंकने लगी।

Une fois les siennes terminées, elle commença à vider les
provisions des hommes.

जब उसका काम पूरा हो गया तो उसने पुरुषों का सामान
खाली करना शुरू कर दिया।

Comme un tourbillon, elle a déchiré les affaires de Charles
et Hal.

बवंडर की तरह, उसने चार्ल्स और हैल के सामान को तहस-
नहस कर दिया।

Même si la charge était réduite de moitié, elle était encore
bien plus lourde que nécessaire.

यद्यपि भार आधा हो गया था, फिर भी यह आवश्यकता से
कहीं अधिक भारी था।

Cette nuit-là, Charles et Hal sont sortis et ont acheté six
nouveaux chiens.

उस रात, चार्ल्स और हैल बाहर गये और छह नये कुत्ते खरीद
लाये।

Ces nouveaux chiens ont rejoint les six originaux, plus Teek
et Koona.

ये नए कुत्ते मूल छह कुत्तों के साथ टीक और कूना में शामिल
हो गए।

Ensemble, ils formaient une équipe de quatorze chiens
attelés au traîneau.

उन्होंने मिलकर स्लेज से जुड़े चौदह कुत्तों का एक दल बनाया।

Mais les nouveaux chiens n'étaient pas aptes et mal entraînés au travail en traîneau.

लेकिन नए कुत्ते स्लेज कार्य के लिए अयोग्य थे और उन्हें ठीक से प्रशिक्षित नहीं किया गया था।

Trois des chiens étaient des pointeurs à poil court et un était un Terre-Neuve.

इनमें से तीन कुत्ते छोटे बालों वाले पॉइंटर थे, तथा एक न्यूफाउंडलैंड था।

Les deux derniers chiens étaient des bâtards sans race ni objectif clairement définis.

अंतिम दो कुत्ते ऐसे थे जिनकी नस्ल या उद्देश्य स्पष्ट नहीं था।

Ils n'ont pas compris le sentier et ne l'ont pas appris rapidement.

वे रास्ता नहीं समझ पाए और उन्होंने इसे जल्दी नहीं सीखा।

Buck et ses compagnons les regardaient avec mépris et une profonde irritation.

बक और उसके साथी उन्हें घृणा और गहरी खीझ के साथ देख रहे थे।

Bien que Buck leur ait appris ce qu'il ne fallait pas faire, il ne pouvait pas leur enseigner le devoir.

यद्यपि बक ने उन्हें सिखाया कि क्या नहीं करना चाहिए, परन्तु वह कर्तव्य नहीं सिखा सका।

Ils n'ont pas bien supporté la vie sur les sentiers ni la traction des rênes et des traîneaux.

वे पगडंडी पर चलने वाले जीवन या लगाम और स्लेज के खिंचाव को अच्छी तरह से स्वीकार नहीं करते थे।

Seuls les bâtards essayaient de s'adapter, et même eux manquaient d'esprit combatif.

केवल संकर जातियों ने ही अनुकूलन का प्रयास किया, और उनमें भी लड़ने की भावना का अभाव था।

Les autres chiens étaient confus, affaiblis et brisés par leur nouvelle vie.

अन्य कुत्ते अपने नए जीवन से भ्रमित, कमजोर और टूटे हुए थे।

Les nouveaux chiens étant désemparés et les anciens épuisés, l'espoir était mince.

नए कुत्तों के पास कोई जानकारी नहीं थी और पुराने कुत्ते थक चुके थे, इसलिए उम्मीद बहुत कम थी।

L'équipe de Buck avait parcouru deux mille cinq cents kilomètres de sentiers difficiles.

बक की टीम ने पच्चीस सौ मील की कठिन राह तय की थी।

Pourtant, les deux hommes étaient joyeux et fiers de leur grande équipe de chiens.

फिर भी, दोनों व्यक्ति प्रसन्न थे और उन्हें अपने बड़े कुत्ते दल पर गर्व था।

Ils pensaient voyager avec style, avec quatorze chiens attelés.

उन्हें लगा कि वे चौदह कुत्तों को साथ लेकर शानदार तरीके से यात्रा कर रहे हैं।

Ils avaient vu des traîneaux partir pour Dawson, et d'autres en arriver.

उन्होंने स्लेजों को डाउसन के लिए रवाना होते तथा अन्य को वहां से आते देखा था।

Mais ils n'en avaient jamais vu un tiré par quatorze chiens.

लेकिन उन्होंने कभी भी एक गाड़ी को चौदह कुत्तों द्वारा खींचते हुए नहीं देखा था।

Il y avait une raison pour laquelle de telles équipes étaient rares dans la nature sauvage de l'Arctique.

आर्कटिक के जंगलों में ऐसी टीमें दुर्लभ थीं, इसका एक कारण यह भी था।

Aucun traîneau ne pouvait transporter suffisamment de nourriture pour nourrir quatorze chiens pendant le voyage.

कोई भी स्लेज यात्रा के दौरान चौदह कुत्तों को खिलाने के लिए पर्याप्त भोजन नहीं ले जा सकता था।

Mais Charles et Hal ne le savaient pas : ils avaient fait le calcul.

लेकिन चार्ल्स और हैल को यह पता नहीं था - उन्होंने गणित कर लिया था।

Ils ont planifié la nourriture : tant par chien, tant de jours, et c'est fait.

उन्होंने भोजन की मात्रा निर्धारित कर ली थी: प्रति कुत्ते इतना, इतने दिनों में, तैयार।

Mercedes regarda leurs chiffres et hocha la tête comme si cela avait du sens.

मर्सिडीज़ ने उनके आंकड़े देखे और सिर हिलाया जैसे कि यह बात सही हो।

Tout cela lui semblait très simple, du moins sur le papier.

कम से कम कागज़ पर तो उसे यह सब बहुत सरल लगा।

Le lendemain matin, Buck conduisit lentement l'équipe dans la rue enneigée.

अगली सुबह, बक ने टीम को बर्फीली सड़क पर धीरे-धीरे आगे बढ़ाया।

Il n'y avait aucune énergie ni aucun esprit en lui ou chez les chiens derrière lui.

उसमें या उसके पीछे खड़े कुत्तों में कोई ऊर्जा या उत्साह नहीं था।

Ils étaient épuisés dès le départ, il n'y avait plus de réserve.

वे शुरू से ही बहुत थके हुए थे - उनके पास कोई अतिरिक्त ताकत नहीं बची थी।

Buck avait déjà effectué quatre voyages entre Salt Water et Dawson.

बक पहले ही साल्ट वाटर और डावसन के बीच चार यात्राएं कर चुका था।

Maintenant, confronté à nouveau à la même épreuve, il ne ressentait que de l'amertume.

अब, पुनः उसी राह पर चलते हुए, उसे केवल कड़वाहट महसूस हुई।

Son cœur n'y était pas, ni celui des autres chiens.

न तो उसका दिल इसमें था और न ही अन्य कुत्तों का दिल इसमें था।

Les nouveaux chiens étaient timides et les huskies manquaient totalement de confiance.

नये कुत्ते डरपोक थे और हस्कीज़ में विश्वास की कमी थी।

Buck sentait qu'il ne pouvait pas compter sur ces deux hommes ou sur leur sœur.

बक को लगा कि वह इन दो व्यक्तियों या उनकी बहन पर भरोसा नहीं कर सकता।

Ils ne savaient rien et ne montraient aucun signe d'apprentissage sur le sentier.

वे कुछ भी नहीं जानते थे और इस मार्ग पर सीखने का कोई संकेत भी नहीं दिखा।

Ils étaient désorganisés et manquaient de tout sens de la discipline.

वे अव्यवस्थित थे और उनमें अनुशासन की भावना का अभाव था।

Il leur fallait à chaque fois la moitié de la nuit pour monter un campement bâclé.

हर बार उन्हें एक ढीला-ढाला शिविर स्थापित करने में आधी रात लग जाती थी।

Et ils passèrent la moitié de la matinée suivante à tâtonner à nouveau avec le traîneau.

और अगली सुबह का आधा समय उन्होंने फिर से स्लेज के साथ छेड़छाड़ में बिताया।

À midi, ils s'arrêtaient souvent juste pour réparer la charge inégale.

दोपहर तक, वे अक्सर असमान लोड को ठीक करने के लिए रुक जाते थे।

Certains jours, ils parcouraient moins de dix milles au total.

कुछ दिनों में तो उन्होंने कुल मिलाकर दस मील से भी कम की यात्रा की।

D'autres jours, ils ne parvenaient pas du tout à quitter le camp.

अन्य दिनों में तो वे शिविर से बाहर ही नहीं निकल पाते थे।

Ils n'ont jamais réussi à couvrir la distance alimentaire prévue.

वे कभी भी नियोजित भोजन-दूरी को पूरा करने के करीब नहीं पहुंचे।

Comme prévu, ils ont très vite manqué de nourriture pour les chiens.

जैसी कि उम्मीद थी, बहुत जल्दी ही कुत्तों के लिए भोजन की कमी हो गई।

Ils ont aggravé la situation en les suralimentant au début.

शुरुआती दिनों में अधिक खिलाकर उन्होंने मामले को और बदतर बना दिया।

À chaque ration négligée, la famine se rapprochait.

इससे प्रत्येक लापरवाह राशन के साथ भुखमरी निकट आती गई।

Les nouveaux chiens n'avaient pas appris à survivre avec très peu.

नये कुत्तों ने बहुत कम में जीवित रहना नहीं सीखा था।

Ils mangeaient avec faim, avec un appétit trop grand pour le sentier.

वे भूख से खा रहे थे, उनकी भूख इतनी अधिक थी कि वे रास्ते में ही खाना खा सकते थे।

Voyant les chiens s'affaiblir, Hal pensait que la nourriture n'était pas suffisante.

कुत्तों को कमजोर होते देख, हैल को लगा कि भोजन पर्याप्त नहीं है।

Il a doublé les rations, rendant l'erreur encore pire.

उसने राशन दोगुना कर दिया, जिससे गलती और भी गंभीर हो गई।

Mercedes a aggravé le problème avec ses larmes et ses douces supplications.

मर्सिडीज ने आंसू बहाकर और धीमी विनती करके समस्या को और बढ़ा दिया।

Comme elle n'arrivait pas à convaincre Hal, elle nourrissait les chiens en secret.

जब वह हैल को मना नहीं सकी तो उसने गुप्त रूप से कुत्तों को खाना खिलाया।

Elle a volé des sacs de poissons et les leur a donnés dans son dos.

उसने मछलियों की बोरियों से कुछ चुराया और उसकी पीठ पीछे उन्हें दे दिया।

Mais ce dont les chiens avaient réellement besoin, ce n'était pas de plus de nourriture, mais de repos.

लेकिन कुत्तों को वास्तव में अधिक भोजन की नहीं, बल्कि आराम की आवश्यकता थी।

Ils progressaient mal, mais le lourd traîneau continuait à avancer.

वे समय कम निकाल पा रहे थे, लेकिन भारी स्लेज फिर भी घिसटती जा रही थी।

Ce poids à lui seul épuisait chaque jour leurs forces restantes.

अकेले उस वजन के कारण ही उनकी शेष शक्ति प्रतिदिन समाप्त हो रही थी।

Puis vint l'étape de la sous-alimentation, les réserves s'épuisant.

इसके बाद आपूर्ति कम होने के कारण अल्पपोषण की स्थिति आ गई।

Un matin, Hal s'est rendu compte que la moitié de la nourriture pour chien avait déjà disparu.

एक सुबह हैल को एहसास हुआ कि कुत्ते का आधा खाना तो पहले ही ख़त्म हो चुका था।

Ils n'avaient parcouru qu'un quart de la distance totale du sentier.

उन्होंने कुल दूरी का केवल एक चौथाई ही तय किया था।

On ne pouvait plus acheter de nourriture, quel que soit le prix proposé.

अब और भोजन नहीं खरीदा जा सकता था, चाहे कोई भी कीमत दी जाए।

Il a réduit les portions des chiens en dessous de la ration quotidienne standard.

उन्होंने कुत्तों के भोजन को मानक दैनिक राशन से कम कर दिया।

Dans le même temps, il a exigé des voyages plus longs pour compenser la perte.

साथ ही उन्होंने नुकसान की भरपाई के लिए लंबी यात्रा की मांग की।

Mercedes et Charles ont soutenu ce plan, mais ont échoué dans son exécution.

मर्सिडीज़ और चार्ल्स ने इस योजना का समर्थन किया, लेकिन क्रियान्वयन में असफल रहे।

Leur lourd traîneau et leur manque de compétences rendaient la progression presque impossible.

उनके भारी स्लेज और कौशल की कमी के कारण आगे बढ़ना लगभग असंभव हो गया।

Il était facile de donner moins de nourriture, mais impossible de forcer plus d'efforts.

कम भोजन देना आसान था, लेकिन अधिक प्रयास करने के लिए मजबूर करना असंभव था।

Ils ne pouvaient pas commencer plus tôt, ni voyager pendant des heures supplémentaires.

वे न तो जल्दी काम शुरू कर सकते थे और न ही अतिरिक्त घंटों तक यात्रा कर सकते थे।

Ils ne savaient pas comment travailler les chiens, ni eux-mêmes d'ailleurs.

वे न तो कुत्तों के साथ काम करना जानते थे, न ही स्वयं अपने साथ।

Le premier chien à mourir était Dub, le voleur malchanceux mais travailleur.

मरने वाला पहला कुत्ता डब था, जो बदकिस्मत लेकिन मेहनती चोर था।

Bien que souvent puni, Dub avait fait sa part sans se plaindre.

यद्यपि अक्सर उसे दंडित किया जाता था, लेकिन डब ने बिना किसी शिकायत के अपना काम किया।

Son épaule blessée s'est aggravée sans qu'il soit nécessaire de prendre soin de lui et de se reposer.

बिना देखभाल या आराम के उनका घायल कंधा और भी खराब हो गया।

Finalement, Hal a utilisé le revolver pour mettre fin aux souffrances de Dub.

अंततः, हेल ने डब की पीड़ा को समाप्त करने के लिए रिवॉल्वर का इस्तेमाल किया।

Un dicton courant dit que les chiens normaux meurent à cause des rations de husky.

एक आम कहावत है कि सामान्य कुत्ते हस्की राशन पर मर जाते हैं।

Les six nouveaux compagnons de Buck n'avaient que la moitié de la part de nourriture du husky.

बक के छह नए साथियों को हस्की के हिस्से का केवल आधा भोजन मिला।

Le Terre-Neuve est mort en premier, puis les trois braques à poil court.

सबसे पहले न्यूफाउंडलैंड की मृत्यु हुई, उसके बाद तीन छोटे बालों वाले पॉइंटर्स की।

Les deux bâtards résistèrent plus longtemps mais finirent par périr comme les autres.

दोनों संकर मादाएं काफी समय तक जीवित रहीं, लेकिन अंततः बाकी की तरह उनकी भी मृत्यु हो गई।

À cette époque, toutes les commodités et la douceur du Southland avaient disparu.

इस समय तक, साउथलैंड की सभी सुविधाएं और सौम्यता समाप्त हो चुकी थी।

Les trois personnes avaient perdu les dernières traces de leur éducation civilisée.

तीनों लोगों ने अपने सभ्य पालन-पोषण के अंतिम निशान मिटा दिए थे।

Dépouillé de glamour et de romantisme, le voyage dans l'Arctique est devenu brutalement réel.

ग्लैमर और रोमांस से रहित, आर्कटिक यात्रा क्रूर रूप से वास्तविक हो गई।

C'était une réalité trop dure pour leur sens de la virilité et de la féminité.

यह वास्तविकता उनके पुरुषत्व और नारीत्व की भावना के लिए बहुत कठोर थी।

Mercedes ne pleurait plus pour les chiens, mais maintenant elle pleurait seulement pour elle-même.

मर्सिडीज अब कुत्तों के लिए नहीं रोती थी, बल्कि केवल अपने लिए रोती थी।

Elle passait son temps à pleurer et à se disputer avec Hal et Charles.

वह अपना समय हैल और चार्ल्स के साथ रोते और झगड़ते हुए बिताती थी।

Se disputer était la seule chose qu'ils n'étaient jamais trop fatigués de faire.

झगड़ा करना एक ऐसा काम था जिसे करने से वे कभी थकते नहीं थे।

Leur irritabilité provenait de la misère, grandissait avec elle et la surpassait.

उनका चिड़चिड़ापन दुःख से आया, उसके साथ बढ़ता गया, और उससे आगे निकल गया।

La patience du sentier, connue de ceux qui peinent et souffrent avec bienveillance, n'est jamais venue.

पथ पर चलने का धैर्य, जो उन लोगों को ज्ञात है जो दयालुता से परिश्रम करते हैं और कष्ट सहते हैं, कभी नहीं आया।

Cette patience, qui garde la parole douce malgré la douleur, leur était inconnue.

वह धैर्य, जो कष्ट में भी वाणी को मधुर बनाये रखता है, उन्हें ज्ञात नहीं था।

Ils n'avaient aucune trace de patience, aucune force tirée de la souffrance avec grâce.

उनमें धैर्य का कोई चिह्न नहीं था, न ही अनुग्रहपूर्वक कष्ट सहने की शक्ति थी।

Ils étaient raides de douleur : leurs muscles, leurs os et leur cœur étaient douloureux.

वे दर्द से अकड़ गए थे - उनकी मांसपेशियों, हड्डियों और दिल में दर्द हो रहा था।

À cause de cela, ils devinrent acerbes et prompts à prononcer des paroles dures.

इस कारण वे तीखे वचन बोलने वाले और कठोर वचन बोलने में तेज हो गये।

Chaque jour commençait et se terminait par des voix en colère et des plaintes amères.

प्रत्येक दिन गुस्से भरी आवाजों और कटु शिकायतों के साथ शुरू और ख़त्म होता था।

Charles et Hal se disputaient chaque fois que Mercedes leur en donnait l'occasion.

जब भी मर्सिडीज़ को मौका मिलता, चार्ल्स और हैल झगड़ने लगते।

Chaque homme estimait avoir fait plus que sa juste part du travail.

प्रत्येक व्यक्ति का मानना था कि उसने अपने हिस्से से अधिक काम किया है।

Aucun des deux n'a jamais manqué une occasion de le dire, encore et encore.

दोनों ने ऐसा कहने का कोई मौका नहीं छोड़ा, बार-बार।

Parfois, Mercedes se rangeait du côté de Charles, parfois du côté de Hal.

कभी मर्सिडीज चार्ल्स का पक्ष लेती, कभी हैल का।

Cela a conduit à une grande et interminable querelle entre les trois.

इससे तीनों के बीच बड़ा और अंतहीन झगड़ा शुरू हो गया।

Une dispute sur la question de savoir qui devait couper le bois de chauffage est devenue incontrôlable.

जलाऊ लकड़ी कौन काटेगा, इस पर विवाद नियंत्रण से बाहर हो गया।

Bientôt, les pères, les mères, les cousins et les parents décédés ont été nommés.

जल्द ही, पिता, माता, चचेरे भाई-बहन और मृत रिश्तेदारों के नाम भी घोषित कर दिए गए।

Les opinions de Hal sur l'art ou les pièces de son oncle sont devenues partie intégrante du combat.

कला या अपने चाचा के नाटकों पर हैल के विचार लड़ाई का हिस्सा बन गए।

Les convictions politiques de Charles sont également entrées dans le débat.

चार्ल्स की राजनीतिक मान्यताएं भी बहस में शामिल हो गईं।

Pour Mercedes, même les ragots de la sœur de son mari semblaient pertinents.

मर्सिडीज को तो अपने पति की बहन की गपशप भी प्रासंगिक लगती थी।

Elle a exprimé son opinion sur ce sujet et sur de nombreux défauts de la famille de Charles.

उन्होंने इस विषय पर तथा चार्ल्स के परिवार की अनेक खामियों पर अपनी राय व्यक्त की।

Pendant qu'ils se disputaient, le feu restait éteint et le camp à moitié monté.

जब वे बहस कर रहे थे, तब आग बुझी हुई थी और शिविर आधा तैयार था।

Pendant ce temps, les chiens restaient froids et sans nourriture.

इस बीच, कुत्ते ठंड से ठिठुरते रहे और उन्हें भोजन भी नहीं मिला।

Mercedes avait un grief qu'elle considérait comme profondément personnel.

मर्सिडीज़ के पास एक शिकायत थी जिसे वह बेहद निजी मानती थी।

Elle se sentait maltraitée en tant que femme, privée de ses doux privilèges.

उन्होंने महसूस किया कि एक महिला के रूप में उनके साथ दुर्व्यवहार किया गया तथा उन्हें विशेषाधिकारों से वंचित रखा गया।

Elle était jolie et douce, et habituée à la chevalerie toute sa vie.

वह सुन्दर और कोमल थी, तथा जीवन भर शिष्टता से काम लेती रही।

Mais son mari et son frère la traitaient désormais avec impatience.

लेकिन अब उसके पति और भाई उसके साथ अधीरता से पेश आने लगे।

Elle avait pour habitude d'agir comme si elle était impuissante, et ils commencèrent à se plaindre.

उसकी आदत असहाय होने का नाटक करने की थी, और वे शिकायत करने लगे।

Offensée par cela, elle leur rendit la vie encore plus difficile.

इससे नाराज होकर उसने उनका जीवन और भी कठिन बना दिया।

Elle a ignoré les chiens et a insisté pour conduire elle-même le traîneau.

उसने कुत्तों की उपेक्षा की और स्वयं स्लेज की सवारी करने पर जोर दिया।

Bien que légère en apparence, elle pesait cent vingt livres.

यद्यपि वह देखने में गोरी थी, परन्तु उसका वजन एक सौ बीस पाउंड था।

Ce fardeau supplémentaire était trop lourd pour les chiens affamés et faibles.

भूखे, कमज़ोर कुत्तों के लिए यह अतिरिक्त बोझ बहुत ज़्यादा था।

Elle a continué à monter pendant des jours, jusqu'à ce que les chiens s'effondrent sous les rênes.

फिर भी, वह कई दिनों तक घुड़सवारी करती रही, जब तक कि कुत्ते लगाम में फंसकर थक नहीं गए।

Le traîneau s'arrêta et Charles et Hal la supplièrent de marcher.

स्लेज वहीं खड़ी रही और चार्ल्स और हैल ने उससे चलने की विनती की।

Ils la supplièrent et la supplièrent, mais elle pleura et les traita de cruels.

उन्होंने बहुत विनती की, अनुनय-विनय की, लेकिन वह रोती रही और उन्हें क्रूर कहती रही।

À une occasion, ils l'ont tirée du traîneau avec force et colère.

एक अवसर पर, उन्होंने उसे बहुत बल और क्रोध के साथ स्लेज से नीचे खींच लिया।

Ils n'ont plus jamais essayé après ce qui s'est passé cette fois-là.

उस बार जो हुआ उसके बाद उन्होंने दोबारा कभी प्रयास नहीं किया।

Elle devint molle comme un enfant gâté et s'assit dans la neige.

वह एक बिगड़ैल बच्चे की तरह लंगड़ाती हुई बर्फ में बैठ गयी।

Ils continuèrent leur chemin, mais elle refusa de se lever ou de les suivre.

वे आगे बढ़ गए, लेकिन उसने उठने या उनके पीछे आने से इनकार कर दिया।

Après trois milles, ils s'arrêtèrent, revinrent et la ramenèrent.

तीन मील चलने के बाद वे रुके, वापस लौटे और उसे वापस ले गए।

Ils l'ont rechargée sur le traîneau, en utilisant encore une fois la force brute.

उन्होंने पुनः पूरी ताकत लगाकर उसे स्लेज पर लाद दिया।

Dans leur profonde misère, ils étaient insensibles à la souffrance des chiens.

अपनी गहरी व्यथा में वे कुत्तों की पीड़ा के प्रति उदासीन थे।

Hal croyait qu'il fallait s'endurcir et il a imposé cette croyance aux autres.

हैल का मानना था कि व्यक्ति को कठोर होना चाहिए और उसने यह विश्वास दूसरों पर भी थोपा।

Il a d'abord essayé de prêcher sa philosophie à sa sœur

उन्होंने सबसे पहले अपनी बहन को अपना दर्शनशास्त्र समझाने की कोशिश की।

et puis, sans succès, il prêcha à son beau-frère.

और फिर, सफलता न मिलने पर, उसने अपने बहनोई को उपदेश दिया।

Il a eu plus de succès avec les chiens, mais seulement parce qu'il leur a fait du mal.

कुत्तों के साथ उसे अधिक सफलता मिली, लेकिन केवल इसलिए क्योंकि उसने उन्हें चोट पहुंचाई थी।

Chez Five Fingers, la nourriture pour chiens est complètement épuisée.

फाइव फिंगर्स में कुत्तों के लिए भोजन पूरी तरह से ख़त्म हो गया।

Une vieille squaw édentée a vendu quelques kilos de peau de cheval congelée

एक दंतहीन बूढ़ी महिला ने कुछ पाउंड जमे हुए घोड़े की खाल बेची

Hal a échangé son revolver contre la peau de cheval séchée.

हैल ने अपनी रिवाल्वर को सूखे घोड़े की खाल के बदले बेच दिया।

La viande provenait de chevaux affamés d'éleveurs de bétail des mois auparavant.

यह मांस महीनों पहले भूखे पशुपालकों के घोड़ों से लाया गया था।

Gelée, la peau était comme du fer galvanisé ; dure et immangeable.

जमने पर चमड़ा लोहे की तरह सख्त और अखाद्य हो गया था।

Les chiens devaient mâcher la peau sans fin pour la manger.

कुत्तों को खाल को खाने के लिए उसे लगातार चबाना पड़ा।

Mais les cordes en cuir et les cheveux courts n'étaient guère une nourriture.

लेकिन चमड़े की डोरियाँ और छोटे बाल पोषण के लिए बिलकुल भी उपयुक्त नहीं थे।

La majeure partie de la peau était irritante et ne constituait pas véritablement de la nourriture.

खाल का अधिकांश भाग परेशान करने वाला था, तथा सही मायनों में भोजन नहीं था।

Et pendant tout ce temps, Buck titubait en tête, comme dans un cauchemar.

और इस सबके बीच, बक किसी बुरे सपने की तरह आगे की ओर लड़खड़ाता रहा।

Il tirait quand il le pouvait ; quand il ne le pouvait pas, il restait allongé jusqu'à ce qu'un fouet ou un gourdin le relève.

जब सक्षम होता तो वह खींचता था; जब सक्षम नहीं होता तो तब तक लेटा रहता था जब तक चाबुक या डंडे से उसे उठाया नहीं जाता था।

Son pelage fin et brillant avait perdu toute sa rigidité et son éclat d'autrefois.

उसके सुन्दर, चमकदार बालों की सारी कठोरता और चमक खत्म हो गई थी।

Ses cheveux pendaient, mous, en bataille et coagulés par le sang séché des coups.

उसके बाल लटक रहे थे, उलझे हुए थे, और मार से सूखे खून से जम गए थे।

Ses muscles se sont réduits à l'état de cordes et ses coussinets de chair étaient tous usés.

उसकी मांसपेशियाँ सिकुड़कर तार जैसी हो गयी थीं, और उसकी मांस-तंतु सब घिस गये थे।

Chaque côte, chaque os apparaissait clairement à travers les plis de la peau ridée.

प्रत्येक पसली, प्रत्येक हड्डी झुर्रीदार त्वचा की तहों के माध्यम से स्पष्ट रूप से दिखाई दे रही थी।

C'était déchirant, mais le cœur de Buck ne pouvait pas se briser.

यह हृदय विदारक था, फिर भी बक का दिल नहीं टूट सका।

L'homme au pull rouge avait testé cela et l'avait prouvé il y a longtemps.

लाल स्वेटर वाले व्यक्ति ने बहुत पहले ही इसका परीक्षण कर लिया था और इसे सिद्ध भी कर दिया था।

Comme ce fut le cas pour Buck, ce fut le cas pour tous ses coéquipiers restants.

जैसा बक के साथ हुआ, वैसा ही उसके सभी शेष साथियों के साथ भी हुआ।

Il y en avait sept au total, chacun étant un squelette ambulant de misère.

कुल सात लोग थे, जिनमें से प्रत्येक दुख का चलता-फिरता कंकाल था।

Ils étaient devenus insensibles au fouet, ne ressentant qu'une douleur lointaine.

वे कोड़ों के प्रति सुन्न हो गए थे, केवल दूर का दर्द ही महसूस कर रहे थे।

Même la vue et le son leur parvenaient faiblement, comme à travers un épais brouillard.

यहां तक कि दृश्य और ध्वनि भी उन तक धुंधले रूप से पहुंचती थी, जैसे घने कोहरे के माध्यम से।

Ils n'étaient pas à moitié vivants : c'étaient des os avec de faibles étincelles à l'intérieur.

वे आधे जीवित नहीं थे - वे हड्डियाँ थीं जिनके अन्दर मंद चिंगारियाँ थीं।

Lorsqu'ils s'arrêtèrent, ils s'effondrèrent comme des cadavres, leurs étincelles presque éteintes.

जब उन्हें रोका गया तो वे लाशों की तरह गिर पड़े, उनकी चिंगारियां लगभग खत्म हो गईं।

Et lorsque le fouet ou le gourdin frappaient à nouveau, les étincelles voltigeaient faiblement.

और जब चाबुक या डंडा दोबारा मारा जाता तो चिंगारियां कमजोर ढंग से फड़फड़ातीं।

Puis ils se levèrent, titubèrent en avant et traînèrent leurs membres en avant.

फिर वे उठे, लड़खड़ाते हुए आगे बढ़े और अपने अंगों को घसीटते हुए आगे बढ़े।

Un jour, le gentil Billee tomba et ne put plus se relever du tout.

एक दिन दयालु बिली गिर पड़ी और फिर उठ न सकी।

Hal avait échangé son revolver, alors il a utilisé une hache pour tuer Billee à la place.

हैल ने अपनी रिवाल्वर बेच दी थी, इसलिए उसने बिली को मारने के लिए कुल्हाड़ी का इस्तेमाल किया।

Il le frappa à la tête, puis lui coupa le corps et le traîna.

उसने उसके सिर पर वार किया, फिर उसके शरीर को काटकर अलग कर दिया और उसे घसीटकर ले गया।

Buck vit cela, et les autres aussi ; ils savaient que la mort était proche.

बक ने यह देखा, और अन्य लोगों ने भी; वे जानते थे कि मृत्यु निकट है।

Le lendemain, Koona partit, ne laissant que cinq chiens dans l'équipe affamée.

अगले दिन कूना चला गया, और भूखे दल में केवल पांच कुत्ते रह गए।

Joe, qui n'était plus méchant, était trop loin pour se rendre compte de quoi que ce soit.

जो अब दुष्ट नहीं रहा, वह इतना दूर चला गया था कि उसे कुछ भी पता नहीं था।

Pike, ne faisant plus semblant d'être blessé, était à peine conscient.

पाइक अब चोट का नाटक नहीं कर रहा था, वह लगभग बेहोश था।

Solleks, toujours fidèle, se lamentait de ne plus avoir de force à donner.

सोलेक्स, जो अभी भी वफादार था, शोक मनाता रहा कि उसके पास देने के लिए कोई ताकत नहीं थी।

Teek a été le plus battu parce qu'il était plus frais, mais qu'il s'estompait rapidement.

टीक को सबसे अधिक इसलिए हराया गया क्योंकि वह नया था, लेकिन तेजी से कमजोर होता जा रहा था।

Et Buck, toujours en tête, ne maintenait plus l'ordre ni ne le faisait respecter.

और बक, जो अभी भी नेतृत्व में था, अब न तो व्यवस्था बनाए रखता था और न ही उसे लागू करता था।

À moitié aveugle à cause de sa faiblesse, Buck suivit la piste au toucher seul.

कमजोरी के कारण आधा अंधा होकर बक अकेले ही मार्ग का अनुसरण करता रहा।

C'était un beau temps printanier, mais aucun d'entre eux ne l'a remarqué.

मौसम बहुत सुंदर था, लेकिन किसी ने इस पर ध्यान नहीं दिया।

Chaque jour, le soleil se levait plus tôt et se couchait plus tard qu'avant.

प्रत्येक दिन सूर्य पहले की अपेक्षा पहले उदय होता था और बाद में अस्त होता था।

À trois heures du matin, l'aube était arrivée ; le crépuscule durait jusqu'à neuf heures.

सुबह तीन बजे तक भोर हो गई, तथा अँधेरा नौ बजे तक जारी रहा।

Les longues journées étaient remplies du plein soleil printanier.

लम्बे दिन वसंत की धूप की पूरी चमक से भरे हुए थे।

Le silence fantomatique de l'hiver s'était transformé en un murmure chaleureux.

सर्दियों की भूतिया खामोशी एक गर्म बड़बड़ाहट में बदल गई थी।

Toute la terre s'éveillait, animée par la joie des êtres vivants.

सारी धरती जाग रही थी, जीवित प्राणियों के आनंद से जीवंत।

Le bruit provenait de ce qui était resté mort et immobile pendant l'hiver.

यह ध्वनि उस चीज़ से आ रही थी जो सर्दियों के दौरान मृत और स्थिर पड़ी थी।

Maintenant, ces choses bougeaient à nouveau, secouant le long sommeil de gel.

अब, वे चीजें फिर से हिलने लगीं, जिससे लम्बी ठंडी नींद टूट गई।

La sève montait à travers les troncs sombres des pins en attente.

प्रतीक्षारत देवदार के पेड़ों के काले तनों से रस निकल रहा था।

Les saules et les trembles font apparaître de jeunes bourgeons brillants sur chaque brindille.

विलो और ऐस्पन की प्रत्येक टहनी पर चमकीली युवा कलियाँ फूटती हैं।

Les arbustes et les vignes se parent d'un vert frais tandis que les bois prennent vie.

जंगल जीवंत हो गया और झाड़ियाँ और लताएँ हरी हो गईं।

Les grillons chantaient la nuit et les insectes rampaient au soleil.

रात में झींगुर चहचहाते थे और दिन के उजाले में कीड़े रेंगते थे।

Les perdrix résonnaient et les pics frappaient profondément dans les arbres.

तीतरों की दहाड़ सुनाई दी और कठफोड़वे पेड़ों की गहराई में दस्तक देने लगे।

Les écureuils bavardaient, les oiseaux chantaient et les oies klaxonnaient au-dessus des chiens.

गिलहरियाँ चहचहा रही थीं, पक्षी गा रहे थे, और हंस कुत्तों के ऊपर भौंक रहे थे।

Les oiseaux sauvages arrivaient en groupes serrés, volant vers le haut depuis le sud.

जंगली पक्षी तीखे पंखों के साथ दक्षिण दिशा से उड़ते हुए आये।

De chaque colline venait la musique des ruisseaux cachés et impétueux.

हर पहाड़ी से छुपी हुई, तेज़ बहती धाराओं का संगीत आ रहा था।

Toutes choses ont dégelé et se sont brisées, se sont pliées et ont repris leur mouvement.

सभी चीजें पिघल गईं, टूट गईं, मुड़ गईं और पुनः गति में आ गईं।

Le Yukon s'efforçait de briser les chaînes de froid de la glace gelée.

युकोन ने जमी हुई बर्फ की शीत श्रृंखलाओं को तोड़ने के लिए कड़ी मेहनत की।

La glace fondait en dessous, tandis que le soleil la faisait fondre par le dessus.

बर्फ नीचे से पिघल रही थी, जबकि सूरज उसे ऊपर से पिघला रहा था।

Des trous d'aération se sont ouverts, des fissures se sont propagées et des morceaux sont tombés dans la rivière.

हवा के छिद्र खुल गए, दरारें फैल गईं और टुकड़े नदी में गिरने लगे।

Au milieu de toute cette vie débordante et flamboyante, les voyageurs titubaient.

इस भागदौड़ भरी जिंदगी के बीच यात्री लड़खड़ा रहे थे।

Deux hommes, une femme et une meute de huskies marchaient comme des morts.

दो पुरुष, एक महिला और हस्की (एक प्रकार का पक्षी) का एक झुंड मरे हुए लोगों की तरह चल रहे थे।

Les chiens tombaient, Mercedes pleurait, mais continuait à conduire le traîneau.

कुते गिर रहे थे, मर्सिडीज रो रही थी, लेकिन फिर भी स्लेज पर सवार थी।

Hal jura faiblement et Charles cligna des yeux à travers ses yeux larmoyants.

हैल ने कमजोर स्वर में कोसा और चार्ल्स ने नम आंखों से पलकें झपकाईं।

Ils tombèrent sur le camp de John Thornton à l'embouchure de la rivière White.

वे व्हाइट नदी के मुहाने पर जॉन थॉर्नटन के शिविर में पहुंचे।

Lorsqu'ils s'arrêtèrent, les chiens s'effondrèrent, comme s'ils étaient tous morts.

जब वे रुके तो कुत्ते नीचे गिर पड़े, मानो सभी मर गए हों।

Mercedes essuya ses larmes et regarda John Thornton.

मर्सिडीज ने अपने आँसू पोंछे और जॉन थॉर्नटन की ओर देखा।

Charles s'assit sur une bûche, lentement et raidement, souffrant du sentier.

चार्ल्स एक लकड़ी के लट्ठे पर धीरे-धीरे और अकड़कर बैठा, उसे रास्ते में दर्द हो रहा था।

Hal parlait pendant que Thornton sculptait l'extrémité d'un manche de hache.

हैल ने बात की, जबकि थॉर्नटन ने कुल्हाड़ी के हैंडल का अंत तराशा।

Il taillait du bois de bouleau et répondait par des réponses brèves et fermes.

उसने सन्टी की लकड़ी को छीला और संक्षिप्त, दृढ़ उत्तर दिया।

Lorsqu'on lui a demandé son avis, il a donné des conseils, certain qu'ils ne seraient pas suivis.

जब उनसे पूछा गया तो उन्होंने सलाह दी, लेकिन उन्हें यकीन था कि इसका पालन नहीं किया जाएगा।

Hal a expliqué : « Ils nous ont dit que la glace du sentier disparaissait. »

हैल ने बताया, "उन्होंने हमें बताया कि रास्ते से बर्फ पिघल रही है।"

« Ils ont dit que nous devions rester sur place, mais nous sommes arrivés à White River. »

"उन्होंने कहा कि हमें यहीं रुकना चाहिए - लेकिन हम व्हाइट रिवर तक पहुंच गए।"

Il a terminé sur un ton moqueur, comme pour crier victoire dans les difficultés.

उन्होंने व्यंग्यात्मक लहजे में अपनी बात समाप्त की, मानो कठिनाई में विजय का दावा कर रहे हों।

« Et ils t'ont dit la vérité », répondit doucement John Thornton à Hal.

"और उन्होंने तुम्हें सच बताया," जॉन थॉर्नटन ने हैल को शांति से उत्तर दिया।

« La glace peut céder à tout moment, elle est prête à tomber. »

"बर्फ किसी भी क्षण टूट सकती है - यह गिरने के लिए तैयार है।"

« Seuls un peu de chance et des imbéciles ont pu arriver jusqu'ici en vie. »

"केवल अंधे भाग्य और मूर्ख ही इतनी दूर तक जीवित बच सकते थे।"

« Je vous le dis franchement, je ne risquerais pas ma vie pour tout l'or de l'Alaska. »

"मैं आपको स्पष्ट रूप से बताता हूं, मैं अलास्का के सारे सोने के लिए अपनी जान जोखिम में नहीं डालूंगा।"

« C'est parce que tu n'es pas un imbécile, je suppose », répondit Hal.

"ऐसा इसलिए है क्योंकि आप मूर्ख नहीं हैं, मुझे लगता है," हैल ने उत्तर दिया।

« Tout de même, nous irons à Dawson. » Il déroula son fouet.

"फिर भी, हम डाउसन की ओर चलेंगे।" उसने अपना चाबुक निकाला।

« Monte là-haut, Buck ! Salut ! Debout ! Vas-y ! » cria-t-il durement.

"वहाँ चढ़ जाओ, बक! हाय! उठो! चलो!" वह कठोरता से चिल्लाया।

Thornton continuait à tailler, sachant que les imbéciles n'entendraient pas la raison.

थॉर्नटन लगातार नक्काशी करते रहे, क्योंकि उन्हें पता था कि मूर्ख लोग तर्क नहीं सुनेंगे।

Arrêter un imbécile était futile, et deux ou trois imbéciles ne changeaient rien.

एक मूर्ख को रोकना व्यर्थ था - और दो या तीन बार मूर्ख बनाये जाने से कुछ नहीं बदलता।

Mais l'équipe n'a pas bougé au son de l'ordre de Hal.

लेकिन हैल के आदेश पर भी टीम आगे नहीं बढ़ी।

Désormais, seuls les coups pouvaient les faire se relever et avancer.

अब तक केवल प्रहार से ही उन्हें उठाया जा सकता था और आगे खींचा जा सकता था।

Le fouet claquait encore et encore sur les chiens affaiblis.

कमज़ोर कुत्तों पर बार-बार चाबुक बरसाया गया।

John Thornton serra fermement ses lèvres et regarda en silence.

जॉन थॉर्नटन ने अपने होठों को कसकर दबाया और चुपचाप देखता रहा।

Solleks fut le premier à se relever sous le fouet.

सोलेक्स कोड़े की मार के नीचे रेंगकर अपने पैरों पर खड़ा होने वाला पहला व्यक्ति था।

Puis Teek le suivit, tremblant. Joe poussa un cri en se relevant.

फिर टीक कांपता हुआ उसके पीछे आया। जो लड़खड़ाते हुए उठा और चिल्लाया।

Pike a essayé de se relever, a échoué deux fois, puis est finalement resté debout, chancelant.

पाइक ने उठने की कोशिश की, दो बार असफल रहा, फिर अंततः अस्थिर होकर खड़ा हो गया।

Mais Buck resta là où il était tombé, sans bouger du tout cette fois.

लेकिन बक वहीं पड़ा रहा जहां वह गिरा था, इस बार वह बिल्कुल भी नहीं हिला।

Le fouet le frappait à plusieurs reprises, mais il ne faisait aucun bruit.

कोड़े ने उसे बार-बार मारा, लेकिन उसने कोई आवाज नहीं की।

Il n'a pas bronché ni résisté, il est simplement resté immobile et silencieux.

वह न तो झुका और न ही प्रतिरोध किया, बस शांत और स्थिर रहा।

Thornton remua plus d'une fois, comme pour parler, mais ne le fit pas.

थॉर्नटन एक से अधिक बार हिला, मानो बोलना चाहता हो, लेकिन बोला नहीं।

Ses yeux s'humidifièrent, et le fouet continuait à claquer contre Buck.

उसकी आँखें नम हो गईं, और फिर भी कोड़ा बक पर टूट पड़ा।

Finalement, Thornton commença à marcher lentement, ne sachant pas quoi faire.

अंततः थॉर्नटन धीरे-धीरे चलने लगा, उसे समझ में नहीं आ रहा था कि क्या करे।

C'était la première fois que Buck échouait, et Hal devint furieux.

यह पहली बार था जब बक असफल हुआ था, और हैल क्रोधित हो गया।

Il a jeté le fouet et a pris la lourde massue à la place.

उसने चाबुक फेंक दिया और उसकी जगह भारी डंडा उठा लिया।

Le gourdin en bois s'abattit violemment, mais Buck ne se releva toujours pas pour bouger.

लकड़ी का डंडा जोर से नीचे गिरा, लेकिन बक फिर भी हिलने के लिए नहीं उठा।

Comme ses coéquipiers, il était trop faible, mais plus que cela.

अपने साथियों की तरह वह भी बहुत कमज़ोर था - लेकिन उससे भी अधिक।

Buck avait décidé de ne pas bouger, quoi qu'il arrive.

बक ने निर्णय कर लिया था कि वह आगे नहीं बढ़ेगा, चाहे आगे कुछ भी हो।

Il sentait quelque chose de sombre et de certain planer juste devant lui.

उसे लगा कि कुछ अंधकारमय और निश्चित चीज़ उसके सामने ही मँडरा रही है।

Cette peur l'avait saisi dès qu'il avait atteint la rive du fleuve.

नदी किनारे पहुंचते ही उस भय ने उसे जकड़ लिया।

Cette sensation ne l'avait pas quitté depuis qu'il sentait la glace s'amincir sous ses pattes.

जब से उसने अपने पंजों के नीचे बर्फ की पतली परत को महसूस किया था, तब से यह एहसास उसके अंदर से खत्म नहीं हुआ था।

Quelque chose de terrible l'attendait – il le sentait juste au bout du sentier.

कुछ भयानक चीज़ उसकी प्रतीक्षा कर रही थी - उसे यह अहसास रास्ते के नीचे ही हुआ।

Il n'allait pas marcher vers cette terrible chose devant lui.

वह उस भयानक चीज़ की ओर नहीं जा रहा था जो आगे आने वाली थी

Il n'allait pas obéir à un quelconque ordre qui le conduirait à cette chose.

वह किसी भी आदेश का पालन नहीं करने वाला था जो उसे उस चीज़ तक ले जाता।

La douleur des coups ne l'atteignait plus guère, il était trop loin.

अब उसे मार का दर्द भी महसूस नहीं हो रहा था - वह बहुत दूर जा चुका था।

L'étincelle de vie vacillait faiblement, s'affaiblissant sous chaque coup cruel.

जीवन की चिंगारी धीमी गति से टिमटिमा रही थी, प्रत्येक क्रूर प्रहार के नीचे मंद पड़ रही थी।

Ses membres semblaient lointains ; tout son corps semblait appartenir à un autre.

उसके अंग दूर-दूर लग रहे थे; उसका पूरा शरीर किसी और का लग रहा था।

Il ressentit un étrange engourdissement alors que la douleur disparaissait complètement.

जैसे ही दर्द पूरी तरह खत्म हुआ, उसे एक अजीब सी सुन्नता महसूस हुई।

De loin, il sentait qu'il était battu, mais il le savait à peine.

दूर से उसे महसूस हो गया कि उसे पीटा जा रहा है, लेकिन उसे इसका पता नहीं चला।

Il pouvait entendre les coups sourds faiblement, mais ils ne faisaient plus vraiment mal.

वह धमाकों की हल्की आवाज सुन सकता था, लेकिन अब उनसे कोई वास्तविक चोट नहीं लगती थी।

Les coups ont porté, mais son corps ne semblait plus être le sien.

वार तो हुए, लेकिन उसका शरीर अब उसका अपना नहीं लग रहा था।

Puis, soudain, sans prévenir, John Thornton poussa un cri sauvage.

तभी अचानक, बिना किसी चेतावनी के, जॉन थॉर्नटन ने जोर से चीख मारी।

C'était inarticulé, plus le cri d'une bête que celui d'un homme.

यह अस्पष्ट थी, मनुष्य की नहीं, बल्कि पशु की चीख थी।

Il sauta sur l'homme avec la massue et renversa Hal en arrière.

वह डंडा लिए हुए आदमी पर झपटा और हैल को पीछे की ओर गिरा दिया।

Hal vola comme s'il avait été frappé par un arbre, atterrissant durement sur le sol.

हैल ऐसे उड़ा जैसे किसी पेड़ से टकराया हो, और जोर से ज़मीन पर गिरा।

Mercedes a crié de panique et s'est agrippée au visage.

मर्सिडीज़ घबराहट में जोर से चिल्लाई और अपना चेहरा पकड़ लिया।

Charles se contenta de regarder, s'essuya les yeux et resta assis.

चार्ल्स केवल देखता रहा, अपनी आंखें पोंछता रहा और बैठा रहा।

Son corps était trop raide à cause de la douleur pour se lever ou aider au combat.

उसका शरीर दर्द से इतना अकड़ गया था कि वह उठ नहीं सका या लड़ाई में मदद नहीं कर सका।

Thornton se tenait au-dessus de Buck, tremblant de fureur, incapable de parler.

थॉर्नटन बक के पास खड़ा था, क्रोध से कांप रहा था, बोल नहीं पा रहा था।

Il tremblait de rage et luttait pour trouver sa voix à travers elle.

वह क्रोध से कांप उठा और अपनी आवाज निकालने की कोशिश करने लगा।

« Si tu frappes encore ce chien, je te tue », dit-il finalement.

अंत में उसने कहा, "अगर तुमने उस कुत्ते पर दोबारा हमला किया तो मैं तुम्हें मार डालूंगा।"

Hal essuya le sang de sa bouche et s'avança à nouveau.

हैल ने अपने मुंह से खून पोंछा और पुनः आगे आया।

« C'est mon chien », murmura-t-il. « Dégage, ou je te répare. »

"यह मेरा कुत्ता है," वह बुदबुदाया। "रास्ते से हट जाओ, नहीं तो मैं तुम्हें मार डालूँगा।"

« Je vais à Dawson, et vous ne m'en empêcherez pas », a-t-il ajouté.

उन्होंने कहा, "मैं डाउसन जा रहा हूं और आप मुझे रोक नहीं रहे हैं।"

Thornton se tenait fermement entre Buck et le jeune homme en colère.

बक और क्रोधित युवक के बीच थॉर्नटन मजबूती से खड़ा रहा।

Il n'avait aucune intention de s'écarter ou de laisser passer Hal.

उसका एक तरफ हटने या हैल को जाने देने का कोई इरादा नहीं था।

Hal sortit son couteau de chasse, long et dangereux à la main.

हैल ने अपना शिकार करने वाला चाकू निकाला, जो हाथ में लम्बा और खतरनाक था।

Mercedes a crié, puis pleuré, puis ri dans une hystérie sauvage.

मर्सिडीज पहले चीखी, फिर रोई, फिर उन्माद में हंसने लगी।

Thornton frappa la main de Hal avec le manche de sa hache, fort et vite.

थॉर्नटन ने अपनी कुल्हाड़ी के हैंडल से हैल के हाथ पर जोरदार और तेज प्रहार किया।

Le couteau s'est détaché de la main de Hal et a volé au sol.

चाकू हेल की पकड़ से छूटकर ज़मीन पर गिर गया।

Hal essaya de ramasser le couteau, et Thornton frappa à nouveau ses jointures.

हैल ने चाकू उठाने की कोशिश की, और थॉर्नटन ने फिर से उसकी अंगुलियों पर थपकी दी।

Thornton se baissa alors, attrapa le couteau et le tint.

तभी थॉर्नटन नीचे झुका, चाकू पकड़ लिया और उसे पकड़ लिया।

D'un coup rapide de manche de hache, il coupa les rênes de Buck.

कुल्हाड़ी के हैंडल के दो तेज वार से उसने बक की लगाम काट दी।

Hal n'avait plus aucune résistance et s'éloigna du chien.

हैल में लड़ने की कोई क्षमता नहीं बची थी और वह कुते से पीछे हट गया।

De plus, Mercedes avait désormais besoin de ses deux bras pour se maintenir debout.

इसके अलावा, मर्सिडीज को अब सीधा खड़े रहने के लिए दोनों हाथों की जरूरत थी।

Buck était trop proche de la mort pour pouvoir à nouveau tirer un traîneau.

बक मौत के इतने करीब था कि वह फिर से स्लेज खींचने के काम में नहीं आ सका।

Quelques minutes plus tard, ils se sont retirés et ont descendu la rivière.

कुछ मिनट बाद वे नदी की ओर बढ़ चले।

Buck leva faiblement la tête et les regarda quitter la banque.

बक ने कमज़ोरी से अपना सिर उठाया और उन्हें बैंक से बाहर जाते हुए देखा।

Pike a mené l'équipe, avec Solleks à l'arrière dans la roue.

पाइक ने टीम का नेतृत्व किया, जबकि सोलेक्स व्हील स्पॉट पर सबसे पीछे थे।

Joe et Teek marchaient entre eux, tous deux boitant d'épuisement.

जो और टीक दोनों ही थकान के कारण लंगड़ाते हुए उनके बीच से गुजरे।

Mercedes s'assit sur le traîneau et Hal saisit le long mât.

मर्सिडीज़ स्लेज पर बैठ गई और हैल ने लंबे जी-पोल को पकड़ लिया।

Charles trébuchait derrière, ses pas maladroits et incertains.

चार्ल्स पीछे से लड़खड़ाता हुआ आया, उसके कदम अनाड़ी और अनिश्चित थे।

Thornton s'agenouilla près de Buck et chercha doucement des os cassés.

थॉर्नटन बक के पास घुटनों के बल बैठ गया और धीरे से टूटी हड्डियों को छूने लगा।

Ses mains étaient rudes mais bougeaient avec gentillesse et attention.

उसके हाथ खुरदरे थे, लेकिन दयालुता और देखभाल से चलते थे।

Le corps de Buck était meurtri mais ne présentait aucune blessure durable.

बक के शरीर पर चोटें थीं, लेकिन कोई स्थायी चोट नहीं थी।

Ce qui restait, c'était une faim terrible et une faiblesse quasi totale.

जो बचा वह था भयंकर भूख और लगभग पूर्ण कमजोरी।

Au moment où cela fut clair, le traîneau était déjà loin en aval.

जब तक यह बात स्पष्ट हुई, स्लेज नदी में काफी दूर जा चुकी थी।

L'homme et le chien regardaient le traîneau ramper lentement sur la glace fissurée.

आदमी और कुत्ते ने स्लेज को धीरे-धीरे टूटती बर्फ पर रेंगते हुए देखा।

Puis, ils virent le traîneau s'enfoncer dans un creux.

तभी उन्होंने देखा कि स्लेज एक गड्ढे में डूब गई।

Le mât s'est envolé, Hal s'y accrochant toujours en vain.

जी-पोल उड़ गया, और हेल अभी भी व्यर्थ ही उससे चिपका हुआ था।

Le cri de Mercedes les atteignit à travers la distance froide.

मर्सिडीज़ की चीख दूर-दूर तक उन तक पहुंची।

Charles se retourna et recula, mais il était trop tard.

चार्ल्स मुड़ा और पीछे हट गया - लेकिन तब तक बहुत देर हो चुकी थी।

Une calotte glaciaire entière a cédé et ils sont tous tombés à travers.

पूरी बर्फ की चादर टूट गई और वे सभी नीचे गिर गए।

Les chiens, le traîneau et les gens ont disparu dans l'eau noire en contrebas.

कुत्ते, स्लेज और लोग नीचे काले पानी में गायब हो गए।

Il ne restait qu'un large trou dans la glace là où ils étaient passés.

जहां से वे गुजरे थे वहां बर्फ में केवल एक चौड़ा छेद रह गया था।

Le fond du sentier s'était affaissé, comme Thornton l'avait prévenu.

पगडंडी का निचला हिस्सा ढह चुका था - ठीक वैसे ही जैसा कि थॉर्नटन ने चेतावनी दी थी।

Thornton et Buck se regardèrent, silencieux pendant un moment.

थॉर्नटन और बक एक दूसरे की ओर देखते रहे, एक क्षण के लिए चुप हो गए।

« Pauvre diable », dit doucement Thornton, et Buck lui lécha la main.

"तुम बेचारे शैतान हो," थॉर्नटन ने धीरे से कहा, और बक ने अपना हाथ चाटा।

Pour l'amour d'un homme
एक आदमी के प्यार के लिए

John Thornton s'est gelé les pieds dans le froid du mois de décembre précédent.

पिछले दिसंबर की ठंड में जॉन थॉर्नटन के पैर जम गए थे।

Ses partenaires l'ont mis à l'aise et l'ont laissé se rétablir seul.

उनके सहयोगियों ने उन्हें सहज महसूस कराया और उन्हें अकेले ही ठीक होने के लिए छोड़ दिया।

Ils remontèrent la rivière pour rassembler un radeau de billes de bois pour Dawson.

वे डाउसन के लिए लकड़ियों का एक बेड़ा इकट्ठा करने नदी पर गए।

Il boitait encore légèrement lorsqu'il a sauvé Buck de la mort.

जब उन्होंने बक को मौत से बचाया तब भी वह थोड़ा लंगड़ा रहे थे।

Mais avec le temps chaud qui continue, même cette boiterie a disparu.

लेकिन गर्म मौसम जारी रहने के कारण वह लंगड़ाहट भी गायब हो गई।

Allongé au bord de la rivière pendant les longues journées de printemps, Buck se reposait.

लंबे वसंत के दिनों में नदी के किनारे लेटकर बक आराम करता था।

Il regardait l'eau couler et écoutait les oiseaux et les insectes.

वह बहते पानी को देखता और पक्षियों और कीड़ों की आवाजें सुनता।

Lentement, Buck reprit ses forces sous le soleil et le ciel.

धीरे-धीरे, बक ने सूरज और आकाश के नीचे अपनी ताकत वापस पा ली।

Un repos merveilleux après avoir parcouru trois mille kilomètres.

तीन हजार मील की यात्रा के बाद विश्राम अद्भुत लगा।

Buck est devenu paresseux à mesure que ses blessures guérissaient et que son corps se remplissait.

जैसे-जैसे उसके घाव भरते गए और शरीर भरता गया, बक आलसी होता गया।

Ses muscles se raffermirent et la chair revint recouvrir ses os.

उसकी मांसपेशियाँ मजबूत हो गईं और उसकी हड्डियों पर मांस फिर से जम गया।

Ils se reposaient tous : Buck, Thornton, Skeet et Nig.

वे सभी आराम कर रहे थे - बक, थॉर्नटन, स्कीट और निग।

Ils attendaient le radeau qui allait les transporter jusqu'à Dawson.

वे उस बेड़ा का इंतजार कर रहे थे जो उन्हें डाउसन तक ले जाने वाला था।

Skeet était un petit setter irlandais qui s'est lié d'amitié avec Buck.

स्कीट एक छोटा आयरिश सेटर था जिसने बक से दोस्ती कर ली थी।

Buck était trop faible et malade pour lui résister lors de leur première rencontre.

बक इतना कमजोर और बीमार था कि पहली मुलाकात में उसका विरोध नहीं कर सका।

Skeet avait le trait de guérisseur que certains chiens possèdent naturellement.

स्कीट में उपचारक गुण था जो कुछ कुत्तों में स्वाभाविक रूप से पाया जाता है।

Comme une mère chatte, elle lécha et nettoya les blessures à vif de Buck.

एक माँ बिल्ली की तरह, उसने बक के कच्चे घावों को चाटा और साफ़ किया।

Chaque matin, après le petit-déjeuner, elle répétait son travail minutieux.

हर सुबह नाश्ते के बाद, वह अपना सावधानीपूर्वक किया गया काम दोहराती थी।

Buck s'attendait à son aide autant qu'à celle de Thornton.

बक को थॉर्नटन की तरह ही उससे भी मदद की उम्मीद थी।

Nig était également amical, mais moins ouvert et moins affectueux.

निग भी मिलनसार था, लेकिन कम खुला और कम स्नेही था।

Nig était un gros chien noir, à la fois chien de Saint-Hubert et chien de chasse.

निग एक बड़ा काला कुत्ता था, जो आंशिक रूप से ब्लडहाउंड और आंशिक रूप से डियरहाउंड था।

Il avait des yeux rieurs et une infinie bonne nature dans son esprit.

उसकी आँखें हँसती थीं और आत्मा में असीम अच्छा स्वभाव था।

À la surprise de Buck, aucun des deux chiens n'a montré de jalousie envers lui.

बक को आश्चर्य हुआ कि किसी भी कुत्ते ने उसके प्रति ईर्ष्या नहीं दिखाई।

Skeet et Nig ont tous deux partagé la gentillesse de John Thornton.

स्कीट और निग दोनों ने जॉन थॉर्नटन की दयालुता को साझा किया।

À mesure que Buck devenait plus fort, ils l'ont attiré dans des jeux de chiens stupides.

जैसे-जैसे बक मजबूत होता गया, उन्होंने उसे मूर्खतापूर्ण कुत्तों के खेलों में फंसा दिया।

Thornton jouait souvent avec eux aussi, incapable de résister à leur joie.

थॉर्नटन भी अक्सर उनके साथ खेला करते थे और उनकी खुशी को रोक नहीं पाते थे।

De cette manière ludique, Buck est passé de la maladie à une nouvelle vie.

इस खेलपूर्ण तरीके से, बक बीमारी से निकलकर एक नए जीवन की ओर बढ़ गया।

L'amour – un amour véritable, brûlant et passionné – était enfin à lui.

प्रेम - सच्चा, ज्वलंत और भावुक प्रेम - अंततः उसका था।

Il n'avait jamais connu ce genre d'amour dans le domaine de Miller.

उन्होंने मिलर की संपत्ति में इस तरह का प्यार कभी नहीं देखा था।

Avec les fils du juge, il avait partagé le travail et l'aventure.

जज के बेटों के साथ उन्होंने काम और साहसिक कार्य साझा किये थे।

Chez les petits-fils, il vit une fierté raide et vantarde.

पोते-पोतियों के साथ उन्होंने कठोर और घमंडी गर्व देखा।

Il entretenait avec le juge Miller lui-même une amitié respectueuse.

स्वयं न्यायाधीश मिलर के साथ उनकी सम्मानजनक मित्रता थी।

Mais l'amour qui était feu, folie et adoration est venu avec Thornton.

लेकिन वह प्रेम जो आग, पागलपन और पूजा था, थॉर्नटन के साथ आया।

Cet homme avait sauvé la vie de Buck, et cela seul signifiait beaucoup.

इस आदमी ने बक की जान बचाई थी और केवल यही बात बहुत मायने रखती थी।

Mais plus que cela, John Thornton était le type de maître idéal.

लेकिन इससे भी बढ़कर, जॉन थॉर्नटन एक आदर्श प्रकार के गुरु थे।

D'autres hommes s'occupaient de chiens par devoir ou par nécessité professionnelle.

अन्य लोग कर्तव्य या व्यावसायिक आवश्यकता के कारण कुत्तों की देखभाल करते थे।

John Thornton prenait soin de ses chiens comme s'ils étaient ses enfants.

जॉन थॉर्नटन अपने कुत्तों की देखभाल ऐसे करते थे जैसे वे उनके बच्चे हों।

Il prenait soin d'eux parce qu'il les aimait et qu'il ne pouvait tout simplement pas s'en empêcher.

वह उनकी देखभाल करता था क्योंकि वह उनसे प्यार करता था और इसमें कोई मदद नहीं कर सकता था।

John Thornton a vu encore plus loin que la plupart des hommes n'ont jamais réussi à voir.

जॉन थॉर्नटन ने उससे भी अधिक दूर तक देखा जितना कि अधिकांश लोग कभी नहीं देख पाए।

Il n'oubliait jamais de les saluer gentiment ou de leur adresser un mot d'encouragement.

वह उनका विनम्रतापूर्वक अभिवादन करना या उत्साहवर्धक शब्द बोलना कभी नहीं भूलते थे।

Il adorait s'asseoir avec les chiens pour de longues conversations, ou « gazeuses », comme il disait.

उन्हें कुत्तों के साथ बैठकर लम्बी बातें करना बहुत पसंद था, या जैसा कि वे कहते थे, "गैसी"।

Il aimait saisir brutalement la tête de Buck entre ses mains fortes.

उसे बक के सिर को अपने मजबूत हाथों से जोर से पकड़ना पसंद था।

Puis il posa sa tête contre celle de Buck et le secoua doucement.

फिर उसने अपना सिर बक के सिर पर टिका दिया और उसे धीरे से हिलाया।

Pendant tout ce temps, il traitait Buck de noms grossiers qui signifiaient de l'amour pour Buck.

इस दौरान वह बक को अभद्र नामों से पुकारता रहा, जो बक के लिए प्रेम का प्रतीक थे।

Pour Buck, cette étreinte brutale et ces mots ont apporté une joie profonde.

बक के लिए वह कठोर आलिंगन और वे शब्द गहरी खुशी लेकर आये।

Son cœur semblait se déchaîner de bonheur à chaque mouvement.

प्रत्येक हरकत पर उसका हृदय खुशी से उछल पड़ता था।

Lorsqu'il se releva ensuite, sa bouche semblait rire.

जब वह बाद में उछला तो उसके मुंह से ऐसा लग रहा था जैसे वह हंस रहा हो।

Ses yeux brillaient et sa gorge tremblait d'une joie inexprimée.

उसकी आँखें चमक उठीं और उसका गला अवर्णनीय खुशी से काँप उठा।

Son sourire resta figé dans cet état d'émotion et d'affection rayonnante.

भावना और प्रज्वलित स्नेह की उस अवस्था में उनकी मुस्कान स्थिर रही।

Thornton s'exclama alors pensivement : « Mon Dieu ! Il peut presque parler ! »

तब थॉर्नटन ने सोच-विचार कर कहा, "भगवान! वह लगभग बोल सकता है!"

Buck avait une étrange façon d'exprimer son amour qui causait presque de la douleur.

बक का प्यार व्यक्त करने का तरीका अजीब था, जिससे लगभग दर्द होता था।

Il serrait souvent très fort la main de Thornton entre ses dents.

वह अक्सर थॉर्नटन के हाथ को अपने दांतों में कसकर पकड़ लेता था।

La morsure allait laisser des marques profondes qui resteraient un certain temps après.

काटने के गहरे निशान रह गए जो कुछ समय तक बने रहे।

Buck croyait que ces serments étaient de l'amour, et Thornton savait la même chose.

बक का मानना था कि ये शपथें प्रेम थीं, और थॉर्नटन भी यही जानता था।

Le plus souvent, l'amour de Buck se manifestait par une adoration silencieuse, presque silencieuse.

अधिकतर, बक का प्रेम शांत, लगभग मौन आराधना में प्रकट होता था।

Bien qu'il soit ravi lorsqu'on le touche ou qu'on lui parle, il ne cherche pas à attirer l'attention.

यद्यपि उसे छूने या उससे बात करने पर वह प्रसन्न हो जाता था, फिर भी वह ध्यान आकर्षित नहीं करना चाहता था।

Skeet a poussé son nez sous la main de Thornton jusqu'à ce qu'il la caresse.

स्कीट ने अपनी नाक को थॉर्नटन के हाथ के नीचे तब तक दबाया जब तक कि उसने उसे सहलाया नहीं।

Nig s'approcha tranquillement et posa sa grosse tête sur le genou de Thornton.

निग चुपचाप चला आया और अपना बड़ा सिर थॉर्नटन के घुटने पर टिका दिया।

Buck, au contraire, se contentait d'aimer à distance respectueuse.

इसके विपरीत, बक सम्मानजनक दूरी से प्यार करने में संतुष्ट था।

Il resta allongé pendant des heures aux pieds de Thornton, alerte et observant attentivement.

वह घंटों तक थॉर्नटन के पैरों के पास लेटा रहा, सतर्क और बारीकी से देखता रहा।

Buck étudiait chaque détail du visage de son maître et le moindre mouvement.

बक ने अपने मालिक के चेहरे के हर विवरण और उसकी छोटी से छोटी हरकत का अध्ययन किया।

Ou bien il était allongé plus loin, étudiant la silhouette de l'homme en silence.

या फिर दूर लेटकर चुपचाप उस आदमी की आकृति का अध्ययन करता रहता।

Buck observait chaque petit mouvement, chaque changement de posture ou de geste.

बक ने प्रत्येक छोटी सी हरकत, मुद्रा या हाव-भाव में प्रत्येक बदलाव को ध्यान से देखा।

Ce lien était si puissant qu'il attirait souvent le regard de Thornton.

यह संबंध इतना शक्तिशाली था कि अक्सर थॉर्नटन की नजर उस पर पड़ जाती थी।

Il rencontra les yeux de Buck sans un mot, l'amour brillant clairement à travers.

उसने बिना कुछ कहे बक की आँखों से आँखें मिलाईं, उनमें प्रेम स्पष्ट झलक रहा था।

Pendant longtemps après avoir été sauvé, Buck n'a jamais laissé Thornton hors de vue.

बचाए जाने के बाद काफी समय तक बक ने थॉर्नटन को अपनी नजरों से ओझल नहीं होने दिया।

Chaque fois que Thornton quittait la tente, Buck le suivait de près à l'extérieur.

जब भी थॉर्नटन तम्बू से बाहर निकलता, बक उसके पीछे-पीछे बाहर तक जाता।

Tous les maîtres sévères du Northland avaient fait que Buck avait peur de faire confiance.

नॉर्थलैंड के सभी कठोर स्वामियों ने बक को भरोसा करने से डरा दिया था।

Il craignait qu'aucun homme ne puisse rester son maître plus d'un court instant.

उन्हें डर था कि कोई भी व्यक्ति थोड़े समय से अधिक समय तक उनका स्वामी नहीं रह सकेगा।

Il craignait que John Thornton ne disparaisse comme Perrault et François.

उन्हें डर था कि जॉन थॉर्नटन भी पेराल्ट और फ्रांकोइस की तरह गायब हो जायेंगे।

Même la nuit, la peur de le perdre hantait le sommeil agité de Buck.

यहां तक कि रात में भी, उसे खोने का डर बक की बेचैन नींद में बाधा डालता था।

Quand Buck se réveilla, il se glissa dehors dans le froid et se dirigea vers la tente.

जब बक की नींद खुली तो वह ठंड से बचने के लिए बाहर निकला और तंबू में चला गया।

Il écoutait attentivement le doux bruit de la respiration à l'intérieur.

उसने अंदर से आती सांसों की धीमी आवाज को ध्यान से सुना।

Malgré l'amour profond de Buck pour John Thornton, la nature sauvage est restée vivante.

जॉन थॉर्नटन के प्रति बक के गहरे प्रेम के बावजूद, जंगल जीवित रहा।

Cet instinct primitif, éveillé dans le Nord, n'a pas disparu.

उत्तर में जागृत वह आदिम प्रवृत्ति लुप्त नहीं हुई।

L'amour a apporté la dévotion, la loyauté et le lien chaleureux du coin du feu.

प्रेम ने भक्ति, निष्ठा और अग्नि-पक्ष का गर्म बंधन लाया।

Mais Buck a également conservé son instinct sauvage, vif et toujours en alerte.

लेकिन बक ने अपनी जंगली प्रवृत्ति को भी तीव्र और सदैव सतर्क रखा।

Il n'était pas seulement un animal de compagnie apprivoisé venu des terres douces de la civilisation.

वह सभ्यता की कोमल भूमि से आया कोई पालतू जानवर मात्र नहीं था।

Buck était un être sauvage qui était venu s'asseoir près du feu de Thornton.

बक एक जंगली प्राणी था जो थॉर्नटन की आग के पास बैठने के लिए आया था।

Il ressemblait à un chien du Southland, mais la sauvagerie vivait en lui.

वह साउथलैंड कुत्ते जैसा दिखता था, लेकिन उसके भीतर जंगलीपन रहता था।

Son amour pour Thornton était trop grand pour permettre de voler cet homme.

थॉर्नटन के प्रति उसका प्रेम इतना अधिक था कि वह उससे चोरी करने की अनुमति नहीं दे सका।

Mais dans n'importe quel autre camp, il volerait avec audace et sans relâche.

लेकिन किसी अन्य शिविर में वह निर्भीकता से और बिना रुके चोरी करता।

Il était si habile à voler que personne ne pouvait l'attraper ou l'accuser.

वह चोरी करने में इतना चतुर था कि कोई उसे पकड़ नहीं सका, न ही उस पर आरोप लगा सका।

Son visage et son corps étaient couverts de cicatrices dues à de nombreux combats passés.

उसका चेहरा और शरीर पिछली कई लड़ाइयों के निशानों से ढका हुआ था।

Buck se battait toujours avec acharnement, mais maintenant il se battait avec plus de ruse.

बक अब भी जमकर लड़ा, लेकिन अब वह अधिक चालाकी से लड़ा।

Skeet et Nig étaient trop doux pour se battre, et ils appartenaient à Thornton.

स्कीट और निग लड़ने के लिए बहुत कोमल थे, और वे थॉर्नटन के थे।

Mais tout chien étranger, aussi fort ou courageux soit-il, cédait.

लेकिन कोई भी अजनबी कुता, चाहे वह कितना भी शक्तिशाली या बहादुर क्यों न हो, हार मान लेता था।

Sinon, le chien se retrouvait à lutter contre Buck, à se battre pour sa vie.

अन्यथा, कुत्ते को खुद को बक से लड़ते हुए पाया; अपने जीवन के लिए संघर्ष करते हुए।

Buck n'a eu aucune pitié une fois qu'il a choisi de se battre contre un autre chien.

एक बार जब बक ने दूसरे कुत्ते के खिलाफ लड़ने का फैसला किया तो उसे कोई दया नहीं आई।

Il avait bien appris la loi du gourdin et des crocs dans le Nord.

उन्होंने नॉर्थलैंड में क्लब और फेंग का कानून अच्छी तरह से सीखा था।

Il n'a jamais abandonné un avantage et n'a jamais reculé devant la bataille.

उन्होंने कभी भी अपनी बढ़त नहीं छोड़ी और कभी भी युद्ध से पीछे नहीं हटे।

Il avait étudié les Spitz et les chiens les plus féroces de la poste et de la police.

उन्होंने स्पिट्ज़ तथा डाक एवं पुलिस के सबसे खूंखार कुत्तों का अध्ययन किया था।

Il savait clairement qu'il n'y avait pas de juste milieu dans un combat sauvage.

वह स्पष्ट रूप से जानते थे कि जंगली लड़ाई में कोई बीच का रास्ता नहीं होता।

Il doit gouverner ou être gouverné ; faire preuve de miséricorde signifie faire preuve de faiblesse.

उसे या तो शासन करना होगा या शासित होना होगा; दया दिखाने का मतलब है कमज़ोरी दिखाना।

La miséricorde était inconnue dans le monde brut et brutal de la survie.

जीवित रहने की कच्ची और क्रूर दुनिया में दया अज्ञात थी।

Faire preuve de miséricorde était perçu comme de la peur, et la peur menait rapidement à la mort.

दया दिखाना भय के समान माना जाता था, और भय शीघ्र ही मृत्यु का कारण बनता था।

L'ancienne loi était simple : tuer ou être tué, manger ou être mangé.

पुराना नियम सरल था: मारो या मारे जाओ, खाओ या खाए जाओ।

Cette loi venait des profondeurs du temps, et Buck la suivait pleinement.

वह नियम समय की गहराई से आया था और बक ने उसका पूरी तरह पालन किया।

Buck était plus vieux que son âge et que le nombre de respirations qu'il prenait.

बक अपनी उम्र और सांसों की संख्या से अधिक उम्र का था।

Il a clairement relié le passé ancien au moment présent.

उन्होंने प्राचीन अतीत को वर्तमान क्षण से स्पष्ट रूप से जोड़ा।

Les rythmes profonds des âges le traversaient comme les marées.

युगों की गहरी लयें ज्वार की तरह उसके भीतर प्रवाहित होती थीं।

Le temps pulsait dans son sang aussi sûrement que les saisons faisaient bouger la terre.

समय उसके रक्त में उसी प्रकार धड़कता था, जिस प्रकार ऋतुएँ पृथ्वी को चलाती हैं।

Il était assis près du feu de Thornton, la poitrine forte et les crocs blancs.

वह थॉर्नटन की आग के पास बैठा था, उसकी छाती मजबूत और दांत सफेद थे।

Sa longue fourrure ondulait, mais derrière lui, les esprits des chiens sauvages observaient.

उसके लंबे फर लहरा रहे थे, लेकिन उसके पीछे जंगली कुत्तों की आत्माएं देख रही थीं।

Des demi-loups et des loups à part entière s'agitaient dans son cœur et dans ses sens.

उसके हृदय और इन्द्रियों में आधे-भेड़िये और पूरे-भेड़िये हलचल मचा रहे थे।

Ils goûtèrent sa viande et burent la même eau que lui.

उन्होंने उसका मांस चखा और वही पानी पिया जो उसने पिया था।

Ils reniflaient le vent à ses côtés et écoutaient la forêt.

वे उसके साथ-साथ हवा को सूँघते रहे और जंगल की आवाज़ सुनते रहे।

Ils murmuraient la signification des sons sauvages dans l'obscurité.

वे अंधेरे में जंगली ध्वनियों का अर्थ फुसफुसाते रहे।

Ils façonnaient ses humeurs et guidaient chacune de ses réactions silencieuses.

उन्होंने उसके मूड को आकार दिया और उसकी प्रत्येक शांत प्रतिक्रिया को निर्देशित किया।

Ils se sont couchés avec lui pendant son sommeil et sont devenus une partie de ses rêves profonds.

वे सोते समय उसके साथ लेटे रहते थे और उसके गहरे सपनों का हिस्सा बन जाते थे।

Ils rêvaient avec lui, au-delà de lui, et constituaient son esprit même.

उन्होंने उसके साथ, उससे परे स्वप्न देखे, और उसकी आत्मा का निर्माण किया।

Les esprits de la nature appelèrent si fort que Buck se sentit attiré.

जंगली आत्माओं ने इतनी जोर से पुकारा कि बक को भी अपने ओर खींचा जाने लगा।

Chaque jour, l'humanité et ses revendications s'affaiblissaient dans le cœur de Buck.

प्रत्येक दिन, बक के दिल में मानव जाति और उसके दावे कमजोर होते गए।

Au plus profond de la forêt, un appel étrange et palpitant allait s'élever.

जंगल के गहरे इलाके में एक अजीब और रोमांचकारी आवाज़ उठने वाली थी।

Chaque fois qu'il entendait l'appel, Buck ressentait une envie à laquelle il ne pouvait résister.

हर बार जब वह पुकार सुनता, तो बक को एक ऐसी इच्छा होती जिसका वह विरोध नहीं कर सकता था।

Il allait se détourner du feu et des sentiers battus des humains.

वह आग से और पीटे हुए मानवीय मार्गों से मुड़ने वाला था।

Il allait s'enfoncer dans la forêt, avançant sans savoir pourquoi.

वह बिना कारण जाने जंगल में आगे बढ़ने वाला था।

Il ne remettait pas en question cette attraction, car l'appel était profond et puissant.

उन्होंने इस आकर्षण पर प्रश्न नहीं उठाया, क्योंकि यह आह्वान गहरा और शक्तिशाली था।

Souvent, il atteignait l'ombre verte et la terre douce et intacte

अक्सर, वह हरी छाया और नरम अछूती धरती तक पहुँच जाता था

Mais ensuite, son amour profond pour John Thornton l'a ramené vers le feu.

लेकिन फिर जॉन थॉर्नटन के प्रति प्रबल प्रेम ने उसे पुनः आग के पास खींच लिया।

Seul John Thornton tenait véritablement le cœur sauvage de Buck entre ses mains.

केवल जॉन थॉर्नटन ही बक के जंगली दिल को अपनी मुट्ठी में रख सकता था।

Le reste de l'humanité n'avait aucune valeur ni signification durable pour Buck.

बक के लिए शेष मानव जाति का कोई स्थायी मूल्य या अर्थ नहीं था।

Les étrangers pourraient le féliciter ou caresser sa fourrure avec des mains amicales.

अजनबी लोग उसकी प्रशंसा कर सकते थे या अपने मित्रवत हाथों से उसके बालों को सहला सकते थे।

Buck resta impassible et s'éloigna à cause de trop d'affection.

बक अविचलित रहा और अत्यधिक स्नेह से दूर चला गया।

Hans et Pete sont arrivés avec le radeau qu'ils attendaient depuis longtemps

हंस और पीट उस बेड़ा के साथ पहुंचे जिसका लंबे समय से इंतजार किया जा रहा था

Buck les a ignorés jusqu'à ce qu'il apprenne qu'ils étaient proches de Thornton.

बक ने उन्हें तब तक नजरअंदाज किया जब तक उसे पता नहीं चला कि वे थॉर्नटन के करीब थे।

Après cela, il les a tolérés, mais ne leur a jamais montré toute sa chaleur.

उसके बाद, उन्होंने उन्हें सहन तो किया, लेकिन कभी भी उनके प्रति पूरी गर्मजोशी नहीं दिखाई।

Il prenait de la nourriture ou des marques de gentillesse de leur part comme s'il leur rendait service.

वह उनसे भोजन या दयालुता ऐसे लेता था मानो उन पर कोई उपकार कर रहा हो।

Ils étaient comme Thornton : simples, honnêtes et clairs dans leurs pensées.

वे थॉर्नटन की तरह थे - सरल, ईमानदार और स्पष्ट विचार वाले।

Tous ensemble, ils se rendirent à la scierie de Dawson et au grand tourbillon

वे सब मिलकर डाउसन की आरा मिल और महान भँवर की यात्रा पर गए।

Au cours de leur voyage, ils ont appris à comprendre profondément la nature de Buck.

अपनी यात्रा के दौरान उन्होंने बक के स्वभाव को गहराई से समझा।

Ils n'ont pas essayé de se rapprocher comme Skeet et Nig l'avaient fait.

उन्होंने स्कीट और निग की तरह नजदीक आने की कोशिश नहीं की।

Mais l'amour de Buck pour John Thornton n'a fait que s'approfondir avec le temps.

लेकिन समय के साथ बक का जॉन थॉर्नटन के प्रति प्रेम और भी गहरा होता गया।

Seul Thornton pouvait placer un sac sur le dos de Buck en été.

गर्मियों में केवल थॉर्नटन ही बक की पीठ पर बोझ डाल सकता था।

Quoi que Thornton ordonne, Buck était prêt à l'exécuter pleinement.

थॉर्नटन जो भी आदेश देते, बक उसे पूरी तरह से करने को तैयार रहते थे।

Un jour, après avoir quitté Dawson pour les sources du Tanana,

एक दिन, जब वे डावसन से तानाना नदी के उद्गम स्थल की ओर चले गए,

le groupe était assis sur une falaise qui descendait d'un mètre jusqu'au substrat rocheux nu.

समूह एक चट्टान पर बैठा था जो तीन फीट नीचे नंगी
चट्टान तक गिर गई थी।

John Thornton était assis près du bord et Buck se reposait à
côté de lui.

जॉन थॉर्नटन किनारे पर बैठा था और बक उसके बगल में
आराम कर रहा था।

Thornton eut une pensée soudaine et attira l'attention des
hommes.

थॉर्नटन के मन में अचानक एक विचार आया और उसने उन
लोगों का ध्यान अपनी ओर आकर्षित किया।

Il désigna le gouffre et donna un seul ordre à Buck.

उन्होंने खाई की ओर इशारा किया और बक को एक आदेश
दिया।

« Saute, Buck ! » dit-il en balançant son bras au-dessus de la
chute.

"कूदो, बक!" उसने अपना हाथ नीचे की ओर घुमाते हुए कहा।

En un instant, il dut attraper Buck, qui sautait pour obéir.

एक क्षण में, उसे बक को पकड़ना पड़ा, जो आज्ञा पालन करने
के लिए उछल रहा था।

Hans et Pete se sont précipités en avant et ont ramené les
deux hommes en sécurité.

हंस और पीट आगे बढ़े और दोनों को सुरक्षित स्थान पर खींच
लिया।

Une fois que tout fut terminé et qu'ils eurent repris leur
souffle, Pete prit la parole.

जब सब कुछ समाप्त हो गया और उन्होंने अपनी सांसें संभाल
लीं, तो पीट बोला।

« L'amour est étrange », dit-il, secoué par la dévotion féroce
du chien.

"यह प्रेम अद्भुत है," उन्होंने कुत्ते की तीव्र भक्ति से हिलकर
कहा।

Thornton secoua la tête et répondit avec un sérieux calme.

थॉर्नटन ने अपना सिर हिलाया और शांत गंभीरता से जवाब दिया।

« Non, l'amour est splendide », dit-il, « mais aussi terrible. »

"नहीं, यह प्यार शानदार है," उन्होंने कहा, "लेकिन भयानक भी है।"

« Parfois, je dois l'admettre, ce genre d'amour me fait peur. »

"कभी-कभी, मुझे मानना होगा, इस तरह का प्यार मुझे डराता है।"

Pete hocha la tête et dit : « Je détesterais être l'homme qui te touche. »

पीट ने सिर हिलाया और कहा, "मैं वह आदमी बनना पसंद नहीं करूंगा जो तुम्हें छूता है।"

Il regarda Buck pendant qu'il parlait, sérieux et plein de respect.

बक बोलते समय वह गंभीर और सम्मान से भरे हुए नजर आए।

« Py Jingo ! » s'empressa de dire Hans. « Moi non plus, non monsieur. »

"पाई जिंगो!" हंस ने जल्दी से कहा। "मैं भी नहीं, नहीं सर।"

Avant la fin de l'année, les craintes de Pete se sont réalisées à Circle City.

वर्ष समाप्त होने से पहले, सर्किल सिटी में पीट की आशंकाएं सच साबित हुईं।

Un homme cruel nommé Black Burton a provoqué une bagarre dans le bar.

ब्लैक बर्टन नामक एक क्रूर व्यक्ति ने बार में झगड़ा शुरू कर दिया।

Il était en colère et malveillant, s'en prenant à un nouveau tendre.

वह क्रोधित और दुर्भावनापूर्ण था, तथा एक नये नवयुवक पर प्रहार कर रहा था।

John Thornton est intervenu, calme et de bonne humeur comme toujours.

जॉन थॉर्नटन हमेशा की तरह शांत और अच्छे स्वभाव के साथ आगे आए।

Buck était allongé dans un coin, la tête baissée, observant Thornton de près.

बक एक कोने में सिर झुकाए लेटा हुआ था और थॉर्नटन को करीब से देख रहा था।

Burton frappa soudainement, son coup envoyant Thornton tourner.

बर्टन ने अचानक वार किया, जिससे थॉर्नटन चक्कर खा गया।

Seule la barre du bar l'a empêché de s'écraser violemment au sol.

केवल बार की रेलिंग ही उसे जमीन पर गिरने से बचा पाई।

Les observateurs ont entendu un son qui n'était ni un aboiement ni un cri.

देखने वालों ने एक ऐसी आवाज सुनी जो भौंकने या चीखने की नहीं थी

un rugissement profond sortit de Buck alors qu'il se lançait vers l'homme.

बक ने उस आदमी की ओर बढ़ते हुए गहरी दहाड़ लगाई।

Burton a levé le bras et a sauvé sa vie de justesse.

बर्टन ने अपना हाथ ऊपर उठाया और बड़ी मुश्किल से अपनी जान बचाई।

Buck l'a percuté, le faisant tomber à plat sur le sol.

बक ने उस पर जोरदार प्रहार किया, जिससे वह सीधा फर्श पर गिर पड़ा।

Buck mordit profondément le bras de l'homme, puis se jeta à la gorge.

बक ने उस आदमी की बांह पर गहरा काट लिया, फिर उसके गले पर झपटा।

Burton n'a pu bloquer que partiellement et son cou a été déchiré.

बर्टन केवल आंशिक रूप से ही अवरोध उत्पन्न कर सका, तथा उसकी गर्दन फट गई।

Des hommes se sont précipités, les bâtons levés, et ont chassé Buck de l'homme ensanglanté.

लोग दौड़े, लाठियां उठाईं, और खून से लथपथ बक को वहां से भगा दिया।

Un chirurgien est intervenu rapidement pour arrêter l'écoulement du sang.

एक सर्जन ने रक्त को बाहर बहने से रोकने के लिए तेजी से काम किया।

Buck marchait de long en large et grognait, essayant d'attaquer encore et encore.

बक इधर-उधर घूमता और गुर्राता हुआ बार-बार हमला करने की कोशिश कर रहा था।

Seuls les coups de massue l'ont empêché d'atteindre Burton.

केवल झूलते हुए डंडे ही उसे बर्टन तक पहुंचने से रोक रहे थे।

Une réunion de mineurs a été convoquée et tenue sur place.

खनिकों की एक बैठक बुलाई गई और उसे वहीं पर आयोजित किया गया।

Ils ont convenu que Buck avait été provoqué et ont voté pour le libérer.

उन्होंने इस बात पर सहमति जताई कि बक को उकसाया गया था और उसे रिहा करने के लिए मतदान किया गया।

Mais le nom féroce de Buck résonnait désormais dans tous les camps d'Alaska.

लेकिन बक का भयंकर नाम अब अलास्का के हर शिविर में गूंजने लगा।

Plus tard cet automne-là, Buck sauva à nouveau Thornton d'une nouvelle manière.

बाद में उसी वर्ष, बक ने एक नए तरीके से थॉर्नटन को पुनः बचाया।

Les trois hommes guidaient un long bateau sur des rapides impétueux.

तीनों व्यक्ति एक लम्बी नाव को तेज बहाव वाली नदी में ले जा रहे थे।

Thornton dirigeait le bateau et donnait des indications pour se rendre sur le rivage.

थॉर्नटन नाव को चला रहे थे और तटरेखा की ओर जाने का रास्ता बता रहे थे।

Hans et Pete couraient sur terre, tenant une corde d'arbre en arbre.

हंस और पीट एक रस्सी पकड़कर एक पेड़ से दूसरे पेड़ तक दौड़ते रहे।

Buck suivait le rythme sur la rive, surveillant toujours son maître.

बक किनारे पर लगातार चलता रहा और हमेशा अपने मालिक पर नज़र रखता रहा।

À un endroit désagréable, des rochers surplombaient les eaux vives.

एक ख़राब जगह पर, तेज़ पानी के नीचे चट्टानें उभरी हुई थीं।

Hans lâcha la corde et Thornton dirigea le bateau vers le large.

हंस ने रस्सी छोड़ दी और थॉर्नटन ने नाव को दूर ले गया।

Hans sprinta pour rattraper le bateau en passant devant les rochers dangereux.

हंस खतरनाक चट्टानों को पार करते हुए नाव को पकड़ने के लिए दौड़ा।

Le bateau a franchi le rebord mais a heurté une partie plus forte du courant.

नाव किनारे से तो निकल गई, लेकिन धारा के तेज बहाव से टकरा गई।

Hans a attrapé la corde trop vite et a déséquilibré le bateau.

हंस ने रस्सी को बहुत तेजी से पकड़ लिया और नाव का संतुलन बिगाड़ दिया।

Le bateau s'est retourné et a heurté la berge, cul en l'air.

नाव पलट गई और नीचे की ओर किनारे से टकरा गई।

Thornton a été jeté dehors et emporté dans la partie la plus sauvage de l'eau.

थॉर्नटन को बाहर फेंक दिया गया और वह पानी के सबसे खतरनाक हिस्से में बह गया।

Aucun nageur n'aurait pu survivre dans ces eaux mortelles et tumultueuses.

कोई भी तैराक उस जानलेवा, तेज़ पानी में जीवित नहीं बच सकता था।

Buck sauta instantanément et poursuivit son maître sur la rivière.

बक तुरन्त पानी में कूद पड़ा और अपने मालिक का नदी में पीछा किया।

Après trois cents mètres, il atteignit enfin Thornton.

तीन सौ गज चलने के बाद वह अंततः थॉर्नटन पहुँच गया।

Thornton attrapa la queue de Buck, et Buck se tourna vers le rivage.

थॉर्नटन ने बक की पूंछ पकड़ ली और बक किनारे की ओर मुड़ गया।

Il nageait de toutes ses forces, luttant contre la force de l'eau.

वह पानी के तेज़ बहाव से लड़ते हुए पूरी ताकत से तैरने लगा।

Ils se déplaçaient en aval plus vite qu'ils ne pouvaient atteindre le rivage.

वे तट तक पहुंचने से पहले ही तेजी से नीचे की ओर बढ़ गए।

Plus loin, la rivière rugissait plus fort alors qu'elle tombait dans des rapides mortels.

आगे नदी और भी जोर से दहाड़ने लगी, क्योंकि वह जानलेवा तेज बहाव में गिर रही थी।

Les rochers fendaient l'eau comme les dents d'un énorme peigne.

चट्टानें पानी को किसी बड़े कंघे के दांतों की तरह चीरती हुई निकल रही थीं।

L'attraction de l'eau près de la chute était sauvage et inévitable.

बूंद के पास पानी का खिंचाव बहुत भयानक और अपरिहार्य था।

Thornton savait qu'ils ne pourraient jamais atteindre le rivage à temps.

थॉर्नटन को पता था कि वे कभी भी समय पर किनारे तक नहीं पहुंच सकेंगे।

Il a gratté un rocher, s'est écrasé sur un deuxième,

उसने एक चट्टान को खुरच दिया, दूसरी को तोड़ दिया,

Et puis il s'est écrasé contre un troisième rocher, l'attrapant à deux mains.

और फिर वह तीसरी चट्टान से टकराया और उसे दोनों हाथों से पकड़ लिया।

Il lâcha Buck et cria par-dessus le rugissement : « Vas-y, Buck ! Vas-y ! »

उसने बक को छोड़ दिया और दहाड़ते हुए चिल्लाया, "जाओ, बक! जाओ!"

Buck n'a pas pu rester à flot et a été emporté par le courant.

बक तैर नहीं सका और धारा के साथ बह गया।

Il s'est battu avec acharnement, s'efforçant de se retourner, mais n'a fait aucun progrès.

उसने कड़ी मशक्कत की, मुड़ने का प्रयास किया, लेकिन कोई प्रगति नहीं हुई।

Puis il entendit Thornton répéter l'ordre par-dessus le rugissement de la rivière.

तभी उसने नदी की गर्जना के बीच थॉर्नटन को आदेश दोहराते सुना।

Buck sortit de l'eau et leva la tête comme pour un dernier regard.

बक पानी से बाहर निकला और अपना सिर ऊपर उठाया जैसे कि आखिरी बार देख रहा हो।

puis il se retourna et obéit, nageant vers la rive avec résolution.

फिर मुड़कर आज्ञा का पालन किया और दृढ़ संकल्प के साथ किनारे की ओर तैरने लगे।

Pete et Hans l'ont tiré à terre au dernier moment possible.

पीट और हंस ने उसे अंतिम क्षण में किनारे पर खींच लिया।

Ils savaient que Thornton ne pourrait s'accrocher au rocher que quelques minutes de plus.

वे जानते थे कि थॉर्नटन चट्टान से केवल कुछ मिनट ही और चिपक सकता है।

Ils coururent sur la berge jusqu'à un endroit bien au-dessus de l'endroit où il était suspendu.

वे किनारे पर उस स्थान तक दौड़े, जहां वह लटका हुआ था।

Ils ont soigneusement attaché la ligne du bateau au cou et aux épaules de Buck.

उन्होंने नाव की रस्सी को बक की गर्दन और कंधों पर सावधानीपूर्वक बाँध दिया।

La corde était serrée mais suffisamment lâche pour permettre la respiration et le mouvement.

रस्सी कसी हुई थी, लेकिन सांस लेने और चलने के लिए पर्याप्त ढीली थी।

Puis ils le jetèrent à nouveau dans la rivière tumultueuse et mortelle.

इसके बाद उन्होंने उसे पुनः उस तेज़ बहती, जानलेवा नदी में फेंक दिया।

Buck nageait avec audace mais manquait son angle face à la force du courant.

बक ने साहसपूर्वक तैरना जारी रखा, लेकिन धारा के तेज वेग में उसका कोण चूक गया।

Il a vu trop tard qu'il allait dépasser Thornton.

उसे बहुत देर से पता चला कि वह थॉर्नटन से आगे निकल जाएगा।

Hans tira fort sur la corde, comme si Buck était un bateau en train de chavirer.

हंस ने रस्सी को इस तरह खींचा, मानो बक कोई पलटती हुई नाव हो।

Le courant l'a entraîné vers le fond et il a disparu sous la surface.

धारा ने उसे पानी के नीचे खींच लिया और वह सतह के नीचे गायब हो गया।

Son corps a heurté la berge avant que Hans et Pete ne le sortent.

इससे पहले कि हंस और पीट उसे बाहर निकालते, उसका शरीर किनारे से टकराया।

Il était à moitié noyé et ils l'ont chassé de l'eau.

वह आधा डूब चुका था और उन्होंने उससे पानी निकाला।

Buck se leva, tituba et s'effondra à nouveau sur le sol.

बक लड़खड़ाकर खड़ा हो गया और पुनः जमीन पर गिर पड़ा।

Puis ils entendirent la voix de Thornton faiblement portée par le vent.

तभी उन्हें हवा के साथ आती हुई थॉर्नटन की धीमी आवाज सुनाई दी।

Même si les mots n'étaient pas clairs, ils savaient qu'il était proche de la mort.

यद्यपि शब्द स्पष्ट नहीं थे, फिर भी वे जानते थे कि वह मृत्यु के निकट है।

Le son de la voix de Thornton frappa Buck comme une décharge électrique.

थॉर्नटन की आवाज ने बक को बिजली के झटके की तरह झकझोर दिया।

Il sauta et courut sur la berge, retournant au point de lancement.

वह उछलकर किनारे की ओर भागा और वापस प्रक्षेपण स्थल पर आ गया।

Ils attachèrent à nouveau la corde à Buck, et il entra à nouveau dans le ruisseau.

उन्होंने फिर से रस्सी को बक के हाथ में बाँध दिया और वह फिर से धारा में प्रवेश कर गया।

Cette fois, il nagea directement et fermement dans l'eau tumultueuse.

इस बार, वह सीधे और मजबूती से बहते पानी में तैर गया।

Hans laissa sortir la corde régulièrement tandis que Pete l'empêchait de s'emmêler.

हंस ने रस्सी को धीरे से छोड़ा जबकि पीट ने उसे उलझने से बचाया।

Buck a nagé avec acharnement jusqu'à ce qu'il soit aligné juste au-dessus de Thornton.

बक ने तब तक तेजी से तैराकी की जब तक कि वह थॉर्नटन के ठीक ऊपर नहीं पहुंच गया।

Puis il s'est retourné et a foncé comme un train à toute vitesse.

फिर वह मुड़ा और पूरी गति से रेलगाड़ी की तरह दौड़ पड़ा।

Thornton le vit arriver, se redressa et entoura son cou de ses bras.

थॉर्नटन ने उसे आते देखा, अपने आप को संभाला, तथा उसकी गर्दन के चारों ओर अपनी बाहें लपेट लीं।

Hans a attaché la corde fermement autour d'un arbre alors qu'ils étaient tous les deux entraînés sous l'eau.

हंस ने रस्सी को पेड़ के चारों ओर बांध दिया और दोनों को नीचे खींच लिया गया।

Ils ont dégringolé sous l'eau, s'écrasant contre des rochers et des débris de la rivière.

वे पानी के नीचे लुढ़क गए और चट्टानों और नदी के मलबे से टकराने लगे।

Un instant, Buck était au sommet, l'instant d'après, Thornton se levait en haletant.

एक क्षण बक शीर्ष पर था, अगले ही क्षण थॉर्नटन हांफता हुआ ऊपर उठा।

Battus et étouffés, ils se dirigèrent vers la rive et la sécurité.

बुरी तरह से घायल और घुटते हुए वे किनारे और सुरक्षित स्थान की ओर मुड़े।

Thornton a repris connaissance, allongé sur un tronc d'arbre.

थॉर्नटन को होश आया तो वह एक लकड़ी के ढेर पर लेटा हुआ था।

Hans et Pete ont travaillé dur pour lui redonner souffle et vie.

हंस और पीट ने उसकी सांस और जीवन वापस लाने के लिए कड़ी मेहनत की।

Sa première pensée fut pour Buck, qui gisait immobile et mou.

उसका पहला विचार बक के बारे में था, जो निश्चल और शिथिल पड़ा था।

Nig hurla sur le corps de Buck et Skeet lui lécha doucement le visage.

निग बक के शरीर पर चिल्लाया, और स्कीट ने उसके चेहरे को धीरे से चाटा।

Thornton, endolori et meurtri, examina Buck avec des mains prudentes.

चोटिल और पीड़ा से भरे थॉर्नटन ने सावधानीपूर्वक अपने हाथों से बक की जांच की।

Il a trouvé trois côtes cassées, mais aucune blessure mortelle chez le chien.

उन्होंने पाया कि कुत्ते की तीन पसलियां टूटी हुई थीं, लेकिन कोई घातक घाव नहीं था।

« C'est réglé », dit Thornton. « On campe ici. » Et c'est ce qu'ils firent.

"यह बात तय हो गई," थॉर्नटन ने कहा। "हम यहीं डेरा डालेंगे।" और उन्होंने ऐसा ही किया।

Ils sont restés jusqu'à ce que les côtes de Buck soient guéries et qu'il puisse à nouveau marcher.

वे तब तक वहीं रहे जब तक बक की पसलियां ठीक नहीं हो गईं और वह फिर से चलने लायक नहीं हो गया।

Cet hiver-là, Buck accomplit un exploit qui augmenta encore sa renommée.

उस शीतकाल में बक ने एक ऐसा कारनामा किया जिससे उसकी प्रसिद्धि और बढ़ गयी।

C'était moins héroïque que de sauver Thornton, mais tout aussi impressionnant.

यह थॉर्नटन को बचाने से कम वीरतापूर्ण था, लेकिन उतना ही प्रभावशाली था।

À Dawson, les partenaires avaient besoin de provisions pour un long voyage.

डावसन में साझेदारों को दूर की यात्रा के लिए आपूर्ति की आवश्यकता थी।

Ils voulaient voyager vers l'Est, dans des terres sauvages et intactes.

वे पूर्व की ओर, अछूते निर्जन प्रदेशों की यात्रा करना चाहते थे।

L'acte de Buck dans l'Eldorado Saloon a rendu ce voyage possible.

एल्डोरैडो सैलून में बक के कार्य ने उस यात्रा को संभव बनाया।

Tout a commencé avec des hommes qui se vantaient de leurs chiens en buvant un verre.

इसकी शुरुआत शराब पीते समय पुरुषों द्वारा अपने कुत्तों की शेखी बघारने से हुई।

La renommée de Buck a fait de lui la cible de défis et de doutes.

बक की प्रसिद्धि ने उन्हें चुनौतियों और संदेह का लक्ष्य बना दिया।

Thornton, fier et calme, resta ferme dans la défense du nom de Buck.

गर्व और शांति से भरे थॉर्नटन, बक के नाम की रक्षा में दृढ़ रहे।

Un homme a déclaré que son chien pouvait facilement tirer deux cents kilos.

एक व्यक्ति ने बताया कि उसका कुत्ता पांच सौ पाउंड का भार आसानी से खींच सकता है।

Un autre a dit six cents, et un troisième s'est vanté d'en avoir sept cents.

एक अन्य ने कहा छः सौ, और तीसरे ने कहा सात सौ।

« Pfft ! » dit John Thornton, « Buck peut tirer un traîneau de mille livres. »

"फ़ट!" जॉन थॉर्नटन ने कहा, "बक एक हज़ार पाउंड की स्लेज खींच सकता है।"

Matthewson, un roi de Bonanza, s'est penché en avant et l'a défié.

मैथ्यूसन, जो एक बोनान्ज़ा किंग था, आगे झुका और उसे चुनौती दी।

« Tu penses qu'il peut mettre autant de poids en mouvement ? »

"तुम्हें लगता है कि वह इतना वजन उठाकर चल सकता है?"

« Et tu penses qu'il peut tirer le poids sur une centaine de mètres ? »

"और आपको लगता है कि वह वजन को पूरे सौ गज तक खींच सकता है?"

Thornton répondit froidement : « Oui. Buck est assez doué pour le faire. »

थॉर्नटन ने शांत भाव से उत्तर दिया, "हाँ। बक ऐसा करने के लिए पर्याप्त कुत्ता है।"

« Il mettra mille livres en mouvement et le tirera sur une centaine de mètres. »

"वह एक हजार पाउंड का भार गति में डाल देगा, और उसे सौ गज तक खींच लेगा।"

Matthewson sourit lentement et s'assura que tous les hommes entendaient ses paroles.

मैथ्यूसन धीरे से मुस्कराये और यह सुनिश्चित किया कि सभी लोग उनकी बातें सुनें।

« J'ai mille dollars qui disent qu'il ne peut pas. Le voilà. »

"मेरे पास एक हज़ार डॉलर हैं जो कहते हैं कि वह ऐसा नहीं कर सकता। यह रहा।"

Il a claqué un sac de poussière d'or de la taille d'une saucisse sur le bar.

उसने सॉसेज के आकार की सोने की धूल से भरी एक बोरी बार पर पटक दी।

Personne ne dit un mot. Le silence devint pesant et tendu autour d'eux.

कोई भी एक शब्द नहीं बोला। उनके चारों ओर सन्नाटा भारी और तनावपूर्ण हो गया।

Le bluff de Thornton – s'il en était un – avait été pris au sérieux.

थॉर्नटन की धमकी को - यदि वह झूठी थी - गंभीरता से लिया गया।

Il sentit la chaleur monter sur son visage tandis que le sang affluait sur ses joues.

उसने अपने चेहरे पर गर्मी महसूस की और खून उसके गालों पर चढ़ गया।

Sa langue avait pris le pas sur sa raison à ce moment-là.

उस क्षण उसकी जीभ उसकी बुद्धि से आगे निकल गई थी।

Il ne savait vraiment pas si Buck pouvait déplacer mille livres.

वह सचमुच नहीं जानता था कि बक एक हजार पाउंड का भार उठा सकता है या नहीं।

Une demi-tonne ! Rien que sa taille lui pesait le cœur.

आधा टन! सिर्फ़ इसके आकार से ही उसका दिल भारी हो गया।

Il avait foi en la force de Buck et le pensait capable.

उन्हें बक की ताकत पर भरोसा था और वे उसे सक्षम समझते थे।

Mais il n'avait jamais été confronté à ce genre de défi, pas comme celui-ci.

लेकिन उन्होंने कभी इस तरह की चुनौती का सामना नहीं किया था।

Une douzaine d'hommes l'observaient tranquillement, attendant de voir ce qu'il allait faire.

एक दर्जन लोग चुपचाप उसे देख रहे थे, यह देखने के लिए कि वह क्या करेगा।

Il n'avait pas d'argent, ni Hans ni Pete.

उसके पास पैसे नहीं थे - न ही हंस के पास और न ही पीट के पास।

« J'ai un traîneau dehors », dit Matthewson froidement et directement.

मैथ्यूसन ने ठंडे और सीधे स्वर में कहा, "मेरे पास बाहर एक स्लेज है।"

« Il est chargé de vingt sacs de cinquante livres chacun, tous de farine.

"इसमें बीस बोरियाँ भरी हुई हैं, प्रत्येक बोरी में पचास पाउंड आटा है।

« Alors ne laissez pas un traîneau manquant devenir votre excuse maintenant », a-t-il ajouté.

उन्होंने कहा, "इसलिए अब स्लेज गुम होने को अपना बहाना मत बनाइए।"

Thornton resta silencieux. Il ne savait pas quels mots lui dire.

थॉर्नटन चुप खड़ा रहा। उसे समझ नहीं आ रहा था कि वह क्या कहे।

Il regarda les visages autour de lui sans les voir clairement.

उसने चारों ओर चेहरों को देखा, लेकिन उन्हें स्पष्ट रूप से नहीं देख सका।

Il ressemblait à un homme figé dans ses pensées, essayant de redémarrer.

वह विचारों में डूबा हुआ एक आदमी लग रहा था, जो पुनः आरंभ करने का प्रयास कर रहा था।

Puis il a vu Jim O'Brien, un ami de l'époque Mastodon.

तभी उनकी मुलाकात जिम ओ'ब्रायन से हुई, जो मैस्टोडॉन के दिनों के उनके मित्र थे।

Ce visage familier lui a donné un courage qu'il ne savait pas avoir.

उस परिचित चेहरे ने उसे वह साहस दिया जिसका उसे पता भी नहीं था।

Il se tourna et demanda à voix basse : « Peux-tu me prêter mille ? »

वह मुड़ा और धीमी आवाज़ में पूछा, "क्या आप मुझे एक हज़ार रुपये उधार दे सकते हैं?"

« Bien sûr », dit O'Brien, laissant déjà tomber un lourd sac près de l'or.

"ज़रूर," ओ'ब्रायन ने कहा, और सोने के पास एक भारी बोरी गिरा दी।

« Mais honnêtement, John, je ne crois pas que la bête puisse faire ça. »

"लेकिन सच कहूं तो, जॉन, मुझे विश्वास नहीं है कि जानवर ऐसा कर सकता है।"

Tout le monde dans le Saloon Eldorado s'est précipité dehors pour voir l'événement.

एल्डोरैडो सैलून में सभी लोग घटना देखने के लिए बाहर दौड़े।

Ils ont laissé les tables et les boissons, et même les jeux ont été interrompus.

उन्होंने अपनी मेजें और पेय पदार्थ छोड़ दिए, यहां तक कि खेल भी रोक दिए गए।

Les croupiers et les joueurs sont venus assister à la fin de ce pari audacieux.

डीलर और जुआरी साहसिक दांव का अंत देखने के लिए आए
थे।

Des centaines de personnes se sont rassemblées autour du
traîneau dans la rue glacée.

बर्फीली खुली सड़क पर स्लेज के चारों ओर सैकड़ों लोग एकत्र
हुए।

Le traîneau de Matthewson était chargé d'une charge
complète de sacs de farine.

मैथ्यूसन की स्लेज पर आटे की बोरियां भरी हुई थीं।

Le traîneau était resté immobile pendant des heures à des
températures négatives.

स्लेज घंटों तक शून्य से नीचे के तापमान में खड़ी रही।

Les patins du traîneau étaient gelés et collés à la neige
tassée.

स्लेज के धावक बर्फ से चिपके हुए थे।

Les hommes ont offert une cote de deux contre un que Buck
ne pourrait pas déplacer le traîneau.

लोगों ने दो-एक की संभावना जताई कि बक स्लेज को नहीं
हिला सकेगा।

Une dispute a éclaté sur ce que signifiait réellement « sortir
».

इस बात पर विवाद छिड़ गया कि वास्तव में "ब्रेक आउट" का
क्या अर्थ है।

O'Brien a déclaré que Thornton devrait desserrer la base
gelée du traîneau.

ओ'ब्रायन ने कहा कि थॉर्नटन को स्लेज के जमे हुए आधार
को ढीला करना चाहिए।

Buck pourrait alors « sortir » d'un départ solide et immobile.

बक तब एक ठोस, गतिहीन शुरुआत से "बाहर निकल" सकता
था।

Matthewson a soutenu que le chien devait également libérer les coureurs.

मैथ्यूसन ने तर्क दिया कि कुत्ते को भी धावकों को मुक्त करना होगा।

Les hommes qui avaient entendu le pari étaient d'accord avec le point de vue de Matthewson.

जिन लोगों ने शर्त सुनी थी वे मैथ्यूसन के विचार से सहमत थे।

Avec cette décision, les chances sont passées à trois contre un contre Buck.

इस निर्णय के साथ ही बक के विरुद्ध संभावना तीन-से-एक हो गई।

Personne ne s'est manifesté pour prendre en compte les chances croissantes de trois contre un.

बढ़ती हुई तीन-से-एक की विषमता को स्वीकार करने के लिए कोई भी आगे नहीं आया।

Pas un seul homme ne croyait que Buck pouvait accomplir un tel exploit.

किसी भी व्यक्ति को विश्वास नहीं था कि बक इतना महान कार्य कर सकता है।

Thornton s'était précipité dans le pari, lourd de doutes.

थॉर्नटन को संदेहों से भरा हुआ शर्त में जल्दबाजी में शामिल किया गया था।

Il regarda alors le traîneau et l'attelage de dix chiens à côté.

अब उसने स्लेज और उसके पास खड़े दस कुत्तों के दल को देखा।

En voyant la réalité de la tâche, elle semblait encore plus impossible.

कार्य की वास्तविकता को देखकर यह और भी असम्भव लगने लगा।

Matthewson était plein de fierté et de confiance à ce moment-là.

उस क्षण मैथ्यूसन गर्व और आत्मविश्वास से भरे हुए थे।

« Trois contre un ! » cria-t-il. « Je parie mille de plus, Thornton !

"तीन से एक!" वह चिल्लाया। "मैं एक हज़ार और दांव लगाऊँगा, थॉर्नटन!

« Que dites-vous ? » ajouta-t-il, assez fort pour que tout le monde l'entende.

आप क्या कहते हैं?" उन्होंने इतनी ऊंची आवाज में कहा कि सभी सुन सकें।

Le visage de Thornton exprimait ses doutes, mais son esprit s'était élevé.

थॉर्नटन के चेहरे पर संदेह झलक रहा था, लेकिन उसका उत्साह बढ़ गया था।

Cet esprit combatif ignorait les probabilités et ne craignait rien du tout.

उस लड़ाकू भावना ने मुश्किलों को नजरअंदाज कर दिया और किसी भी चीज से नहीं डरी।

Il a appelé Hans et Pete pour apporter tout leur argent sur la table.

उन्होंने हंस और पीट को बुलाया और कहा कि वे अपनी सारी नकदी मेज पर ले आएं।

Il ne leur restait plus grand-chose : seulement deux cents dollars au total.

उनके पास बहुत कम पैसा बचा था - कुल मिलाकर केवल दो सौ डॉलर।

Cette petite somme représentait toute leur fortune pendant les temps difficiles.

यह छोटी सी रकम कठिन समय के दौरान उनकी कुल संपत्ति थी।

Pourtant, ils ont misé toute leur fortune contre le pari de Matthewson.

फिर भी, उन्होंने मैथ्यूसन की शर्त पर अपनी सारी सम्पत्ति दांव पर लगा दी।

L'attelage de dix chiens a été dételé et éloigné du traîneau.

दस कुत्तों की टीम को अलग कर दिया गया और स्लेज से दूर ले जाया गया।

Buck a été placé dans les rênes, portant son harnais familier.

बक को उसकी परिचित लगाम पहनाकर कमान सौंपी गई।

Il avait capté l'énergie de la foule et ressenti la tension.

उन्होंने भीड़ की ऊर्जा और तनाव को महसूस किया था।

D'une manière ou d'une autre, il savait qu'il devait faire quelque chose pour John Thornton.

किसी तरह, उन्हें पता था कि उन्हें जॉन थॉर्नटन के लिए कुछ करना होगा।

Les gens murmuraient avec admiration devant la fière silhouette du chien.

लोग कुत्ते की गर्वित आकृति को देखकर प्रशंसा से बड़बड़ाने लगे।

Il était mince et fort, sans une seule once de chair supplémentaire.

वह दुबला-पतला और मजबूत था, उसके शरीर पर एक भी अतिरिक्त मांस नहीं था।

Son poids total de cent cinquante livres n'était que puissance et endurance.

उनका पूरा वजन, जो कि एक सौ पचास पाउंड था, शक्ति और सहनशक्ति का प्रतीक था।

Le pelage de Buck brillait comme de la soie, épais de santé et de force.

बक का कोट रेशम की तरह चमक रहा था, जो स्वास्थ्य और शक्ति से भरपूर था।

La fourrure le long de son cou et de ses épaules semblait se soulever et se hérisser.

उसकी गर्दन और कंधों के पास का फर ऊपर उठ गया और उसमें बाल खड़े हो गए।

Sa crinière bougeait légèrement, chaque cheveu vivant de sa grande énergie.

उसकी अयाल हल्की सी हिल रही थी, प्रत्येक बाल उसकी महान ऊर्जा से जीवंत था।

Sa large poitrine et ses jambes fortes correspondaient à sa silhouette lourde et robuste.

उसकी चौड़ी छाती और मजबूत पैर उसके भारी, मजबूत शरीर से मेल खाते थे।

Des muscles ondulaient sous son manteau, tendus et fermes comme du fer lié.

उसके कोट के नीचे मांसपेशियाँ फड़क रही थीं, लोहे की तरह सख्त और दृढ़।

Les hommes le touchaient et juraient qu'il était bâti comme une machine en acier.

लोग उसे छूकर कसम खाते थे कि वह स्टील मशीन की तरह बना है।

Les chances ont légèrement baissé à deux contre un contre le grand chien.

महान कुत्ते के खिलाफ बाधाएं थोड़ी कम होकर दो से एक हो गईं।

Un homme des bancs de Skookum s'avança en bégayant.

स्कूकम बेंचेज से एक आदमी हकलाते हुए आगे बढ़ा।

« Bien, monsieur ! J'offre huit cents pour lui – avant l'examen, monsieur ! »

"अच्छा, सर! मैं उसके लिए आठ सौ की पेशकश करता हूँ - परीक्षण से पहले, सर!"

« Huit cents, tel qu'il est en ce moment ! » insista l'homme.

"अभी तो आठ सौ है!" आदमी ने जोर देकर कहा।

Thornton s'avança, sourit et secoua calmement la tête.

थॉर्नटन आगे बढ़े, मुस्कुराये और शांति से अपना सिर हिलाया।

Matthewson est rapidement intervenu avec une voix d'avertissement et un froncement de sourcils.

मैथ्यूसन ने तुरंत चेतावनी भरे स्वर में भौंहें सिकोड़ते हुए हस्तक्षेप किया।

« Éloignez-vous de lui », dit-il. « Laissez-lui de l'espace. »

उन्होंने कहा, "तुम्हें उससे दूर चले जाना चाहिए। उसे जगह दो।"

La foule se tut ; seuls les joueurs continuaient à miser deux contre un.

भीड़ शांत हो गई; केवल जुआरी ही अब भी दो-दो दांव लगा रहे थे।

Tout le monde admirait la carrure de Buck, mais la charge semblait trop lourde.

सभी लोग बक के शरीर की प्रशंसा कर रहे थे, लेकिन उसका वजन बहुत अधिक था।

Vingt sacs de farine, pesant chacun cinquante livres, semblaient beaucoup trop.

आटे की बीस बोरियाँ - प्रत्येक का वजन पचास पाउंड - बहुत ज़्यादा लग रही थीं।

Personne n'était prêt à ouvrir sa bourse et à risquer son argent.

कोई भी अपनी थैली खोलने और अपना पैसा जोखिम में डालने को तैयार नहीं था।

Thornton s'agenouilla à côté de Buck et prit sa tête à deux mains.

थॉर्नटन बक के पास घुटनों के बल बैठ गया और उसके सिर को दोनों हाथों में ले लिया।

Il pressa sa joue contre celle de Buck et lui parla à l'oreille.

उसने अपना गाल बक के गाल से सटाया और उसके कान में बोला।

Il n'y avait plus de secousses enjouées ni d'insultes affectueuses murmurées.

अब कोई चंचल हिलाना-डुलाना या फुसफुसाकर प्यार भरी गालियाँ नहीं थीं।

Il murmura simplement doucement : « Autant que tu m'aimes, Buck. »

वह केवल धीरे से बुदबुदाया, "जितना तुम मुझसे प्यार करते हो, बक।"

Buck émit un gémissement silencieux, son impatience à peine contenue.

बक ने धीमी सी कराह निकाली, उसकी उत्सुकता पर कोई काबू नहीं था।

Les spectateurs observaient avec curiosité la tension qui emplissait l'air.

दर्शक उत्सुकता से देख रहे थे क्योंकि वातावरण में तनाव व्याप्त था।

Le moment semblait presque irréel, comme quelque chose qui dépassait la raison.

वह क्षण लगभग अवास्तविक सा लगा, जैसे कुछ तर्क से परे हो।

Lorsque Thornton se leva, Buck prit doucement sa main dans ses mâchoires.

जब थॉर्नटन खड़ा हुआ, तो बक ने धीरे से उसका हाथ अपने जबड़े में ले लिया।

Il appuya avec ses dents, puis relâcha lentement et doucement.

उसने अपने दांतों से दबाया, फिर धीरे से और धीरे से छोड़ दिया।

C'était une réponse silencieuse d'amour, non prononcée, mais comprise.

यह प्रेम का मौन उत्तर था, बोला हुआ नहीं, बल्कि समझा हुआ।

Thornton s'éloigna du chien et donna le signal.

थॉर्नटन कुत्ते से काफी पीछे हट गया और संकेत दिया।

« Maintenant, Buck », dit-il, et Buck répondit avec un calme concentré.

"अब, बक," उन्होंने कहा, और बक ने ध्यान केंद्रित कर शांति से जवाब दिया।

Buck a resserré les traces, puis les a desserrées de quelques centimètres.

बक ने ट्रेस को पहले कस दिया, फिर कुछ इंच तक ढीला कर दिया।

C'était la méthode qu'il avait apprise ; sa façon de briser le traîneau.

यह वह विधि थी जो उसने सीखी थी; स्लेज तोड़ने का उसका तरीका।

« Tiens ! » cria Thornton, sa voix aiguë dans le silence pesant.

"जी!" थॉर्नटन चिल्लाया, उसकी आवाज़ भारी सन्नाटे में तीखी थी।

Buck se tourna vers la droite et se jeta de tout son poids.

बक दाहिनी ओर मुड़ा और अपना पूरा वजन डालकर आगे बढ़ा।

Le mou disparut et toute la masse de Buck heurta les lignes serrées.

ढीलापन गायब हो गया, और बक का पूरा शरीर तंग पटरियों से टकराया।

Le traîneau tremblait et les patins émettaient un bruit de crépitement.

स्लेज कांपने लगी और धावकों ने तीखी चटचटाहट वाली आवाज निकाली।

« Haw ! » ordonna Thornton, changeant à nouveau la direction de Buck.

"हाउ!" थॉर्नटन ने बक की दिशा फिर बदलते हुए आदेश दिया।

Buck répéta le mouvement, cette fois en tirant brusquement vers la gauche.

बक ने यही चाल दोहराई, इस बार वह तेजी से बायीं ओर खिंचा।

Le traîneau craquait plus fort, les patins claquaient et se déplaçaient.

स्लेज की आवाज तेज हो गई, धावक झटके खाने लगे और इधर-उधर हिलने लगे।

La lourde charge glissait légèrement latéralement sur la neige gelée.

भारी बोझ जमी हुई बर्फ पर थोड़ा सा बगल की ओर खिसक गया।

Le traîneau s'était libéré de l'emprise du sentier glacé !

स्लेज बर्फीले रास्ते की पकड़ से मुक्त हो गयी थी!

Les hommes retenaient leur souffle, ignorant qu'ils ne respiraient même pas.

पुरुषों ने अपनी सांस रोक ली, उन्हें पता ही नहीं था कि वे सांस भी नहीं ले रहे हैं।

« Maintenant, TIREZ ! » cria Thornton à travers le silence glacial.

"अब, खींचो!" थॉर्नटन ने जमी हुई खामोशी के पार चिल्लाकर कहा।

L'ordre de Thornton résonna fort, comme le claquement d'un fouet.

थॉर्नटन का आदेश चाबुक की तड़तड़ाहट की तरह तीव्र सुनाई दिया।

Buck se jeta en avant avec un mouvement violent et saccadé.

बक ने स्वयं को एक भयंकर और झटके के साथ आगे की ओर फेंका।

Tout son corps se tendit et se contracta sous l'énorme tension.

उसका पूरा शरीर भारी तनाव के कारण तनावग्रस्त और सिकुड़ गया।

Des muscles ondulaient sous sa fourrure comme des serpents prenant vie.

उसके फर के नीचे मांसपेशियाँ ऐसे लहरा रही थीं जैसे जीवित साँप हों।

Sa large poitrine était basse, la tête tendue vers l'avant en direction du traîneau.

उसकी बड़ी छाती नीचे झुकी हुई थी, सिर स्लेज की ओर आगे की ओर बढ़ा हुआ था।

Ses pattes bougeaient comme l'éclair, ses griffes tranchant le sol gelé.

उसके पंजे बिजली की तरह चलते थे, और उसके पंजे जमी हुई ज़मीन को चीरते थे।

Des rainures ont été creusées profondément alors qu'il luttait pour chaque centimètre de traction.

वह प्रत्येक इंच पकड़ के लिए संघर्ष कर रहा था, तथा खांचे गहरे हो गए थे।

Le traîneau se balança, trembla et commença un mouvement lent et agité.

स्लेज हिलने लगी, कांपने लगी और धीमी, असहज गति से चलने लगी।

Un pied a glissé et un homme dans la foule a gémi à haute voix.

एक पैर फिसला और भीड़ में से एक आदमी जोर से कराह उठा।

Puis le traîneau s'élança en avant dans un mouvement saccadé et brusque.

तभी स्लेज झटके के साथ, उग्र गति से आगे बढ़ी।

Cela ne s'est pas arrêté à nouveau - un demi-pouce... un pouce... deux pouces de plus.

यह फिर नहीं रुका - आधा इंच...एक इंच...दो इंच और।

Les secousses devinrent plus faibles à mesure que le traîneau commençait à prendre de la vitesse.

जैसे-जैसे स्लेज ने गति पकड़नी शुरू की, झटके कम होते गए।

Bientôt, Buck tirait avec une puissance douce et régulière.

जल्द ही बक सहज, समान, लुढ़कती शक्ति के साथ खींचने लगा।

Les hommes haletèrent et finirent par se rappeler de respirer à nouveau.

लोगों की सांस फूलने लगी और अंततः उन्हें दोबारा सांस लेने की याद आई।

Ils n'avaient pas remarqué que leur souffle s'était arrêté de stupeur.

उन्हें पता ही नहीं चला कि भय के कारण उनकी सांसें रुक गई थीं।

Thornton courait derrière, lançant des ordres courts et joyeux.

थॉर्नटन पीछे दौड़ा और छोटे-छोटे, प्रसन्नचित आदेश देता हुआ बोला।

Devant nous se trouvait une pile de bois de chauffage qui marquait la distance.

आगे लकड़ियों का ढेर था जो दूरी का संकेत दे रहा था।

Alors que Buck s'approchait du tas, les acclamations devenaient de plus en plus fortes.

जैसे ही बक ढेर के पास पहुंचा, जयजयकार और तेज होती गई।

Les acclamations se sont transformées en rugissement lorsque Buck a dépassé le point d'arrivée.

जैसे ही बक अंतिम बिंदु से आगे बढ़ा, जयजयकार गर्जना में बदल गई।

Les hommes ont sauté et crié, même Matthewson a esquissé un sourire.

लोग उछलने लगे और चिल्लाने लगे, यहां तक कि मैथ्यूसन भी मुस्कुराने लगा।

Les chapeaux volaient dans les airs, les mitaines étaient lancées sans réfléchir ni viser.

टोपियाँ हवा में उड़ने लगीं, दस्ताने बिना सोचे-समझे या उद्देश्य के उछाले जाने लगे।

Les hommes se sont attrapés et se sont serré la main sans savoir à qui.

पुरुषों ने एक दूसरे को पकड़ लिया और बिना यह जाने कि वे कौन हैं, हाथ मिलाया।

Toute la foule bourdonnait d'une célébration folle et joyeuse.

पूरी भीड़ उन्मत्त, आनन्दपूर्ण उत्सव में झूम उठी।

Thornton tomba à genoux à côté de Buck, les mains tremblantes.

थॉर्नटन कांपते हाथों से बक के पास घुटनों के बल बैठ गया।

Il pressa sa tête contre celle de Buck et le secoua doucement d'avant en arrière.

उसने अपना सिर बक के सिर से सटाया और उसे धीरे से आगे-पीछे हिलाया।

Ceux qui s'approchaient l'entendaient maudire le chien avec un amour silencieux.

जो लोग उसके पास गए, उन्होंने उसे शांत प्रेम से कुत्ते को कोसते हुए सुना।

Il a insulté Buck pendant un long moment, doucement, chaleureusement, avec émotion.

वह काफी देर तक बक को गालियाँ देता रहा - धीरे से, गर्मजोशी से, भावुकता से।

« Bien, monsieur ! Bien, monsieur ! » s'écria précipitamment le roi du Banc Skookum.

"अच्छा, सर! अच्छा, सर!" स्कूकम बेंच राजा ने जल्दी से चिल्लाया।

« Je vous donne mille, non, douze cents, pour ce chien, monsieur ! »

"मैं आपको उस कुत्ते के लिए एक हज़ार - नहीं, बारह सौ - दूँगा, सर!"

Thornton se leva lentement, les yeux brillants d'émotion.

थॉर्नटन धीरे-धीरे अपने पैरों पर खड़ा हुआ, उसकी आँखें भावनाओं से चमक रही थीं।

Les larmes coulaient ouvertement sur ses joues sans aucune honte.

बिना किसी शर्म के उसके गालों पर खुलकर आँसू बहने लगे।

« Monsieur », dit-il au roi du banc Skookum, ferme et posé.

"सर," उसने स्कूकम बेंच राजा से स्थिर और दृढ़ स्वर में कहा

« Non, monsieur. Allez au diable, monsieur. C'est ma réponse définitive. »

"नहीं, सर। आप नरक में जा सकते हैं, सर। यह मेरा अंतिम उत्तर है।"

Buck attrapa doucement la main de Thornton dans ses mâchoires puissantes.

बक ने थॉर्नटन का हाथ धीरे से अपने मजबूत जबड़ों में पकड़ लिया।

Thornton le secoua de manière enjouée, leur lien étant plus profond que jamais.

थॉर्नटन ने उसे खेल-खेल में हिलाया, उनका रिश्ता पहले की तरह गहरा था।

La foule, émue par l'instant, recula en silence.

इस क्षण से द्रवित भीड़ चुपचाप पीछे हट गई।

Dès lors, personne n'osa interrompre cette affection si sacrée.

तब से, किसी ने भी ऐसे पवित्र स्नेह को बाधित करने का साहस नहीं किया।

Le son de l'appel
पुकार की ध्वनि

Buck avait gagné seize cents dollars en cinq minutes.

बक ने पाँच मिनट में सोलह सौ डॉलर कमा लिये थे।

Cet argent a permis à John Thornton de payer une partie de ses dettes.

इस धन से जॉन थॉर्नटन ने अपने कुछ कर्ज चुकाये।

Avec le reste de l'argent, il se dirigea vers l'Est avec ses partenaires.

बाकी बचे पैसों से वह अपने साझेदारों के साथ पूर्व की ओर चल पड़ा।

Ils cherchaient une mine perdue légendaire, aussi vieille que le pays lui-même.

वे एक ऐसी खोई हुई खदान की तलाश में थे, जो देश जितनी ही पुरानी थी।

Beaucoup d'hommes avaient cherché la mine, mais peu l'avaient trouvée.

कई लोगों ने खदान की खोज की थी, लेकिन बहुत कम लोग इसे खोज पाए थे।

Plus d'un homme avait disparu au cours de cette quête dangereuse.

इस खतरनाक खोज के दौरान कई लोग गायब हो गये थे।

Cette mine perdue était enveloppée à la fois de mystère et d'une vieille tragédie.

यह खोई हुई खदान रहस्य और पुरानी त्रासदी दोनों से लिपटी हुई थी।

Personne ne savait qui avait été le premier homme à découvrir la mine.

कोई नहीं जानता था कि खदान खोजने वाला पहला व्यक्ति कौन था।

Les histoires les plus anciennes ne mentionnent personne par son nom.

सबसे पुरानी कहानियों में किसी का नाम नहीं लिया गया है।

Il y avait toujours eu là une vieille cabane délabrée.

वहाँ हमेशा से एक पुराना जर्जर केबिन रहा था।

Des hommes mourants avaient juré qu'il y avait une mine à côté de cette vieille cabane.

मरते हुए लोगों ने कसम खाई थी कि उस पुराने केबिन के बगल में एक बारूदी सुरंग थी।

Ils ont prouvé leurs histoires avec de l'or comme on n'en trouve nulle part ailleurs.

उन्होंने अपनी कहानियों को सोने से प्रमाणित किया जैसा अन्यत्र कहीं नहीं मिलता।

Aucune âme vivante n'avait jamais pillé le trésor de cet endroit.

किसी भी जीवित आत्मा ने उस स्थान से खजाना कभी नहीं लूटा था।

Les morts étaient morts, et les morts ne racontent pas d'histoires.

मरे हुए लोग तो मरे हुए हैं, और मरे हुए लोग कोई कहानी नहीं बताते।

Thornton et ses amis se dirigèrent donc vers l'Est.

इसलिए थॉर्नटन और उसके दोस्त पूर्व की ओर चले गए।

Pete et Hans se sont joints à eux, amenant Buck et six chiens forts.

पीट और हंस भी बक और छह मजबूत कुत्तों को साथ लेकर आये।

Ils se sont lancés sur un chemin inconnu là où d'autres avaient échoué.

वे एक अज्ञात रास्ते पर चल पड़े, जहां अन्य लोग असफल हो गए थे।

Ils ont parcouru soixante-dix milles en traîneau sur le fleuve Yukon gelé.

उन्होंने जमी हुई युकोन नदी पर सत्तर मील तक स्लेज से यात्रा की।

Ils tournèrent à gauche et suivirent le sentier jusqu'au Stewart.

वे बायीं ओर मुड़े और स्टीवर्ट नदी के रास्ते पर चले गए।

Ils passèrent le Mayo et le McQuestion, poursuivant leur route.

वे मेयो और मैकक्वेश्चन को पार करते हुए आगे बढ़ गए।

Le Stewart s'est rétréci en un ruisseau, traversant des pics déchiquetés.

स्टीवर्ट नदी सिकुड़कर एक धारा में बदल गई, जिसके दांतेदार शिखर उभर आए।

Ces pics acérés marquaient l'épine dorsale même du continent.

ये तीखी चोटियाँ महाद्वीप की रीढ़ की हड्डी का प्रतीक थीं।

John Thornton exigeait peu des hommes ou de la nature sauvage.

जॉन थॉर्नटन को मनुष्यों या जंगली भूमि से कोई खास अपेक्षा नहीं थी।

Il ne craignait rien dans la nature et affrontait la nature sauvage avec aisance.

उन्हें प्रकृति से किसी भी चीज का डर नहीं था और उन्होंने जंगली जीवन का सामना सहजता से किया।

Avec seulement du sel et un fusil, il pouvait voyager où il le souhaitait.

केवल नमक और एक राइफल के साथ वह जहां चाहे यात्रा कर सकता था।

Comme les indigènes, il chassait de la nourriture pendant ses voyages.

स्थानीय लोगों की तरह वह भी यात्रा करते समय भोजन की तलाश में रहते थे।

S'il n'attrapait rien, il continuait, confiant en la chance qui l'attendait.

यदि उसे कुछ नहीं मिलता तो वह भाग्य पर भरोसा करते हुए आगे बढ़ता रहता।

Au cours de ce long voyage, la viande était la principale nourriture qu'ils mangeaient.

इस लम्बी यात्रा में मांस ही मुख्य चीज थी जो उन्होंने खाई।

Le traîneau contenait des outils et des munitions, mais aucun horaire strict.

स्लेज में औजार और गोला-बारूद तो था, लेकिन कोई सख्त समय-सारणी नहीं थी।

Buck adorait cette errance, la chasse et la pêche sans fin.

बक को यह भ्रमण, अंतहीन शिकार और मछली पकड़ना बहुत पसंद था।

Pendant des semaines, ils ont voyagé jour après jour.

कई सप्ताह तक वे लगातार दिन-रात यात्रा करते रहे।

D'autres fois, ils établissaient des camps et restaient immobiles pendant des semaines.

कभी-कभी वे शिविर बनाकर हफ्तों तक वहीं रहते थे।

Les chiens se reposaient pendant que les hommes creusaient dans la terre gelée.

जब लोग जमी हुई मिट्टी खोद रहे थे, तब कुत्ते आराम कर रहे थे।

Ils chauffaient des poêles sur des feux et cherchaient de l'or caché.

वे आग पर बर्तन गर्म करते और उसमें छिपे हुए सोने की खोज करते।

Certains jours, ils souffraient de faim, et d'autres jours, ils faisaient des festins.

कुछ दिन वे भूखे रहे, और कुछ दिन उन्होंने दावतें खाईं।

Leurs repas dépendaient du gibier et de la chance de la chasse.

उनका भोजन खेल और शिकार के भाग्य पर निर्भर करता था।

Quand l'été arrivait, les hommes et les chiens chargeaient des charges sur leur dos.

जब गर्मियां आती थीं, तो लोग और कुत्ते अपनी पीठ पर बोझ लाद लेते थे।

Ils ont fait du rafting sur des lacs bleus cachés dans des forêts de montagne.

उन्होंने पहाड़ी जंगलों में छिपी नीली झीलों पर राफ्टिंग की।

Ils naviguaient sur des bateaux minces sur des rivières qu'aucun homme n'avait jamais cartographiées.

वे उन नदियों पर पतली नावें चलाते थे जिनका मानचित्र कभी किसी मनुष्य ने नहीं बनाया था।

Ces bateaux ont été construits à partir d'arbres sciés dans la nature.

वे नावें जंगल में काटे गए पेड़ों से बनाई गई थीं।

Les mois passèrent et ils sillonnèrent des terres sauvages et inconnues.

कई महीने बीत गए और वे जंगली अनजान भूमि से होकर गुज़रते रहे।

Il n'y avait pas d'hommes là-bas, mais de vieilles traces suggéraient qu'il y en avait eu.

वहाँ कोई आदमी नहीं था, फिर भी पुराने निशानों से संकेत मिलता है कि वहाँ आदमी थे।

Si la Cabane Perdue était réelle, alors d'autres étaient déjà passés par là.

यदि खोया हुआ केबिन वास्तविक था, तो अन्य लोग भी कभी इस रास्ते से आये होंगे।

Ils traversaient des cols élevés dans des blizzards, même pendant l'été.

वे बर्फानी तूफानों में भी, यहाँ तक कि गर्मियों के दौरान भी, ऊँचे दर्रे पार करते थे।

Ils frissonnaient sous le soleil de minuit sur les pentes nues des montagnes.

वे नंगे पहाड़ी ढलानों पर आधी रात के सूरज के नीचे ठिठुर रहे थे।

Entre la limite des arbres et les champs de neige, ils montaient lentement.

वृक्षों और बर्फ के मैदानों के बीच वे धीरे-धीरे चढ़ते रहे।

Dans les vallées chaudes, ils écrasaient des nuages de moucherons et de mouches.

गर्म घाटियों में, वे मक्खियों और मच्छरों के झुंड को मारते थे।

Ils cueillaient des baies sucrées près des glaciers en pleine floraison estivale.

उन्होंने गर्मियों में खिले ग्लेशियरों के पास से मीठे जामुन तोड़े।

Les fleurs qu'ils ont trouvées étaient aussi belles que celles du Southland.

उन्हें जो फूल मिले वे साउथलैंड के फूलों जैसे ही सुन्दर थे।

Cet automne-là, ils atteignirent une région solitaire remplie de lacs silencieux.

उस पतझड़ में वे शांत झीलों से भरे एक सुनसान क्षेत्र में पहुँच गये।

La terre était triste et vide, autrefois pleine d'oiseaux et de bêtes.

यह भूमि उदास और खाली थी, जहां कभी पक्षी और जानवर रहते थे।

Il n'y avait plus de vie, seulement le vent et la glace qui se formait dans les flaques.

अब वहाँ कोई जीवन नहीं था, केवल हवा और तालाबों में जमती बर्फ थी।

Les vagues s'écrasaient sur les rivages déserts avec un son doux et lugubre.

लहरें खाली तटों से मृदु, शोकपूर्ण ध्वनि के साथ टकरा रही थीं।

Un autre hiver arriva et ils suivirent à nouveau de vieux sentiers lointains.

एक और सर्दी आई और वे फिर से धुंधले, पुराने रास्तों पर चल पड़े।

C'étaient les traces d'hommes qui les avaient cherchés bien avant eux.

ये उन लोगों के निशान थे जिन्होंने इनसे बहुत पहले खोज की थी।

Un jour, ils trouvèrent un chemin creusé profondément dans la forêt sombre.

एक बार उन्हें अंधेरे जंगल में एक रास्ता मिल गया।

C'était un vieux sentier, et ils sentaient que la cabane perdue était proche.

यह एक पुराना रास्ता था और उन्हें लगा कि खोया हुआ केबिन नजदीक ही है।

Mais le sentier ne menait nulle part et s'enfonçait dans les bois épais.

लेकिन रास्ता कहीं नहीं गया और घने जंगल में लुप्त हो गया।

Personne ne savait qui avait fait ce sentier et pourquoi.

यह रास्ता किसने बनाया और क्यों बनाया, यह कोई नहीं जानता।

Plus tard, ils ont trouvé l'épave d'un lodge caché parmi les arbres.

बाद में उन्हें पेड़ों के बीच छिपे एक लॉज का मलबा मिला।

Des couvertures pourries gisaient éparpillées là où quelqu'un avait dormi.

जहां कभी कोई सोया था, वहां सड़े हुए कम्बल बिखरे पड़े थे।

John Thornton a trouvé un fusil à silex à long canon enterré à l'intérieur.

जॉन थॉर्नटन को अंदर दबा हुआ एक लंबी बैरल वाला फ्लिंटलॉक मिला।

Il savait qu'il s'agissait d'un fusil de la Baie d'Hudson depuis les premiers jours de son commerce.

उन्हें शुरुआती कारोबारी दिनों से ही पता था कि यह हडसन बे की बंदूक है।

À cette époque, ces armes étaient échangées contre des piles de peaux de castor.

उन दिनों ऐसी बंदूकों का व्यापार ऊदबिलाव की खाल के ढेर के बदले में किया जाता था।

C'était tout : il ne restait aucune trace de l'homme qui avait construit le lodge.

बस इतना ही था - लॉज बनाने वाले व्यक्ति का कोई सुराग नहीं बचा।

Le printemps est revenu et ils n'ont trouvé aucun signe de la Cabane Perdue.

फिर वसंत आया और उन्हें खोए हुए केबिन का कोई निशान नहीं मिला।

Au lieu de cela, ils trouvèrent une large vallée avec un ruisseau peu profond.

इसके बजाय उन्हें एक उथली धारा वाली चौड़ी घाटी मिली।

L'or recouvrait le fond des casseroles comme du beurre jaune et lisse.

पैन के तले पर चिकने, पीले मक्खन की तरह सोना फैला हुआ था।

Ils s'arrêtèrent là et ne cherchèrent plus la cabane.

वे वहीं रुक गए और केबिन की और खोज नहीं की।

Chaque jour, ils travaillaient et trouvaient des milliers de pièces d'or en poudre.

प्रत्येक दिन वे काम करते थे और हजारों की संख्या में सोने की धूल ढूंढते थे।

Ils ont emballé l'or dans des sacs de peau d'élan, de cinquante livres chacun.

उन्होंने सोने को मूस की खाल से बने बैगों में पैक किया, प्रत्येक बैग का वजन पचास पाउंड था।

Les sacs étaient empilés comme du bois de chauffage à l'extérieur de leur petite loge.

उनके छोटे से लॉज के बाहर बैगों को जलाऊ लकड़ी की तरह ढेर करके रखा गया था।

Ils travaillaient comme des géants et les jours passaient comme des rêves rapides.

वे दिग्गजों की तरह काम करते थे, और दिन सपनों की तरह बीतते थे।

Ils ont amassé des trésors au fil des jours sans fin.

जैसे-जैसे अंतहीन दिन तेजी से बीतते गए, उन्होंने खजाना इकट्ठा करना जारी रखा।

Les chiens n'avaient pas grand-chose à faire, à part transporter de la viande de temps en temps.

कुत्तों के पास अब मांस ढोने के अलावा कोई और काम नहीं था।

Thornton chassait et tuait le gibier, et Buck restait allongé près du feu.

थॉर्नटन शिकार करता और उसे मारता था, और बक आग के पास लेटा रहता था।

Il a passé de longues heures en silence, perdu dans ses pensées et ses souvenirs.

वह कई घंटे मौन रहकर विचारों और स्मृतियों में खोए रहते थे।

L'image de l'homme poilu revenait de plus en plus souvent à l'esprit de Buck.

बक के मन में बालों वाले आदमी की छवि बार-बार आती थी।

Maintenant que le travail se faisait rare, Buck rêvait en clignant des yeux devant le feu.

अब चूंकि काम कम हो गया था, बक आग के पास आंखें झपकाते हुए सपने देखने लगा।

Dans ces rêves, Buck errait avec l'homme dans un autre monde.

उन सपनों में, बक उस आदमी के साथ दूसरी दुनिया में भटकता रहा।

La peur semblait être le sentiment le plus fort dans ce monde lointain.

उस दूर के संसार में भय सबसे प्रबल भावना प्रतीत हो रही थी।

Buck vit l'homme poilu dormir avec la tête baissée.

बक ने देखा कि वह बालों वाला आदमी सिर झुकाए सो रहा था।

Ses mains étaient jointes et son sommeil était agité et interrompu.

उसके हाथ आपस में बंधे हुए थे और उसकी नींद बेचैन और टूटी हुई थी।

Il se réveillait en sursaut et regardait avec crainte dans le noir.

वह अचानक जाग जाता था और भयभीत होकर अंधेरे में देखता रहता था।

Ensuite, il jetait plus de bois sur le feu pour garder la flamme vive.

फिर वह आग की लौ को तेज बनाए रखने के लिए उसमें और लकड़ियाँ डालता।

Parfois, ils marchaient le long d'une plage au bord d'une mer grise et infinie.

कभी-कभी वे धूसर, अंतहीन समुद्र के किनारे समुद्र तट पर टहलते थे।

L'homme poilu ramassait des coquillages et les mangeait en marchant.

बालों वाला आदमी चलते-चलते सीपदार मछलियाँ उठाता और खाता रहा।

Ses yeux cherchaient toujours des dangers cachés dans l'ombre.

उसकी आँखें हमेशा छाया में छिपे खतरों की तलाश में रहती थीं।

Ses jambes étaient toujours prêtes à sprinter au premier signe de menace.

खतरे का पहला संकेत मिलते ही उसके पैर दौड़ने के लिए हमेशा तैयार रहते थे।

Ils rampaient à travers la forêt, silencieux et méfiants, côte à côte.

वे जंगल में एक-दूसरे के साथ-साथ चुपचाप और सतर्क होकर रेंगते रहे।

Buck le suivit sur ses talons, et tous deux restèrent vigilants.

बक उसके पीछे-पीछे गया, और वे दोनों सतर्क रहे।

Leurs oreilles frémissaient et bougeaient, leurs nez reniflaient l'air.

उनके कान फड़कने लगे और हिलने लगे, उनकी नाक हवा सूँघने लगी।

L'homme pouvait entendre et sentir la forêt aussi intensément que Buck.

वह आदमी जंगल की आवाज़ को बक की तरह ही तेज़ी से सुन और सूंघ सकता था।

L'homme poilu se balançait à travers les arbres avec une vitesse soudaine.

बालों वाला आदमी अचानक तेजी से पेड़ों के बीच से गुजरा।

Il sautait de branche en branche, sans jamais lâcher prise.

वह एक डाल से दूसरी डाल पर छलांग लगाता रहा, लेकिन उसकी पकड़ कभी ढीली नहीं पड़ी।

Il se déplaçait aussi vite au-dessus du sol que sur celui-ci.

वह जमीन पर जितनी तेजी से चलता था, उतनी ही तेजी से ऊपर भी चलता था।

Buck se souvenait des longues nuits passées sous les arbres, à veiller.

बक को पेड़ों के नीचे पहरा देते हुए बिताई गई लंबी रातें याद थीं।

L'homme dormait perché dans les branches, s'accrochant fermement.

वह आदमी शाखाओं से चिपककर सो गया।

Cette vision de l'homme poilu était étroitement liée à l'appel des profondeurs.

बालों वाले आदमी का यह दर्शन गहरी पुकार से बहुत निकटता से जुड़ा हुआ था।

L'appel résonnait toujours à travers la forêt avec une force obsédante.

वह पुकार अभी भी जंगल में भयावह शक्ति के साथ गूंजती है।

L'appel remplit Buck de désir et d'un sentiment de joie incessant.

इस कॉल ने बक को लालसा और खुशी की बेचैन भावना से भर दिया।

Il ressentait d'étranges pulsions et des frémissements qu'il ne pouvait nommer.

उसे अजीब सी इच्छाएं और हलचल महसूस हुई जिनका वह नाम नहीं बता सका।

Parfois, il suivait l'appel au plus profond des bois tranquilles.

कभी-कभी वह उस पुकार का पीछा करते हुए जंगल की शांत गहराई में चला जाता था।

Il cherchait l'appel, aboyant doucement ou fort au fur et à mesure.

वह पुकार की तलाश में था, चलते समय धीरे से या तेजी से भौंकता हुआ।

Il renifla la mousse et la terre noire où poussaient les herbes.

उसने उस जगह पर काई और काली मिट्टी को सूँघा जहाँ घास उगी हुई थी।

Il renifla de plaisir aux riches odeurs de la terre profonde.

वह गहरी धरती की समृद्ध गंध से प्रसन्न होकर सूँघने लगा।

Il s'est accroupi pendant des heures derrière des troncs couverts de champignons.

वह घंटों तक फफूंद से ढके पेड़ों के पीछे दुबका रहा।

Il resta immobile, écoutant les yeux écarquillés chaque petit bruit.

वह चुपचाप खड़ा रहा और अपनी आँखें चौड़ी करके हर छोटी सी आवाज़ को सुनता रहा।

Il espérait peut-être surprendre la chose qui avait lancé l'appel.

हो सकता है कि वह उस चीज़ को आश्चर्यचकित करने की आशा कर रहा हो जिसने कॉल दिया था।

Il ne savait pas pourquoi il agissait de cette façon, il le faisait simplement.

वह नहीं जानता था कि उसने ऐसा क्यों किया - उसने बस ऐसा किया।

Les pulsions venaient du plus profond de moi, au-delà de la pensée ou de la raison.

ये इच्छाएं भीतर से आती थीं, विचार या तर्क से परे।

Des envies irrésistibles s'emparèrent de Buck sans avertissement ni raison.

अदम्य इच्छाओं ने बिना किसी चेतावनी या कारण के बक को जकड़ लिया।

Parfois, il somnolait paresseusement dans le camp sous la chaleur de midi.

कभी-कभी वह दोपहर की गर्मी में शिविर में आलस से झपकी ले रहा था।

Soudain, sa tête se releva et ses oreilles se dressèrent en alerte.

अचानक, उसका सिर उठा और उसके कान चौकन्ने होकर ऊपर उठ गये।

Puis il se leva d'un bond et se précipita dans la nature sans s'arrêter.

फिर वह उछल पड़ा और बिना रुके जंगल की ओर भाग गया।

Il a couru pendant des heures à travers les sentiers forestiers et les espaces ouverts.

वह जंगल के रास्तों और खुले स्थानों पर घंटों दौड़ता रहा।

Il aimait suivre les lits des ruisseaux asséchés et espionner les oiseaux dans les arbres.

उसे सूखी नदियों के किनारे घूमना और पेड़ों पर पक्षियों की जासूसी करना बहुत पसंद था।

Il pouvait rester caché toute la journée, à regarder les perdrix se pavaner.

वह सारा दिन छिपकर लेटा रह सकता था, और इधर-उधर घूमते तीतरों को देखता रह सकता था।

Ils tambourinaient et marchaient, inconscients de la présence de Buck.

वे ढोल बजाते और मार्च करते रहे, बक की उपस्थिति से अनभिज्ञ।

Mais ce qu'il aimait le plus, c'était courir au crépuscule en été.

लेकिन उन्हें सबसे ज्यादा पसंद था गर्मियों में शाम के समय दौड़ना।

La faible lumière et les bruits endormis de la forêt le remplissaient de joie.

मंद रोशनी और जंगल की नींद भरी आवाज़ें उसे खुशी से भर रही थीं।

Il lisait les panneaux forestiers aussi clairement qu'un homme lit un livre.

उन्होंने जंगल के चिह्नों को इतनी स्पष्टता से पढ़ा जैसे कोई व्यक्ति किताब पढ़ता है।

Et il cherchait toujours la chose étrange qui l'appelait.

और वह हमेशा उस अजीब चीज़ को खोजता रहता था जो उसे बुलाती थी।

Cet appel ne s'est jamais arrêté : il l'atteignait qu'il soit éveillé ou endormi.

वह पुकार कभी रुकी नहीं - वह जागते या सोते समय उसके पास पहुंचती थी।

Une nuit, il se réveilla en sursaut, les yeux perçants et les oreilles hautes.

एक रात वह अचानक जाग गया, उसकी आँखें तेज़ और कान ऊँचे थे।

Ses narines se contractaient tandis que sa crinière se dressait en vagues.

उसके नथुने फड़क रहे थे, जबकि उसके बाल लहरों की तरह खड़े थे।

Du plus profond de la forêt, le son résonna à nouveau, le vieil appel.

जंगल के गहरे भाग से फिर वही आवाज़ आई, वही पुरानी पुकार।

Cette fois, le son résonnait clairement, un hurlement long, obsédant et familier.

इस बार आवाज स्पष्ट सुनाई दी, एक लंबी, भयावह, परिचित चीख।

C'était comme le cri d'un husky, mais d'un ton étrange et sauvage.

यह कर्कश चीख की तरह थी, लेकिन स्वर में अजीब और जंगली।

Buck reconnut immédiatement le son – il avait entendu exactement le même son depuis longtemps.

बक को तुरन्त ही वह आवाज पहचान गई - उसने ठीक वैसी ही आवाज बहुत पहले सुनी थी।

Il sauta à travers le camp et disparut rapidement dans les bois.

वह शिविर से छलांग लगाकर तेजी से जंगल में गायब हो गया।

Alors qu'il s'approchait du bruit, il ralentit et se déplaça avec précaution.

जैसे ही वह आवाज के निकट पहुंचा, उसने अपनी गति धीमी कर ली और सावधानी से आगे बढ़ा।

Bientôt, il atteignit une clairière entre d'épais pins.

जल्द ही वह घने देवदार के पेड़ों के बीच एक खुले स्थान पर पहुंच गया।

Là, debout sur ses pattes arrière, était assis un loup des bois grand et maigre.

वहाँ, एक लंबा, दुबला-पतला भेड़िया अपने कूल्हों के बल सीधा बैठा था।

Le nez du loup pointait vers le ciel, résonnant toujours de l'appel.

भेड़िये की नाक आसमान की ओर उठी हुई थी, तथा अभी भी आवाज गूंज रही थी।

Buck n'avait émis aucun son, mais le loup s'arrêta et écouta.

बक ने कोई आवाज नहीं की, फिर भी भेड़िया रुक गया और सुनने लगा।

Sentant quelque chose, le loup se tendit, scrutant l'obscurité.

कुछ आभास होने पर भेड़िया घबरा गया और अंधेरे में खोज करने लगा।

Buck apparut en rampant, le corps bas, les pieds immobiles sur le sol.

हिरन धीरे-धीरे नज़र आया, उसका शरीर झुका हुआ था, पैर ज़मीन पर शांत थे।

Sa queue était droite, son corps enroulé sous la tension.

उसकी पूँछ सीधी थी, उसका शरीर तनाव से कड़ा हो गया था।

Il a montré à la fois une menace et une sorte d'amitié brutale.

उन्होंने धमकी और एक प्रकार की कठोर मित्रता दोनों का प्रदर्शन किया।

C'était le salut prudent partagé par les bêtes sauvages.

यह जंगली जानवरों द्वारा किया जाने वाला सतर्क अभिवादन था।

Mais le loup se retourna et s'enfuit dès qu'il vit Buck.

लेकिन जैसे ही भेड़िये ने बक को देखा, वह मुड़कर भाग गया।

Buck se lança à sa poursuite, sautant sauvagement, désireux de le rattraper.

बक ने बेतहाशा छलांग लगाते हुए उसका पीछा किया, ताकि वह उससे आगे निकल जाए।

Il suivit le loup dans un ruisseau asséché bloqué par un embâcle.

वह भेड़िये का पीछा करते हुए एक सूखी नदी तक पहुंचा जो लकड़ी के ढेर से अवरुद्ध थी।

Acculé, le loup se retourna et tint bon.

कोने में फँसकर भेड़िया घूम गया और अपनी जगह पर खड़ा हो गया।

Le loup grognait et claquait comme un chien husky pris au piège dans un combat.

भेड़िया किसी लड़ाई में फंसे हुए कर्कश कुत्ते की तरह गुर्राया और झपट पड़ा।

Les dents du loup claquaient rapidement, son corps se hérissant d'une fureur sauvage.

भेड़िये के दांत तेजी से बजने लगे, उसका शरीर भयंकर क्रोध से भर गया।

Buck n'attaqua pas mais encercla le loup avec une gentillesse prudente.

बक ने हमला नहीं किया, बल्कि सावधानीपूर्वक मित्रतापूर्वक भेड़िये के चारों ओर चक्कर लगाया।

Il a essayé de bloquer sa fuite par des mouvements lents et inoffensifs.

उसने धीमी, हानिरहित हरकतों से उसके भागने को रोकने की कोशिश की।

Le loup était méfiant et effrayé : Buck le dépassait trois fois.

भेड़िया सावधान और डरा हुआ था - बक का वजन उससे तीन गुना ज़्यादा था।

La tête du loup atteignait à peine l'épaule massive de Buck.

भेड़िये का सिर बमुश्किल बक के विशाल कंधे तक पहुंच पाया।

À l'affût d'une brèche, le loup s'est enfui et la poursuite a repris.

रास्ता देखकर भेड़िया भाग गया और पीछा फिर शुरू हो गया।

Plusieurs fois, Buck l'a coincé et la danse s'est répétée.

कई बार बक ने उसे कोने में धकेला, और नृत्य दोहराया गया।

Le loup était maigre et faible, sinon Buck n'aurait pas pu l'attraper.

भेड़िया दुबला-पतला और कमज़ोर था, अन्यथा बक उसे पकड़ नहीं पाता।

Chaque fois que Buck s'approchait, le loup se retournait et lui faisait face avec peur.

हर बार जब बक उसके निकट आता तो भेड़िया डरकर घूम जाता और उसका सामना करता।

Puis, à la première occasion, il s'est précipité dans les bois une fois de plus.

फिर पहला मौका मिलते ही वह एक बार फिर जंगल में भाग गया।

Mais Buck n'a pas abandonné et finalement le loup a fini par lui faire confiance.

लेकिन बक ने हार नहीं मानी और अंततः भेड़िये को उस पर भरोसा हो गया।

Il renifla le nez de Buck, et les deux devinrent joueurs et alertes.

उसने बक की नाक सूँघी, और दोनों चंचल और सतर्क हो गए।

Ils jouaient comme des animaux sauvages, féroces mais timides dans leur joie.

वे जंगली जानवरों की तरह खेलते थे, अपनी खुशी में वे भयंकर होते हुए भी शर्मीले थे।

Au bout d'un moment, le loup s'éloigna au trot avec un calme déterminé.

थोड़ी देर बाद भेड़िया शांत भाव से चला गया।

Il a clairement montré à Buck qu'il voulait être suivi.

उन्होंने बक को स्पष्ट रूप से दिखा दिया कि उनका अनुसरण किया जाना चाहिए।

Ils couraient côte à côte dans l'obscurité du crépuscule.

वे गोधूलि के अंधेरे में एक-दूसरे के साथ-साथ दौड़े।

Ils suivirent le lit du ruisseau jusqu'à la gorge rocheuse.

वे नाले के किनारे-किनारे चलते हुए चट्टानी घाटी में चले गए।

Ils traversèrent une ligne de partage des eaux froide où le ruisseau avait pris sa source.

उन्होंने उस ठण्डे विभाजन को पार किया जहां से धारा शुरू हुई थी।

Sur la pente la plus éloignée, ils trouvèrent une vaste forêt et de nombreux ruisseaux.

दूर ढलान पर उन्हें विस्तृत जंगल और कई नदियाँ मिलीं।

À travers ce vaste territoire, ils ont couru pendant des heures sans s'arrêter.

इस विशाल भूमि पर वे घंटों बिना रुके दौड़ते रहे।

Le soleil se leva plus haut, l'air devint chaud, mais ils continuèrent à courir.

सूरज ऊपर चढ़ता गया, हवा गर्म होती गई, लेकिन वे दौड़ते रहे।

Buck était rempli de joie : il savait qu'il répondait à son appel.

बक खुशी से भर गया - वह जानता था कि वह अपनी बुलाहट का उत्तर दे रहा है।

Il courut à côté de son frère de la forêt, plus près de la source de l'appel.

वह अपने जंगली भाई के पास दौड़ा, तथा कॉल के स्रोत के करीब पहुंच गया।

De vieux sentiments sont revenus, puissants et difficiles à ignorer.

पुरानी भावनाएँ वापस आ गईं, शक्तिशाली और अनदेखा करना कठिन।

C'étaient les vérités derrière les souvenirs de ses rêves.

ये उनके सपनों की यादों के पीछे की सच्चाई थी।

Il avait déjà fait tout cela auparavant, dans un monde lointain et obscur.

उसने यह सब पहले भी एक दूर और अंधकारमय दुनिया में किया था।

Il recommença alors, courant librement avec le ciel ouvert au-dessus.

अब उसने फिर ऐसा ही किया, ऊपर खुले आसमान में बेतहाशा दौड़ता हुआ।

Ils s'arrêtèrent près d'un ruisseau pour boire l'eau froide qui coulait.

वे ठंडे बहते पानी को पीने के लिए एक झरने के पास रुके।

Alors qu'il buvait, Buck se souvint soudain de John Thornton.

शराब पीते समय बक को अचानक जॉन थॉर्नटन की याद आ गई।

Il s'assit en silence, déchiré par l'attrait de la loyauté et de l'appel.

वह चुपचाप बैठ गया, निष्ठा और आह्वान के खिंचाव से विचलित।

Le loup continua à trotter, mais revint pour pousser Buck à avancer.

भेड़िया आगे बढ़ गया, लेकिन बक को आगे बढ़ने के लिए कहने के लिए वापस आया।

Il renifla son nez et essaya de le cajoler avec des gestes doux.

उसने अपनी नाक सूँघी और कोमल इशारों से उसे मनाने की कोशिश की।

Mais Buck se retourna et reprit le chemin par lequel il était venu.

लेकिन बक पलट गया और जिस रास्ते से आया था उसी रास्ते से वापस जाने लगा।

Le loup courut à côté de lui pendant un long moment, gémissant doucement.

भेड़िया बहुत देर तक उसके बगल में चुपचाप रोता हुआ दौड़ता रहा।

Puis il s'assit, leva le nez et poussa un long hurlement.

फिर वह बैठ गया, अपनी नाक ऊपर उठाई और एक लंबी चीख निकाली।

C'était un cri lugubre, qui s'adoucit à mesure que Buck s'éloignait.

यह एक शोकपूर्ण चीख थी, जो बक के चले जाने पर धीमी पड़ गई।

Buck écouta le son du cri s'estomper lentement dans le silence de la forêt.

बक सुनता रहा, रोने की आवाज धीरे-धीरे जंगल के सन्नाटे में लुप्त हो गई।

John Thornton était en train de dîner lorsque Buck a fait irruption dans le camp.

जॉन थॉर्नटन खाना खा रहे थे जब बक शिविर में घुस आया।

Buck sauta sauvagement sur lui, le léchant, le mordant et le faisant culbuter.

बक उस पर बेतहाशा कूद पड़ा, उसे चाटने, काटने और पटकने लगा।

Il l'a renversé, s'est hissé dessus et l'a embrassé sur le visage.

उसने उसे गिरा दिया, उसके ऊपर चढ़ गया, और उसके चेहरे को चूमा।

Thornton appelait cela avec affection « jouer le fou du commun ».

थॉर्नटन ने इसे स्नेहपूर्वक "सामान्य मूर्खता का नाटक" कहा।

Pendant tout ce temps, il maudissait doucement Buck et le secouait d'avant en arrière.

इस दौरान वह बक को धीरे से कोसता रहा और उसे आगे-पीछे हिलाता रहा।

Pendant deux jours et deux nuits entières, Buck n'a pas quitté le camp une seule fois.

पूरे दो दिन और रात तक बक एक बार भी शिविर से बाहर नहीं निकला।

Il est resté proche de Thornton et ne l'a jamais quitté des yeux.

वह थॉर्नटन के करीब रहा और उसे कभी अपनी नजरों से ओझल नहीं होने दिया।

Il le suivait pendant qu'il travaillait et le regardait pendant qu'il mangeait.

जब वह काम करता तो वह उसके पीछे-पीछे चलता और जब वह खाता तो वह उसे देखता रहता।

Il voyait Thornton dans ses couvertures la nuit et dehors chaque matin.

उन्होंने थॉर्नटन को रात में अपने कंबल में और प्रत्येक सुबह बाहर देखा।

Mais bientôt l'appel de la forêt revint, plus fort que jamais.

लेकिन जल्द ही जंगल की आवाज़ वापस आ गई, पहले से भी अधिक तेज़।

Buck devint à nouveau agité, agité par les pensées du loup sauvage.

जंगली भेड़िये के विचार से बक फिर से बेचैन हो गया।

Il se souvenait de la terre ouverte et de la course côte à côte.

उसे खुली ज़मीन और साथ-साथ दौड़ना याद आ गया।

Il commença à errer à nouveau dans la forêt, seul et alerte.

वह एक बार फिर जंगल में अकेला और सतर्क होकर घूमने लगा।

Mais le frère sauvage ne revint pas et le hurlement ne fut pas entendu.

लेकिन जंगली भाई वापस नहीं आया, और चीख़ भी नहीं सुनी गई।

Buck a commencé à dormir dehors, restant absent pendant des jours.

बक ने बाहर सोना शुरू कर दिया, और कई दिनों तक बाहर ही रहने लगा।

Une fois, il traversa la haute ligne de partage des eaux où le ruisseau commençait.

एक बार वह उस ऊंचे विभाजन को पार कर गया जहां से खाड़ी शुरू हुई थी।

Il entra dans le pays des bois sombres et des larges ruisseaux.

वह काले घने जंगलों और चौड़ी बहती नदियों के देश में प्रवेश कर गया।

Pendant une semaine, il a erré, à la recherche de signes de son frère sauvage.

एक सप्ताह तक वह अपने जंगली भाई के चिन्हों की खोज में घूमता रहा।

Il tuait sa propre viande et voyageait à grands pas, sans relâche.

वह स्वयं अपना मांस मारता था और लम्बे, अथक कदमों से यात्रा करता था।

Il pêchait le saumon dans une large rivière qui se jetait dans la mer.

वह समुद्र तक पहुंचने वाली एक चौड़ी नदी में सैल्मन मछली पकड़ता था।

Là, il combattit et tua un ours noir rendu fou par les insectes.

वहां उन्होंने कीड़ों से परेशान एक काले भालू से लड़ाई की और उसे मार डाला।

L'ours était en train de pêcher et courait aveuglément à travers les arbres.

भालू मछली पकड़ रहा था और अंधाधुंध पेड़ों के बीच से भाग रहा था।

La bataille fut féroce, réveillant le profond esprit combatif de Buck.

यह युद्ध बहुत ही भयंकर था, जिसने बक की गहरी लड़ाकू भावना को जगा दिया।

Deux jours plus tard, Buck est revenu et a trouvé des carcajous près de sa proie.

दो दिन बाद बक वापस लौटा तो उसने देखा कि उसके शिकार स्थल पर वूल्वरिन मौजूद थे।

Une douzaine d'entre eux se disputaient la viande avec une fureur bruyante.

उनमें से एक दर्जन लोग मांस को लेकर शोरगुल मचाते हुए झगड़ने लगे।

Buck chargea et les dispersa comme des feuilles dans le vent.

बक ने उन पर हमला किया और उन्हें हवा में उड़ते पत्तों की तरह बिखेर दिया।

Deux loups restèrent derrière, silencieux, sans vie et immobiles pour toujours.

दो भेड़िये पीछे रह गए - हमेशा के लिए चुप, निर्जीव और अविचल।

La soif de sang était plus forte que jamais.

खून की प्यास पहले से भी अधिक बढ़ गई।

Buck était un chasseur, un tueur, se nourrissant de créatures vivantes.

बक एक शिकारी था, एक हत्यारा था, जो जीवित प्राणियों को खाकर अपना पेट भरता था।

Il a survécu seul, en s'appuyant sur sa force et ses sens aiguisés.

वह अपनी ताकत और तीव्र इन्द्रियों पर भरोसा करते हुए अकेले जीवित रहे।

Il prospérait dans la nature, où seuls les plus résistants pouvaient vivre.

वह जंगल में पनपा, जहां केवल सबसे मजबूत लोग ही रह सकते थे।

De là, une grande fierté s'éleva et remplit tout l'être de Buck.

इससे बक के पूरे अस्तित्व में एक महान गर्व की भावना उत्पन्न हुई।

Sa fierté se reflétait dans chacun de ses pas, dans le mouvement de chacun de ses muscles.

उसका गर्व उसके हर कदम में, हर मांसपेशी की हलचल में झलकता था।

Sa fierté était aussi claire qu'un discours, visible dans la façon dont il se comportait.

उनका अभिमान उनकी वाणी की तरह स्पष्ट था, जो उनके व्यवहार से झलकता था।

Même son épais pelage semblait plus majestueux et brillait davantage.

यहां तक कि उसका मोटा कोट भी अधिक राजसी और चमकीला लग रहा था।

Buck aurait pu être confondu avec un loup géant.

बक को एक विशालकाय लकड़ी भेड़िया समझ लिया गया होगा।

À l'exception du brun sur son museau et des taches au-dessus de ses yeux.

उसके थूथन पर भूरे रंग और आंखों के ऊपर के धब्बों को छोड़कर।

Et la traînée de fourrure blanche qui courait au milieu de sa poitrine.

और उसकी छाती के बीच से नीचे तक फैली फर की सफ़ेद लकीर।

Il était encore plus grand que le plus grand loup de cette race féroce.

वह उस खूंखार नस्ल के सबसे बड़े भेड़िये से भी बड़ा था।

Son père, un Saint-Bernard, lui a donné de la taille et une ossature lourde.

उनके पिता, जो सेंट बर्नार्ड थे, ने उन्हें आकार और भारी शरीर दिया।

Sa mère, une bergère, a façonné cette masse en forme de loup.

उनकी मां, जो एक चरवाहा थीं, ने उस विशालकाय शरीर को भेड़िये जैसा आकार दिया।

Il avait le long museau d'un loup, bien que plus lourd et plus large.

उसका थूथन भेड़िये जैसा लम्बा था, यद्यपि भारी और चौड़ा था।

Sa tête était celle d'un loup, mais construite à une échelle massive et majestueuse.

उसका सिर भेड़िये जैसा था, लेकिन बहुत विशाल और भव्य आकार का था।

La ruse de Buck était la ruse du loup et de la nature.

बक की चालाकी भेड़िये और जंगली जानवरों जैसी चालाकी थी।

Son intelligence lui vient à la fois du berger allemand et du Saint-Bernard.

उनकी बुद्धिमत्ता जर्मन शेफर्ड और सेंट बर्नार्ड दोनों से आई थी।

Tout cela, ajouté à une expérience difficile, faisait de lui une créature redoutable.

इन सब बातों के साथ-साथ कठोर अनुभवों ने उसे एक डरावना प्राणी बना दिया।

Il était aussi redoutable que n'importe quelle bête qui parcourait les régions sauvages du nord.

वह उत्तरी जंगल में विचरण करने वाले किसी भी जानवर के समान ही दुर्जेय था।

Ne se nourrissant que de viande, Buck a atteint le sommet de sa force.

केवल मांस पर जीवित रहते हुए, बक अपनी शक्ति के पूर्ण शिखर पर पहुंच गया।

Il débordait de puissance et de force masculine dans chaque fibre de son être.

उसके रोम-रोम में शक्ति और पुरुष शक्ति भरी हुई थी।

Lorsque Thornton lui caressait le dos, ses poils brillaient d'énergie.

जब थॉर्नटन ने उसकी पीठ पर हाथ फेरा तो उसके बालों में ऊर्जा की चमक आ गयी।

Chaque cheveu crépitait, chargé du contact du magnétisme vivant.

प्रत्येक बाल जीवंत चुंबकत्व के स्पर्श से आवेशित होकर खड़खड़ा उठा।

Son corps et son cerveau étaient réglés sur le ton le plus fin possible.

उनका शरीर और मस्तिष्क सर्वोत्तम संभव सुर में लयबद्ध थे।

Chaque nerf, chaque fibre et chaque muscle fonctionnaient en parfaite harmonie.

प्रत्येक तंत्रिका, तंतु और मांसपेशी पूर्ण सामंजस्य में काम कर रही थी।

À tout son ou toute vue nécessitant une action, il répondait instantanément.

किसी भी ध्वनि या दृश्य पर, जिस पर कार्रवाई की आवश्यकता होती थी, वह तुरंत प्रतिक्रिया देते थे।

Si un husky sautait pour attaquer, Buck pouvait sauter deux fois plus vite.

यदि कोई हस्की हमला करने के लिए छलांग लगाता, तो बक दोगुनी तेजी से छलांग लगा सकता था।

Il a réagi plus vite que les autres ne pouvaient le voir ou l'entendre.

उन्होंने इतनी तेजी से प्रतिक्रिया की कि अन्य लोग देख या सुन भी नहीं पाए।

La perception, la décision et l'action se sont produites en un seul instant fluide.

धारणा, निर्णय और कार्रवाई सभी एक ही क्षण में आ गए।

En vérité, ces actes étaient distincts, mais trop rapides pour être remarqués.

सच तो यह है कि ये क्रियाएं अलग-अलग थीं, लेकिन इतनी तीव्र थीं कि उन पर ध्यान नहीं दिया जा सका।

Les intervalles entre ces actes étaient si brefs qu'ils semblaient n'en faire qu'un.

इन कृत्यों के बीच अंतराल इतना कम था कि ऐसा लग रहा था कि वे एक ही हैं।

Ses muscles et son être étaient comme des ressorts étroitement enroulés.

उसकी मांसपेशियां और शरीर कसकर कुंडलित स्प्रिंगों की तरह थे।

Son corps débordait de vie, sauvage et joyeux dans sa puissance.

उसका शरीर जीवन से भर गया, उसकी शक्ति उग्र और आनंदित थी।

Parfois, il avait l'impression que la force allait jaillir de lui entièrement.

कभी-कभी उसे ऐसा महसूस होता था कि मानो उसकी सारी शक्ति उसके अंदर से पूरी तरह बाहर निकल जायेगी।

« Il n'y a jamais eu un tel chien », a déclaré Thornton un jour tranquille.

"ऐसा कुत्ता कभी नहीं था," थॉर्नटन ने एक शांत दिन कहा।

Les partenaires regardaient Buck sortir fièrement du camp.

साझेदारों ने बक को गर्व से शिविर से बाहर जाते हुए देखा।

« Lorsqu'il a été créé, il a changé ce que pouvait être un chien », a déclaré Pete.

पीट ने कहा, "जब वह बना, तो उसने कुत्ते की असली पहचान ही बदल दी।"

« Par Jésus ! Je le pense moi-même », acquiesça rapidement Hans.

"हे भगवान! मैं भी ऐसा ही सोचता हूँ," हंस ने तुरंत सहमति जताई।

Ils l'ont vu s'éloigner, mais pas le changement qui s'est produit après.

उन्होंने उसे जाते तो देखा, लेकिन उसके बाद आए बदलाव को नहीं देखा।

Dès qu'il est entré dans les bois, Buck s'est complètement transformé.

जैसे ही वह जंगल में दाखिल हुआ, बक पूरी तरह से बदल गया।

Il ne marchait plus, mais se déplaçait comme un fantôme sauvage parmi les arbres.

वह अब मार्च नहीं करता था, बल्कि पेड़ों के बीच एक जंगली भूत की तरह घूमता था।

Il devint silencieux, les pieds comme un chat, une lueur traversant les ombres.

वह चुप हो गया, बिल्ली के पैरों की तरह, छायाओं के बीच से गुजरती हुई एक झिलमिलाहट की तरह।

Il utilisait la couverture avec habileté, rampant sur le ventre comme un serpent.

वह सांप की तरह पेट के बल रेंगते हुए कुशलता से छिपने लगा।

Et comme un serpent, il pouvait bondir en avant et frapper en silence.

और साँप की तरह, वह चुपचाप आगे छलांग लगाकर वार कर सकता था।

Il pourrait voler un lagopède directement dans son nid caché.

वह एक तीतर (ptarmigan) को उसके छिपे हुए घोंसले से सीधे चुरा सकता था।

Il a tué des lapins endormis sans un seul bruit.

उसने बिना कोई आवाज किये सोये हुए खरगोशों को मार डाला।

Il pouvait attraper des tamias en plein vol alors qu'ils fuyaient trop lentement.

वह चिपमंक्स को हवा में ही पकड़ सकता था, क्योंकि वे बहुत धीमी गति से भागते थे।

Même les poissons dans les bassins ne pouvaient échapper à ses attaques soudaines.

यहां तक कि तालाबों में मौजूद मछलियां भी उसके अचानक प्रहार से बच नहीं सकीं।

Même les castors astucieux qui réparaient les barrages n'étaient pas à l'abri de lui.

यहां तक कि बांधों की मरम्मत करने वाले चतुर बीवर भी उससे सुरक्षित नहीं थे।

Il tuait pour se nourrir, pas pour le plaisir, mais il préférait tuer ses propres victimes.

वह भोजन के लिए हत्या करता था, मनोरंजन के लिए नहीं - परन्तु उसे स्वयं शिकार करना अधिक पसंद था।

Pourtant, un humour sournois traversait certaines de ses chasses silencieuses.

फिर भी, उनके कुछ मौन शिकारों में एक धूर्त हास्य झलकता था।

Il s'est approché des écureuils, mais les a laissés s'échapper.

वह गिलहरियों के करीब गया, ताकि वे भाग सकें।

Ils allaient fuir vers les arbres, bavardant dans une rage effrayée.

वे भयभीत होकर बड़बड़ाते हुए पेड़ों की ओर भागने वाले थे।

À l'arrivée de l'automne, les orignaux ont commencé à apparaître en plus grand nombre.

जैसे-जैसे पतझड़ आया, मूस बड़ी संख्या में दिखाई देने लगे।

Ils se sont déplacés lentement vers les basses vallées pour affronter l'hiver.

वे सर्दी से बचने के लिए धीरे-धीरे निचली घाटियों की ओर बढ़े।

Buck avait déjà abattu un jeune veau errant.

बक पहले ही एक छोटे, आवारा बछड़े को मार गिरा चुका था।

Mais il aspirait à affronter des proies plus grandes et plus dangereuses.

लेकिन वह बड़े और अधिक खतरनाक शिकार का सामना करना चाहता था।

Un jour, à la ligne de partage des eaux, à la tête du ruisseau, il trouva sa chance.

एक दिन, नदी के मुहाने पर, उसे अपना अवसर मिल गया।

Un troupeau de vingt orignaux avait traversé des terres boisées.

बीस मूस का एक झुंड जंगली भूमि से पार हो गया था।

Parmi eux se trouvait un puissant taureau, le chef du groupe.

उनमें एक शक्तिशाली बैल भी था, जो समूह का नेता था।

Le taureau mesurait plus de six pieds de haut et avait l'air féroce et sauvage.

बैल छह फुट से अधिक लंबा था और भयंकर एवं जंगली दिख रहा था।

Il lança ses larges bois, quatorze pointes se ramifiant vers l'extérieur.

उसने अपने चौड़े सींग फड़फड़ाये, जिनमें से चौदह सींग बाहर की ओर निकले हुए थे।

Les extrémités de ces bois s'étendaient sur sept pieds de large.

उन सींगों के सिरे सात फुट तक फैले हुए थे।

Ses petits yeux brûlaient de rage lorsqu'il aperçut Buck à proximité.

जब उसने बक को पास में देखा तो उसकी छोटी-छोटी आंखें क्रोध से जल उठीं।

Il poussa un rugissement furieux, tremblant de fureur et de douleur.

वह क्रोध और पीड़ा से कांपते हुए भयंकर दहाड़ने लगा।

Une pointe de flèche sortait près de son flanc, empennée et pointue.

उसके पार्श्व भाग के पास एक तीर का सिरा निकला हुआ था, जो पंखदार और नुकीला था।

Cette blessure a contribué à expliquer son humeur sauvage et amère.

इस घाव से उनकी क्रूर, कटु मनोदशा को समझने में मदद मिली।

Buck, guidé par un ancien instinct de chasseur, a fait son mouvement.

बक ने अपनी प्राचीन शिकार प्रवृत्ति से प्रेरित होकर अपना कदम उठाया।

Son objectif était de séparer le taureau du reste du troupeau.

उसका उद्देश्य बैल को बाकी झुंड से अलग करना था।

Ce n'était pas une tâche facile : il fallait de la rapidité et une ruse féroce.

यह कोई आसान काम नहीं था - इसके लिए गति और भयंकर चतुराई की आवश्यकता थी।

Il aboyait et dansait près du taureau, juste hors de portée.

वह बैल के पास भौंकने और नाचने लगा, बस उसकी सीमा से बाहर।

L'élan s'est précipité avec d'énormes sabots et des bois mortels.

मूस अपने विशाल खुरों और घातक सींगों के साथ झपट्टा मारता था।

Un seul coup aurait pu mettre fin à la vie de Buck en un clin d'œil.

एक ही झटके से बक की जिंदगी खत्म हो सकती थी।

Incapable de laisser la menace derrière lui, le taureau devint fou.

खतरे को पीछे छोड़ने में असमर्थ, बैल पागल हो गया।

Il chargea avec fureur, mais Buck s'échappa toujours.

वह क्रोध में हमला करने लगा, लेकिन बक हमेशा बच निकलता।

Buck simula une faiblesse, l'attirant plus loin du troupeau.

बक ने कमजोरी का नाटक किया, जिससे वह झुंड से दूर चला गया।

Mais les jeunes taureaux allaient charger pour protéger le leader.

लेकिन युवा बैल अपने नेता की रक्षा के लिए पीछे हटने वाले थे।

Ils ont forcé Buck à battre en retraite et le taureau à rejoindre le groupe.

उन्होंने बक को पीछे हटने पर मजबूर कर दिया और बैल को समूह में पुनः शामिल होने पर मजबूर कर दिया।

Il y a une patience dans la nature, profonde et imparable.

जंगल में धैर्य है, गहरा और अजेय।

Une araignée attend immobile dans sa toile pendant d'innombrables heures.

एक मकड़ी अपने जाल में अनगिनत घंटों तक बिना हिले-डुले प्रतीक्षा करती रहती है।

Un serpent s'enroule sans tressaillement et attend que son heure soit venue.

साँप बिना हिले-डुले कुंडली मारकर बैठा रहता है और समय आने तक प्रतीक्षा करता है।

Une panthère se tient en embuscade, jusqu'à ce que le moment arrive.

एक तेंदुआ घात में बैठा रहता है, जब तक कि वह क्षण न आ जाए।

C'est la patience des prédateurs qui chassent pour survivre.

यह शिकारियों का धैर्य है जो जीवित रहने के लिए शिकार करते हैं।

Cette même patience brûlait à l'intérieur de Buck alors qu'il restait proche.

बक के अंदर भी वही धैर्य जल रहा था, जब वह उसके करीब रहा।

Il resta près du troupeau, ralentissant sa marche et suscitant la peur.

वह झुंड के पास ही रहा, उसकी गति धीमी कर दी और डर पैदा कर दिया।

Il taquinait les jeunes taureaux et harcelait les vaches mères.

वह युवा बैलों को चिढ़ाता था और माता गायों को परेशान करता था।

Il a plongé le taureau blessé dans une rage encore plus profonde et impuissante.

उसने घायल बैल को और भी अधिक असहाय क्रोध में धकेल दिया।

Pendant une demi-journée, le combat s'est prolongé sans aucun répit.

आधे दिन तक लड़ाई बिना किसी आराम के चलती रही।

Buck attaquait sous tous les angles, rapide et féroce comme le vent.

बक ने हर कोण से हमला किया, हवा की तरह तेज़ और भयंकर।

Il a empêché le taureau de se reposer ou de se cacher avec son troupeau.

उसने बैल को अपने झुंड के साथ आराम करने या छिपने से रोका।

Le cerf a épuisé la volonté de l'élan plus vite que son corps.

बक ने मूस की इच्छाशक्ति को उसके शरीर से भी अधिक तेजी से कमजोर कर दिया।

La journée passa et le soleil se coucha bas dans le ciel du nord-ouest.

दिन बीत गया और सूर्य उत्तर-पश्चिमी आकाश में नीचे डूब गया।

Les jeunes taureaux revinrent plus lentement pour aider leur chef.

युवा बैल अपने नेता की मदद करने के लिए धीरे-धीरे वापस लौटे।

Les nuits d'automne étaient revenues et l'obscurité durait désormais six heures.

पतझड़ की रातें लौट आई थीं और अब अँधेरा छह घंटे तक रहता था।

L'hiver les poussait vers des vallées plus sûres et plus chaudes.

सर्दी उन्हें सुरक्षित, गर्म घाटियों की ओर नीचे की ओर धकेल रही थी।

Mais ils ne pouvaient toujours pas échapper au chasseur qui les retenait.

लेकिन फिर भी वे उस शिकारी से बच नहीं सके जिसने उन्हें रोक रखा था।

Une seule vie était en jeu : pas celle du troupeau, mais celle de leur chef.

केवल एक ही जीवन दांव पर लगा था - झुंड का नहीं, केवल उनके नेता का।

Cela rendait la menace lointaine et non leur préoccupation urgente.

इससे खतरा दूर हो गया और उनकी तत्काल चिंता का विषय नहीं रहा।

Au fil du temps, ils ont accepté ce prix et ont laissé Buck prendre le vieux taureau.

समय के साथ, उन्होंने इस लागत को स्वीकार कर लिया और बक को बूढ़ा बैल लेने दिया।

Alors que le crépuscule s'installait, le vieux taureau se tenait debout, la tête baissée.

जैसे ही शाम होने लगी, बूढ़ा बैल अपना सिर नीचे झुकाए खड़ा रहा।

Il regarda le troupeau qu'il avait conduit disparaître dans la lumière déclinante.

उसने देखा कि जिस झुंड का वह नेतृत्व कर रहा था वह लुप्त हो रही रोशनी में गायब हो गया।

Il y avait des vaches qu'il avait connues, des veaux qu'il avait autrefois engendrés.

वहाँ कुछ गायें थीं जिन्हें वह जानता था, कुछ बछड़े थे जिनके पिता वह कभी था।

Il y avait des taureaux plus jeunes qu'il avait combattus et dominés au cours des saisons précédentes.

वहां कुछ युवा बैल थे, जिनसे उसने पिछले सीजनों में लड़ाई की थी और उन पर विजय प्राप्त की थी।

Il ne pouvait pas les suivre, car Buck était à nouveau accroupi devant lui.

वह उनका पीछा नहीं कर सका - क्योंकि बक फिर से उसके सामने बैठा था।

La terreur impitoyable aux crocs bloquait tous les chemins qu'il pouvait emprunter.

निर्दयी दांतेदार आतंक ने उसके हर रास्ते को अवरुद्ध कर दिया।

Le taureau pesait plus de trois cents livres de puissance dense.

बैल का वजन तीन सौ से अधिक वज़नी था।

Il avait vécu longtemps et s'était battu avec acharnement dans un monde de luttes.

उन्होंने लंबे समय तक संघर्षपूर्ण जीवन जिया और कड़ा संघर्ष किया।

Mais maintenant, à la fin, la mort venait d'une bête bien en dessous de lui.

तथापि अब, अंत में, मृत्यु उससे बहुत नीचे स्थित एक पशु से आई।

La tête de Buck n'atteignait même pas les énormes genoux noueux du taureau.

बक का सिर बैल के विशाल घुटनों तक भी नहीं उठा।

À partir de ce moment, Buck resta avec le taureau nuit et jour.

उस क्षण से बक रात-दिन बैल के साथ रहने लगा।

Il ne lui a jamais laissé de repos, ne lui a jamais permis de brouter ou de boire.

उसने उसे कभी आराम नहीं करने दिया, कभी चरने या पानी पीने नहीं दिया।

Le taureau a essayé de manger de jeunes pousses de bouleau et des feuilles de saule.

बैल ने युवा सन्टी की टहनियाँ और विलो के पत्ते खाने की कोशिश की।

Mais Buck le repoussa, toujours alerte et toujours attaquant.

लेकिन बक ने उसे भगा दिया, हमेशा सतर्क और हमेशा हमलावर रहा।

Même dans les ruisseaux qui ruisselaient, Buck bloquait toute tentative assoiffée.

यहां तक कि टपकती धाराओं में भी, बक ने प्यासे लोगों के हर प्रयास को रोक दिया।

Parfois, par désespoir, le taureau s'enfuyait à toute vitesse.

कभी-कभी, हताश होकर, बैल पूरी गति से भाग जाता था।

Buck le laissa courir, galopant calmement juste derrière, jamais très loin.

बक ने उसे दौड़ने दिया, वह शांतिपूर्वक उसके पीछे-पीछे दौड़ता रहा, कभी ज्यादा दूर नहीं गया।

Lorsque l'élan s'arrêta, Buck s'allongea, mais resta prêt.

जब मूस रुका तो बक लेट गया, लेकिन तैयार रहा।

Si le taureau essayait de manger ou de boire, Buck frappait avec une fureur totale.

यदि बैल कुछ खाने या पीने की कोशिश करता तो बक पूरे क्रोध से उस पर हमला कर देता।

La grosse tête du taureau s'affaissait sous ses vastes bois.

बैल का विशाल सिर उसके विशाल सींगों के नीचे झुक गया।

Son rythme ralentit, le trot devint lourd, une marche trébuchante.

उसकी चाल धीमी हो गई, उसकी चाल भारी हो गई, वह लड़खड़ाता हुआ चलने लगा।

Il restait souvent immobile, les oreilles tombantes et le nez au sol.

वह प्रायः कान और नाक जमीन पर झुकाये स्थिर खड़ा रहता था।

Pendant ces moments-là, Buck prenait le temps de boire et de se reposer.

उन क्षणों के दौरान, बक ने पानी पीने और आराम करने के लिए समय निकाला।

La langue tirée, les yeux fixés, Buck sentait que la terre était en train de changer.

जीभ बाहर निकाले, आँखें स्थिर किये, बक को महसूस हुआ कि धरती बदल रही है।

Il sentit quelque chose de nouveau se déplacer dans la forêt et dans le ciel.

उसे जंगल और आकाश में कुछ नया चलता हुआ महसूस हुआ।

Avec le retour des orignaux, d'autres créatures sauvages ont fait de même.

जैसे ही मूस वापस लौटा, वैसे ही जंगल के अन्य जीव भी वापस आ गए।

La terre semblait vivante, avec une présence invisible mais fortement connue.

यह भूमि अस्तित्व से जीवंत महसूस हुई, अदृश्य लेकिन अच्छी तरह से जानी गई।

Ce n'était ni par l'ouïe, ni par la vue, ni par l'odorat que Buck le savait.

बक को यह बात न तो ध्वनि से, न दृष्टि से, न ही गंध से पता चली।

Un sentiment plus profond lui disait que de nouvelles forces étaient en mouvement.

एक गहरी अनुभूति ने उन्हें बताया कि नई शक्तियां आगे बढ़ रही थीं।

Une vie étrange s'agitait dans les bois et le long des ruisseaux.

जंगलों और नदियों के किनारे अजीब जीवन की हलचल मची हुई थी।

Il a décidé d'explorer cet esprit, une fois la chasse terminée.

उन्होंने शिकार पूरा होने के बाद इस आत्मा का पता लगाने का संकल्प लिया।

Le quatrième jour, Buck a finalement abattu l'élan.

चौथे दिन, बक ने अंततः मूस को नीचे गिरा दिया।

Il est resté près de la proie pendant une journée et une nuit entières, se nourrissant et se reposant.

वह पूरा दिन और रात शिकार के पास रहा, उसे खाना खिलाया और आराम किया।

Il mangea, puis dormit, puis mangea à nouveau, jusqu'à ce qu'il soit fort et rassasié.

उसने खाया, फिर सोया, फिर खाया, जब तक कि वह शक्तिशाली और तृप्त नहीं हो गया।

Lorsqu'il fut prêt, il retourna vers le camp et Thornton.

जब वह तैयार हो गया, तो वह वापस शिविर और थॉर्नटन की ओर मुड़ गया।

D'un pas régulier, il commença le long voyage de retour vers la maison.

स्थिर गति से वह घर की लम्बी यात्रा पर निकल पड़ा।

Il courait d'un pas infatigable, heure après heure, sans jamais s'égarer.

वह घंटों तक बिना थके दौड़ता रहा, एक बार भी नहीं भटका।

À travers des terres inconnues, il se déplaçait droit comme l'aiguille d'une boussole.

अज्ञात भूमियों में वह कम्पास की सुई की तरह सीधे आगे बढ़ता रहा।

Son sens de l'orientation faisait paraître l'homme et la carte faibles en comparaison.

उनकी दिशा बोध की तुलना में मनुष्य और मानचित्र कमजोर प्रतीत होते थे।

Tandis que Buck courait, il sentait plus fortement l'agitation dans la terre sauvage.

बक जैसे-जैसे भागता गया, उसे जंगली भूमि में हलचल अधिक तीव्रता से महसूस हुई।

C'était un nouveau genre de vie, différent de celui des mois calmes de l'été.

यह एक नये प्रकार का जीवन था, जो शांत ग्रीष्म महीनों से भिन्न था।

Ce sentiment n'était plus un message subtil ou distant.

यह अनुभूति अब किसी सूक्ष्म या दूरस्थ संदेश के रूप में नहीं आती।

Maintenant, les oiseaux parlaient de cette vie et les écureuils en bavardaient.

अब पक्षी इस जीवन के बारे में बात करने लगे और गिलहरियाँ इसके बारे में चहचहाने लगीं।

Même la brise murmurait des avertissements à travers les arbres silencieux.

यहां तक कि हवा भी खामोश पेड़ों के बीच से चेतावनी फुसफुसा रही थी।

Il s'arrêta à plusieurs reprises et respira l'air frais du matin.

कई बार वह रुका और सुबह की ताज़ी हवा को सूँघा।

Il y lut un message qui le fit bondir plus vite en avant.

उसने वहां एक संदेश पढ़ा जिससे वह तेजी से आगे बढने लगा।

Un lourd sentiment de danger l'envahit, comme si quelque chose s'était mal passé.

उसके अंदर खतरे का भारी अहसास भर गया, मानो कुछ गलत हो गया हो।

Il craignait qu'une catastrophe ne se produise – ou ne soit déjà arrivée.

उसे डर था कि विपत्ति आ रही है - या आ चुकी है।

Il franchit la dernière crête et entra dans la vallée en contrebas.

वह आखिरी पहाड़ी को पार कर नीचे घाटी में प्रवेश कर गया।

Il se déplaçait plus lentement, alerte et prudent à chaque pas.

वह धीरे-धीरे आगे बढ़ रहा था, हर कदम पर सतर्क और सावधान।

À trois milles de là, il trouva une piste fraîche qui le fit se raidir.

तीन मील आगे जाकर उसे एक नया रास्ता मिला, जिससे उसका मन अकड़ गया।

Les cheveux le long de son cou ondulaient et se hérissaient d'alarme.

उसकी गर्दन के बाल घबराकर खड़े हो गए।

Le sentier menait directement au camp où Thornton attendait.

रास्ता सीधे उस शिविर की ओर ले गया जहां थॉर्नटन इंतजार कर रहा था।

Buck se déplaçait désormais plus rapidement, sa foulée à la fois silencieuse et rapide.

बक अब और तेजी से चलने लगा, उसकी चाल शांत और तीव्र थी।

Ses nerfs se sont resserrés lorsqu'il a lu des signes que d'autres allaient manquer.

जैसे ही उसने उन संकेतों को पढ़ा जिन्हें अन्य लोग नहीं समझ पाए, उसकी घबराहट बढ़ गई।

Chaque détail du sentier racontait une histoire, sauf le dernier morceau.

निशान का प्रत्येक विवरण एक कहानी कहता था - सिवाय अंतिम टुकड़े के।

Son nez lui parlait de la vie qui s'était déroulée ici.

उसकी नाक उसे उस जीवन के बारे में बता रही थी जो इस तरह से गुजरा था।

L'odeur lui donnait une image changeante alors qu'il le suivait de près.

जैसे ही वह उसके पीछे गया, उसे गंध से बदलती हुई तस्वीर दिखाई दी।

Mais la forêt elle-même était devenue silencieuse, anormalement immobile.

लेकिन जंगल शांत हो गया था; अस्वाभाविक रूप से स्थिर।

Les oiseaux avaient disparu, les écureuils étaient cachés, silencieux et immobiles.

पक्षी गायब हो गए थे, गिलहरियाँ छिप गई थीं, शांत और स्थिर।

Il n'a vu qu'un seul écureuil gris, allongé sur un arbre mort.

उसने केवल एक ग्रे गिलहरी को देखा, जो एक मृत पेड़ पर लेटी हुई थी।

L'écureuil se fondait dans la masse, raide et immobile comme une partie de la forêt.

गिलहरी जंगल के एक हिस्से की तरह अकड़कर और गतिहीन होकर उसमें घुलमिल गई।

Buck se déplaçait comme une ombre, silencieux et sûr à travers les arbres.

बक छाया की तरह, चुपचाप और निश्चितता के साथ पेड़ों के बीच से गुजर रहा था।

Son nez se souleva sur le côté comme s'il était tiré par une main invisible.

उसकी नाक बगल की ओर इस तरह झुकी मानो किसी अदृश्य हाथ ने उसे खींचा हो।

Il se retourna et suivit la nouvelle odeur jusqu'au plus profond d'un fourré.

वह मुड़ा और नई खुशबू का पीछा करते हुए झाड़ियों की गहराई में चला गया।

Là, il trouva Nig, étendu mort, transpercé par une flèche.

वहां उन्होंने निग को मृत अवस्था में पाया, जिसके शरीर में एक तीर लगा हुआ था।

La flèche traversa son corps, laissant encore apparaître ses plumes.

तीर उसके शरीर के आर-पार हो गया, लेकिन पंख अभी भी दिखाई दे रहे थे।

Nig s'était traîné jusqu'ici, mais il était mort avant d'avoir pu obtenir de l'aide.

निग खुद को घसीटकर वहां पहुंचा था, लेकिन मदद पहुंचने से पहले ही उसकी मौत हो गई।

Une centaine de mètres plus loin, Buck trouva un autre chien de traîneau.

सौ गज आगे बक को एक और स्लेज कुत्ता मिला।

C'était un chien que Thornton avait racheté à Dawson City.

यह एक कुत्ता था जिसे थॉर्नटन ने डावसन सिटी से खरीदा था।

Le chien était en proie à une lutte à mort, se débattant violemment sur le sentier.

कुत्ता मौत से संघर्ष कर रहा था, रास्ते पर जोर-जोर से छटपटा रहा था।

Buck le contourna sans s'arrêter, les yeux fixés devant lui.

बक उसके चारों ओर से गुजरा, बिना रुके, उसकी आँखें सामने की ओर टिकी रहीं।

Du côté du camp venait un chant lointain et rythmé.

शिविर की दिशा से दूर से लयबद्ध जयघोष की ध्वनि आ रही थी।

Les voix s'élevaient et retombaient sur un ton étrange, inquiétant et chantant.

आवाजें अजीब, भयानक, गायन-गीत जैसी स्वर में उठती और गिरती रहीं।

Buck rampa jusqu'au bord de la clairière en silence.

बक चुपचाप रेंगता हुआ मैदान के किनारे तक चला गया।

Là, il vit Hans étendu face contre terre, percé de nombreuses flèches.

वहां उसने देखा कि हंस अनेक बाणों से घायल होकर मुंह के बल लेटा हुआ है।

Son corps ressemblait à celui d'un porc-épic, hérissé de plumes.

उसका शरीर साही जैसा लग रहा था, जिसके पंख लगे हुए थे।

Au même moment, Buck regarda vers le pavillon en ruine.

उसी क्षण, बक ने खंडहर हो चुके लॉज की ओर देखा।

Cette vue lui fit dresser les cheveux sur la nuque et les épaules.

यह दृश्य देखकर उसकी गर्दन और कंधों के रोंगटे खड़े हो गए।

Une tempête de rage sauvage parcourut tout le corps de Buck.

बक के पूरे शरीर में भयंकर क्रोध का तूफान दौड़ गया।

Il grogna à haute voix, même s'il ne savait pas qu'il l'avait fait.

वह जोर से गुर्राया, हालांकि उसे पता नहीं था कि उसने ऐसा किया है।

Le son était brut, rempli d'une fureur terrifiante et sauvage.

आवाज़ कच्ची थी, डरावनी, क्रूर क्रोध से भरी हुई।

Pour la dernière fois de sa vie, Buck a perdu la raison au profit de l'émotion.

अपने जीवन में अंतिम बार बक ने अपनी भावनाओं पर काबू नहीं पाया।

C'est l'amour pour John Thornton qui a brisé son contrôle minutieux.

यह जॉन थॉर्नटन के प्रति प्रेम ही था जिसने उनके सावधानीपूर्वक नियंत्रण को तोड़ दिया।

Les Yeehats dansaient autour de la hutte en épicéa détruite.

यीहाट्स बर्बाद स्प्रूस लॉज के चारों ओर नृत्य कर रहे थे।

Puis un rugissement retentit et une bête inconnue chargea vers eux.

तभी एक दहाड़ सुनाई दी और एक अज्ञात जानवर उनकी ओर झपटा।

C'était Buck ; une fureur en mouvement ; une tempête vivante de vengeance.

यह बक था; गतिमान रोष; प्रतिशोध का जीवंत तूफान।

Il se jeta au milieu d'eux, fou du besoin de tuer.

वह उनके बीच में कूद पड़ा, और उसे मारने की इच्छा से वह पागल हो गया।

Il sauta sur le premier homme, le chef Yeehat, et frappa juste.

वह पहले आदमी, यीहाट प्रमुख, पर झपटा और सीधा वार किया।

Sa gorge fut déchirée et du sang jaillit à flots.

उसका गला फट गया था और खून की धार बह रही थी।

Buck ne s'arrêta pas, mais déchira la gorge de l'homme suivant d'un seul bond.

बक रुका नहीं, बल्कि एक ही छलांग में अगले आदमी का गला फाड़ दिया।

Il était inarrêtable : il déchirait, taillait, ne s'arrêtait jamais pour se reposer.

वह अजेय था - फाड़ता, काटता, कभी रुकता नहीं।

Il s'élança et bondit si vite que leurs flèches ne purent l'atteindre.

वह इतनी तेजी से उछला कि उनके बाण उसे छू नहीं सके।

Les Yeehats étaient pris dans leur propre panique et confusion.

येहट्स अपनी ही घबराहट और असमंजस में फंस गए थे।

Leurs flèches manquèrent Buck et se frappèrent l'une l'autre à la place.

उनके तीर बक को छूते हुए एक दूसरे पर जा लगे।

Un jeune homme a lancé une lance sur Buck et a touché un autre homme.

एक युवक ने बक पर भाला फेंका जो दूसरे व्यक्ति को लगा।

La lance lui transperça la poitrine, la pointe lui transperçant le dos.

भाला उसकी छाती में घुस गया, और उसकी नोक उसकी पीठ पर लगी।

La terreur s'empara des Yeehats et ils se mirent en retraite.

यीहाट्स पर आतंक छा गया और वे पूरी तरह से पीछे हटने लगे।

Ils crièrent à l'Esprit Maléfique et s'enfuirent dans les ombres de la forêt.

वे दुष्ट आत्मा को भगाने के लिए चिल्लाए और जंगल की छाया में भाग गए।

Vraiment, Buck était comme un démon alors qu'il poursuivait les Yeehats.

सचमुच, बक एक राक्षस की तरह था, जब वह यीहाट्स का पीछा कर रहा था।

Il les poursuivit à travers la forêt, les faisant tomber comme des cerfs.

वह जंगल में उनका पीछा करता हुआ हिरणों की तरह उन्हें नीचे गिराने लगा।

Ce fut un jour de destin et de terreur pour les Yeehats effrayés.

भयभीत यीहाट्स के लिए यह भाग्य और आतंक का दिन बन गया।

Ils se dispersèrent à travers le pays, fuyant au loin dans toutes les directions.

वे देश भर में बिखर गए और हर दिशा में दूर-दूर तक भाग गए।

Une semaine entière s'est écoulée avant que les derniers survivants ne se retrouvent dans une vallée.

एक पूरा सप्ताह बीत जाने के बाद आखिरी बचे लोग घाटी में मिले।

Ce n'est qu'alors qu'ils ont compté leurs pertes et parlé de ce qui s'était passé.

उसके बाद ही उन्होंने अपने नुकसानों का हिसाब लगाया और जो कुछ हुआ उसके बारे में बताया।

Buck, après s'être lassé de la chasse, retourna au camp en ruine.

बक, पीछा करते-करते थक गया और बर्बाद शिविर में लौट आया।

Il a trouvé Pete, toujours dans ses couvertures, tué lors de la première attaque.

उन्होंने पाया कि पीट अभी भी अपने कम्बल में था और पहले हमले में मारा गया था।

Les signes du dernier combat de Thornton étaient marqués dans la terre à proximité.

थॉर्नटन के अंतिम संघर्ष के निशान पास की मिट्टी में अंकित थे।

Buck a suivi chaque trace, reniflant chaque marque jusqu'à un point final.

बक ने हर निशान का पीछा किया, प्रत्येक निशान को अंतिम बिंदु तक सूँघता रहा।

Au bord d'un bassin profond, il trouva le fidèle Skeet, allongé immobile.

एक गहरे तालाब के किनारे उसे अपनी वफादार स्कीट निश्चल पड़ी हुई मिली।

La tête et les pattes avant de Skeet étaient dans l'eau, immobiles dans la mort.

स्कीट का सिर और अगले पंजे पानी में थे, मृत्यु के बाद भी वे हिल नहीं रहे थे।

La piscine était boueuse et contaminée par les eaux de ruissellement provenant des écluses.

पूल कीचड़युक्त था तथा स्लुइस बक्सों से बहते पानी के कारण दूषित हो गया था।

Sa surface nuageuse cachait ce qui se trouvait en dessous, mais Buck connaissait la vérité.

इसकी धुंधली सतह ने उसके नीचे छिपी हुई चीज़ों को छिपा दिया, लेकिन बक को सच्चाई पता थी।

Il a suivi l'odeur de Thornton dans la piscine, mais l'odeur ne menait nulle part ailleurs.

उन्होंने थॉर्नटन की गंध को पूल तक पहुंचाया - लेकिन वह गंध कहीं और नहीं ले गई।

Aucune odeur ne menait à l'extérieur, seulement le silence des eaux profondes.

वहाँ कोई सुगंध नहीं थी - केवल गहरे पानी का सन्नाटा था।

Toute la journée, Buck resta près de la piscine, arpentant le camp avec chagrin.

सारा दिन बक पूल के पास रहा और दुःख में शिविर में घूमता रहा।

Il errait sans cesse ou restait assis, immobile, perdu dans ses pensées.

वह बेचैनी से घूमता रहता था या फिर शांति से बैठा रहता था, गहरे विचारों में खोया रहता था।

Il connaissait la mort, la fin de la vie, la disparition de tout mouvement.

वह मृत्यु को जानता था; जीवन का अंत; समस्त गति का लुप्त हो जाना।

Il comprit que John Thornton était parti et ne reviendrait jamais.

वह समझ गया कि जॉन थॉर्नटन चला गया है और कभी वापस नहीं आएगा।

La perte a laissé en lui un vide qui palpitait comme la faim.

इस क्षति ने उसके अंदर एक खालीपन पैदा कर दिया था जो भूख की तरह धड़क रहा था।

Mais c'était une faim que la nourriture ne pouvait apaiser, peu importe la quantité qu'il mangeait.

लेकिन यह ऐसी भूख थी जिसे भोजन से शांत नहीं किया जा सकता था, चाहे वह कितना भी खा ले।

Parfois, alors qu'il regardait les Yeehats morts, la douleur s'estompait.

कभी-कभी, जब वह मृत यीहट्स को देखता, तो उसका दर्द गायब हो जाता।

Et puis une étrange fierté monta en lui, féroce et complète.

और फिर उसके अंदर एक अजीब सा गर्व जाग उठा, भयंकर और पूर्ण।

Il avait tué l'homme, le gibier le plus élevé et le plus dangereux de tous.

उसने मनुष्य को मार डाला था, जो सबसे बड़ा और सबसे खतरनाक खेल था।

Il avait tué au mépris de l'ancienne loi du gourdin et des crocs.

उसने प्राचीन कानून, गदा और नुकीले हथियार की अवहेलना करते हुए हत्या की थी।

Buck renifla leurs corps sans vie, curieux et pensif.

बक ने उत्सुकता और विचार से उनके निर्जीव शरीरों को सूँघा।

Ils étaient morts si facilement, bien plus facilement qu'un husky dans un combat.

वे बहुत आसानी से मर गए थे - किसी लड़ाई में किसी हस्की की मृत्यु से भी अधिक आसानी से।

Sans leurs armes, ils n'avaient aucune véritable force ni menace.

हथियारों के बिना, उनके पास कोई वास्तविक ताकत या खतरा नहीं था।

Buck n'aurait plus jamais peur d'eux, à moins qu'ils ne soient armés.

बक को उनसे कभी डर नहीं लगने वाला था, जब तक कि वे हथियारबंद न हों।

Ce n'est que lorsqu'ils portaient des gourdins, des lances ou des flèches qu'il se méfiait.

केवल तभी जब वे लाठियां, भाले या तीर लेकर आते थे, वह सावधान हो जाता था।

La nuit tomba et une pleine lune se leva au-dessus de la cime des arbres.

रात हो गई और पूरा चाँद पेड़ों की चोटियों से ऊपर उठ गया।

La pâle lumière de la lune baignait la terre d'une douce lueur fantomatique, comme le jour.

चाँद की पीली रोशनी ने धरती को दिन के समान एक नरम, भूतिया चमक से नहला दिया।

Alors que la nuit s'approfondissait, Buck pleurait toujours au bord de la piscine silencieuse.

जैसे-जैसे रात गहराती गई, बक अभी भी शांत तालाब के पास विलाप कर रहा था।

Puis il prit conscience d'un autre mouvement dans la forêt.

तभी उसे जंगल में एक अलग हलचल का अहसास हुआ।

L'agitation ne venait pas des Yeehats, mais de quelque chose de plus ancien et de plus profond.

यह हलचल यीहाट्स से नहीं, बल्कि किसी पुरानी और गहरी चीज से थी।

Il se leva, les oreilles dressées, le nez testant la brise avec précaution.

वह खड़ा हो गया, कान ऊपर उठाए, नाक से हवा का ध्यानपूर्वक परीक्षण किया।

De loin, un cri faible et aigu perça le silence.

दूर से एक हल्की, तीखी चीख आई जिसने सन्नाटे को चीर दिया।

Puis un chœur de cris similaires suivit de près le premier.

फिर पहले के ठीक पीछे समान प्रकार की चीखों का एक समूह गूंज उठा।

Le bruit se rapprochait, devenant plus fort à chaque instant qui passait.

आवाज़ पास आती गई और हर पल तेज़ होती गई।

Buck connaissait ce cri : il venait de cet autre monde dans sa mémoire.

बक इस चीख को जानता था - यह उसकी स्मृति में उस दूसरी दुनिया से आई थी।

Il se dirigea vers le centre de l'espace ouvert et écouta attentivement.

वह खुले स्थान के मध्य में चला गया और ध्यान से सुनने लगा।

L'appel retentit, multiple et plus puissant que jamais.

यह आह्वान गूंज उठा, अनेकों बार सुना गया तथा पहले से भी अधिक शक्तिशाली था।

Et maintenant, plus que jamais, Buck était prêt à répondre à son appel.

और अब, पहले से कहीं अधिक, बक अपनी बुलाहट का उत्तर देने के लिए तैयार था।

John Thornton était mort et il ne lui restait plus aucun lien avec l'homme.

जॉन थॉर्नटन मर चुका था, और उसके भीतर मनुष्य के प्रति कोई बंधन नहीं बचा था।

L'homme et toutes ses prétentions avaient disparu : il était enfin libre.

मनुष्य और सभी मानवीय दावे समाप्त हो गए थे - वह अंततः स्वतंत्र था।

La meute de loups chassait de la viande comme les Yeehats l'avaient fait autrefois.

भेड़ियों का झुंड मांस की तलाश में था, जैसे कभी येहट्स ने किया था।

Ils avaient suivi les orignaux depuis les terres boisées.

वे जंगल वाली भूमि से मूस का पीछा करते हुए नीचे आये थे।

Maintenant, sauvages et affamés de proies, ils traversèrent sa vallée.

अब, वे जंगली और शिकार के भूखे थे, इसलिए वे उसकी घाटी में चले गए।

Ils arrivèrent dans la clairière éclairée par la lune, coulant comme de l'eau argentée.

वे चाँदनी रात में चाँदी के पानी की तरह बहते हुए आये।

Buck se tenait immobile au centre, les attendant.

बक बीच में स्थिर खड़ा रहा, बिना हिले-डुले, उनका इंतजार करता रहा।

Sa présence calme et imposante a stupéfié la meute et l'a plongée dans un bref silence.

उनकी शांत, विशाल उपस्थिति ने समूह को कुछ देर के लिए मौन में डाल दिया।

Alors le loup le plus audacieux sauta droit sur lui sans hésitation.

तभी सबसे साहसी भेड़िया बिना किसी हिचकिचाहट के सीधे उस पर झपटा।

Buck frappa vite et brisa le cou du loup d'un seul coup.

बक ने तेजी से वार किया और एक ही झटके में भेड़िये की गर्दन तोड़ दी।

Il resta immobile à nouveau tandis que le loup mourant se tordait derrière lui.

वह फिर से निश्चल खड़ा रहा, जबकि मरता हुआ भेड़िया उसके पीछे घूम गया।

Trois autres loups ont attaqué rapidement, l'un après l'autre.

एक के बाद एक तीन और भेड़ियों ने तेजी से हमला कर दिया।

Chacun d'eux s'est retiré en sang, la gorge ou les épaules tranchées.

प्रत्येक व्यक्ति खून से लथपथ होकर पीछे हट गया, उसके गले या कंधे कट गए।

Cela a suffi à déclencher une charge sauvage de toute la meute.

यह पूरे समूह को उग्र आक्रमण के लिए प्रेरित करने के लिए पर्याप्त था।

Ils se précipitèrent ensemble, trop impatients et trop nombreux pour bien frapper.

वे एक साथ दौड़े, इतने उत्सुक और भीड़ में कि कोई अच्छा हमला नहीं कर सका।

La vitesse et l'habileté de Buck lui ont permis de rester en tête de l'attaque.

बक की गति और कौशल ने उन्हें हमले से आगे रहने में मदद की।

Il tournait sur ses pattes arrière, claquant et frappant dans toutes les directions.

वह अपने पिछले पैरों पर घूमकर सभी दिशाओं में वार करने लगा।

Pour les loups, cela donnait l'impression que sa défense ne s'était jamais ouverte ou n'avait jamais faibli.

भेड़ियों को ऐसा लगा जैसे उनका बचाव कभी खुला ही नहीं या कभी लड़खड़ाया ही नहीं।

Il s'est retourné et a frappé si vite qu'ils ne pouvaient pas passer derrière lui.

वह इतनी तेजी से मुड़ा और वार किया कि वे उसके पीछे नहीं आ सके।

Néanmoins, leur nombre l'obligea à céder du terrain et à reculer.

फिर भी, उनकी संख्या ने उन्हें पीछे हटने पर मजबूर कर दिया।

Il passa devant la piscine et descendit dans le lit rocheux du ruisseau.

वह तालाब के पास से होते हुए नीचे चट्टानी नाले में चला गया।

Là, il se heurta à un talus abrupt de gravier et de terre.

वहाँ उसे बजरी और मिट्टी का एक गहरा किनारा मिला।

Il s'est retrouvé coincé dans un coin coupé lors des fouilles des mineurs.

वह खनिकों द्वारा की गई पुरानी खुदाई के दौरान काटे गए एक कोने में जा घुसा।

Désormais protégé sur trois côtés, Buck ne faisait face qu'au loup de devant.

अब, तीन तरफ से सुरक्षित, बक को केवल सामने वाले भेड़िये का सामना करना पड़ा।

Là, il se tenait à distance, prêt pour la prochaine vague d'assaut.

वहां, वह अगले हमले के लिए तैयार खड़ा था।

Buck a tenu bon si farouchement que les loups ont reculé.

बक ने इतनी दृढ़ता से अपना स्थान बनाए रखा कि भेड़िये पीछे हट गए।

Au bout d'une demi-heure, ils étaient épuisés et visiblement vaincus.

आधे घंटे के बाद वे थक चुके थे और स्पष्टतः पराजित दिख रहे थे।

Leurs langues pendaient, leurs crocs blancs brillaient au clair de lune.

उनकी जीभें बाहर लटक रही थीं, उनके सफ़ेद नुकीले दांत चाँदनी में चमक रहे थे।

Certains loups se sont couchés, la tête levée, les oreilles dressées vers Buck.

कुछ भेड़िये लेट गए, सिर उठाए, कान बक की ओर तान दिए।

D'autres restaient immobiles, vigilants et observant chacun de ses mouvements.

अन्य लोग स्थिर खड़े रहे, सतर्क रहे और उसकी हर हरकत पर नजर रखी।

Quelques-uns se sont dirigés vers la piscine et ont bu de l'eau froide.

कुछ लोग पूल के पास चले गए और ठंडे पानी का आनंद लेने लगे।

Puis un loup gris, long et maigre, s'avança doucement.

तभी एक लम्बा, दुबला भूरा भेड़िया धीरे से आगे बढ़ा।

Buck le reconnut : c'était le frère sauvage de tout à l'heure.

बक ने उसे पहचान लिया - यह तो पहले वाला जंगली भाई था।

Le loup gris gémit doucement, et Buck répondit par un gémissement.

भूरे भेड़िये ने धीरे से रोना शुरू किया, और बक ने भी कराहते हुए जवाब दिया।

Ils se touchèrent le nez, tranquillement et sans menace ni peur.

उन्होंने चुपचाप, बिना किसी धमकी या डर के, एक-दूसरे की नाकें छूईं।

Ensuite est arrivé un loup plus âgé, maigre et marqué par de nombreuses batailles.

इसके बाद एक बूढ़ा भेड़िया आया, जो कई लड़ाइयों के कारण दुबला-पतला और जख्मी था।

Buck commença à grogner, mais s'arrêta et renifla le nez du vieux loup.

बक गुर्राने लगा, लेकिन फिर रुका और बूढ़े भेड़िये की नाक सूँघने लगा।

Le vieux s'assit, leva le nez et hurla à la lune.

बूढ़ा बैठ गया, अपनी नाक उठाई, और चाँद को देखकर चिल्लाया।

Le reste de la meute s'assit et se joignit au long hurlement.

बाकी लोग बैठ गए और लम्बी चीख़ में शामिल हो गए।

Et maintenant, l'appel est venu à Buck, indubitable et fort.

और अब बक के पास कॉल आई, स्पष्ट और मजबूत।

Il s'assit, leva la tête et hurla avec les autres.

वह बैठ गया, अपना सिर उठाया और दूसरों के साथ चिल्लाने लगा।

Lorsque les hurlements ont cessé, Buck est sorti de son abri rocheux.

जब चीखना बंद हुआ तो बक अपने चट्टानी आश्रय से बाहर निकला।

La meute se referma autour de lui, reniflant à la fois gentiment et avec prudence.

झुंड उसके चारों ओर घिर गया, और दयालुता तथा सावधानी से सूँघने लगा।

Les chefs ont alors poussé un cri et se sont précipités dans la forêt.

तब नेता चिल्लाये और जंगल में भाग गये।

Les autres loups suivirent, hurlant en chœur, sauvages et rapides dans la nuit.

अन्य भेड़िये भी रात में तेजी से और बेतहाशा चिल्लाते हुए उनके पीछे-पीछे आ गए।

Buck courait avec eux, à côté de son frère sauvage, hurlant en courant.

बक उनके साथ, अपने जंगली भाई के पास, भागता हुआ चिल्ला रहा था।

Ici, l'histoire de Buck fait bien de se terminer.

यहाँ, बक की कहानी अपने अंत तक पहुँचती है।

Dans les années qui suivirent, les Yeehats remarquèrent d'étranges loups.

इसके बाद के वर्षों में, यीहाट्स ने अजीब भेड़ियों को देखा।

Certains avaient du brun sur la tête et le museau, du blanc sur la poitrine.

कुछ के सिर और थूथन भूरे रंग के थे, तथा छाती सफेद रंग की थी।

Mais plus encore, ils craignaient une silhouette fantomatique parmi les loups.

लेकिन इससे भी अधिक उन्हें भेड़ियों के बीच एक भूतिया आकृति का डर था।

Ils parlaient à voix basse du Chien Fantôme, chef de la meute.

वे झुंड के नेता भूत कुत्ते के बारे में फुसफुसाते हुए बात कर रहे थे।

Ce chien fantôme était plus rusé que le plus audacieux des chasseurs Yeehat.

इस भूत कुत्ते में सबसे साहसी यीहट शिकारी से भी अधिक चालाकी थी।

Le chien fantôme a volé dans les camps en plein hiver et a déchiré leurs pièges.

भूत कुत्ता गहरी सर्दियों में शिविरों से चोरी करता था और उनके जालों को फाड़ देता था।

Le chien fantôme a tué leurs chiens et a échappé à leurs flèches sans laisser de trace.

भूत कुत्ते ने उनके कुत्तों को मार डाला और बिना किसी निशान के उनके तीरों से बच निकला।

Même leurs guerriers les plus courageux craignaient d'affronter cet esprit sauvage.

यहां तक कि उनके सबसे बहादुर योद्धा भी इस जंगली आत्मा का सामना करने से डरते थे।

Non, l'histoire devient encore plus sombre à mesure que les années passent dans la nature.

नहीं, जंगल में जैसे-जैसे वर्ष बीतते जाते हैं, कहानी और भी गहरी होती जाती है।

Certains chasseurs disparaissent et ne reviennent jamais dans leurs camps éloignés.

कुछ शिकारी गायब हो जाते हैं और अपने दूरस्थ शिविरों में कभी वापस नहीं लौटते।

D'autres sont retrouvés la gorge arrachée, tués dans la neige.

अन्य लोगों के गले कटे हुए तथा बर्फ में मृत पाए गए हैं।

Autour de leur corps se trouvent des traces plus grandes que celles que n'importe quel loup pourrait laisser.

उनके शरीर के चारों ओर निशान हैं - किसी भी भेड़िये द्वारा बनाए गए निशानों से बड़े।

Chaque automne, les Yeehats suivent la piste de l'élan.

प्रत्येक शरद ऋतु में, यीहाट्स मूस के निशान का अनुसरण करते हैं।

Mais ils évitent une vallée avec la peur profondément gravée dans leur cœur.

लेकिन वे अपने दिलों में गहरे डर के साथ एक घाटी से बचते हैं।

Ils disent que la vallée a été choisie par l'Esprit du Mal pour y vivre.

वे कहते हैं कि इस घाटी को दुष्ट आत्मा ने अपने घर के लिए चुना है।

Et quand l'histoire est racontée, certaines femmes pleurent près du feu.

और जब कहानी सुनाई जाती है, तो कुछ महिलाएं आग के पास बैठकर रोती हैं।

Mais en été, un visiteur vient dans cette vallée tranquille et sacrée.

लेकिन गर्मियों में, एक पर्यटक उस शांत, पवित्र घाटी में आता है।

Les Yeehats ne le connaissent pas et ne peuvent pas le comprendre.

येहात लोग न तो उसके विषय में जानते थे, न ही उसे समझ सकते थे।

Le loup est un grand loup, revêtu de gloire, comme aucun autre de son espèce.

भेड़िया महान है, गौरव से लदा हुआ, अपनी प्रजाति का कोई अन्य नहीं।

Lui seul traverse le bois vert et entre dans la clairière de la forêt.

वह अकेले ही हरे पेड़ों को पार कर जंगल के मैदान में प्रवेश करता है।

Là, la poussière dorée des sacs en peau d'élan s'infiltre dans le sol.

वहां, मूस की खाल की बोरियों से निकली सुनहरी धूल मिट्टी में रिस रही है।

L'herbe et les vieilles feuilles ont caché le jaune du soleil.

घास और पुरानी पत्तियों ने पीले रंग को सूरज से छुपा दिया है।

Ici, le loup se tient en silence, réfléchissant et se souvenant.

यहाँ भेड़िया चुपचाप खड़ा होकर सोच रहा है और याद कर रहा है।

Il hurle une fois, longuement et tristement, avant de se retourner pour partir.

वह एक बार चीखता है - लंबे समय तक और शोकाकुल होकर - जाने से पहले।

Mais il n'est pas toujours seul au pays du froid et de la neige.

फिर भी वह ठंड और बर्फ की भूमि पर हमेशा अकेला नहीं रहता।

Quand les longues nuits d'hiver descendent sur les basses vallées.

जब निचली घाटियों पर लम्बी सर्दियों की रातें उतरती हैं।

Quand les loups suivent le gibier à travers le clair de lune et le gel.

जब भेड़िये चांदनी और ठंड के बीच शिकार का पीछा करते हैं।

Puis il court en tête du peloton, sautant haut et sauvagement.

फिर वह झुंड के सबसे आगे दौड़ता है, ऊंची छलांग लगाता हुआ।

Sa silhouette domine les autres, sa gorge est animée par le chant.

उसका आकार अन्यों से ऊंचा है, उसका गला गीत से जीवंत है।

C'est le chant du monde plus jeune, la voix de la meute.

यह युवा जगत का गीत है, समूह की आवाज है।

Il chante en courant, fort, libre et toujours sauvage.

वह दौड़ते हुए गाता है - ताकतवर, स्वतंत्र और हमेशा उन्मुक्त।

www.ingramcontent.com/pod-product-compliance
Lightning Source LLC
Chambersburg PA
CBHW011724020426
42333CB00024B/2726